本书由国家科技图书文献中心（NSTL）专项资助

全球农业微生物产业发展战略研究与态势分析

孔令博　聂迎利　王晓梅　林　巧
赵慧敏　何　微　杨　娇　彭　爽　等著

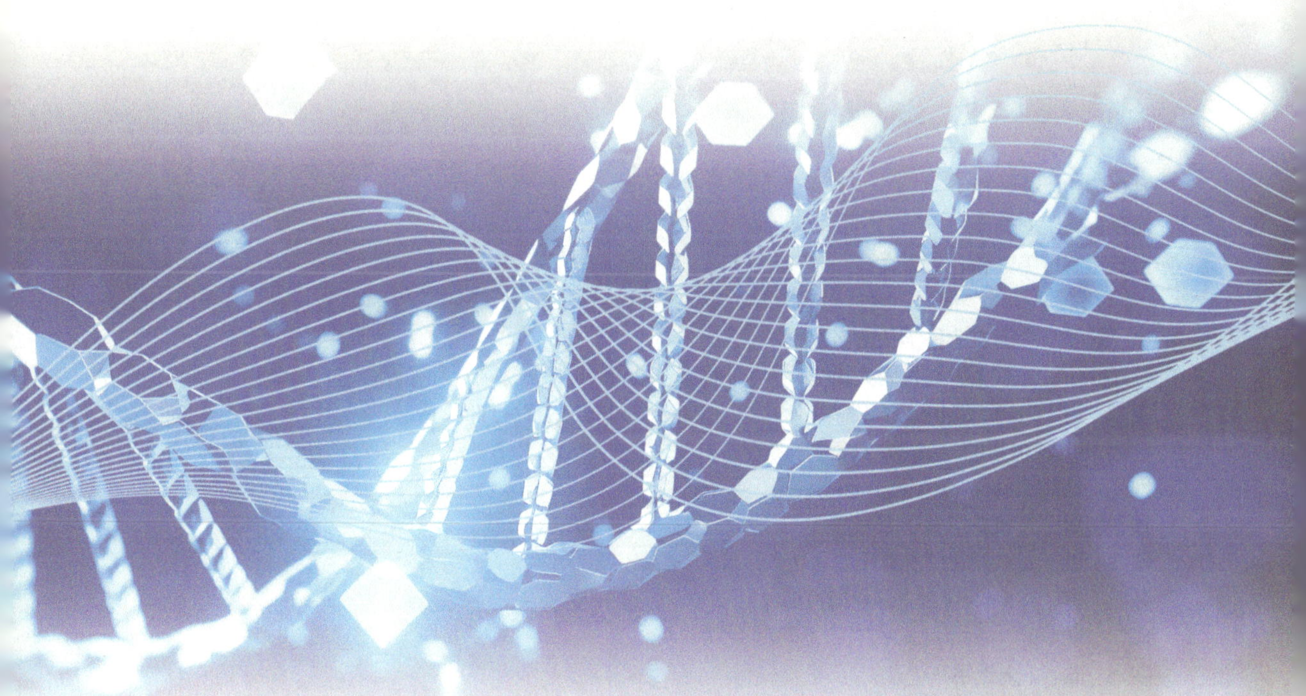

中国农业科学技术出版社

图书在版编目（CIP）数据

全球农业微生物产业发展战略研究与态势分析 / 孔令博等著. -- 北京：中国农业科学技术出版社，2024.12. -- ISBN 978-7-5116-7109-7

Ⅰ. F31

中国国家版本馆CIP数据核字第202406K4D2号

责任编辑	金　迪
责任校对	李向荣
责任印制	姜义伟　王思文

出 版 者	中国农业科学技术出版社
	北京市中关村南大街12号　邮编：100081
电　　话	（010）82106625（编辑室）　（010）82106624（发行部）
	（010）82109709（读者服务部）
网　　址	https://castp.caas.cn
经 销 者	各地新华书店
印 刷 者	北京建宏印刷有限公司
开　　本	185 mm×260 mm　1/16
印　　张	9
字　　数	202千字
版　　次	2024年12月第1版　2024年12月第1次印刷
定　　价	98.00元

◆版权所有·侵权必究◆

《全球农业微生物产业发展战略研究与态势分析》

著者名单

主　著：孔令博　聂迎利　王晓梅
　　　　　林　巧　赵慧敏　何　微
　　　　　杨　娇　彭　爽
副主著：李美琪　顾　方　黄　朝
　　　　　张　帆　文淑美　月　光
　　　　　张　毅
参　著：杨玲珊　王晶静　吾际舟
　　　　　赵彩霞　王玉芹　张珈源
　　　　　常　赞

前言

农业微生物主要指与农业生产（种植业、养殖业）、农产品加工、农业生物技术及农业生态环境保护等有关的应用微生物的总称，是生态系统的重要构成部分。农业微生物产业的发展将现有的"植物—动物"二元结构农业转变为"植物—动物—微生物"三元结构的新型农业，包括微生物肥料、微生物农药、微生物酶制剂、微生物能源、微生物食品等重要组成部分，在农业提质增效、缓解资源短缺、改善生态环境质量、保障国家粮食安全、加快实现碳达峰与碳中和战略目标、推动农业高质量绿色发展等方面都具有重要而深远的意义。

随着基因编辑、微生物组学、代谢工程、合成生物学等现代生物技术的不断发展，以及"IT+BT"的深度融合创新，帮助高效精准筛选和优化微生物菌株，提高产品的产量与纯度，产品种类和领域更加多元化，农业微生物产业迎来了更加广阔和可持续的发展前景。Grandview Research的分析数据显示，2022年全球微生物产业市场规模为111.2亿美元，预计2023年至2030年的复合年增长率将达到6.9%；在当前市场应用度方面，农业领域所占比例为28%，食品和饮料领域所占比例为16%，可见微生物在农业领域具有巨大的开拓价值、市场需求和增值潜力。

我国对农业微生物发展给予高度重视，早在1999年就启动了微生物资源科技基础性工作任务，将微生物资源的收集、整理、保藏列为国家科技基础性工作专项。2020年国务院发布的《关于加强农业种质资源保护与利用的意见》，第一次将农业微生物种质资源提升为国家战略，对农业微生物产业的发展做出肯定性支持，从政策上强化了农业微生物种质资源的战略核心地位。2022年5月，国家颁布首部生物经济五年规划——《"十四五"生物经济发展规划》，提出要重点围绕生物育种、生物肥料、生物饲料、生物农药等方向，推出一批新一代农业生物产品，完善种质资源保护、开发和利用产业体系。2023年，习近平总书记在中央农村工作会议上对"三农"工作作出重要指示，强调"要树立大农业观、大食物观，农林牧渔并举，构建多元化食物供给体系"，农业微生物产业的发展可以将传统作物和畜禽资源向更丰富的生物资源拓展，微生物科技创新和落地应用为保障国家食物安全、促进农业绿色发展、夯实农业强国根基提供强有力的支撑。

本书紧密围绕农业微生物产业的关键问题，以农业微生物产业全球战略布局与政策支持、基础研究与技术创新、农业应用与产业化发展等方面为切入点，基于政策文本、行业报告、科技论文、专利文献、统计数据、企业年报等数据和资料，对全球及我国农业微生物产业发展现状、热点和趋势进行深入分析研究。

书中第一章以中国、美国、欧盟与英国、日本、澳大利亚、加拿大、巴西、以色列为研究对象，对这些国家在农业微生物领域的战略规划、监管制度、技术清单、产业布局等进行了充分调研和分析，对各个国家的重点发展方向进行总结；第二章以全球农业微生物基础与前沿技术相关论文为研究对象，构建科学合理的技术分解表对论文进行收集与分析，着重对关键技术的前沿主题进行挖掘和解读；第三章以微生物肥料、微生物农药、微生物酶制剂为研究对象，对专利数据、产品登记数据进行深入对比分析，了解不同产业的知识产权保护格局和主要产业主体的竞争实力，并对重点产业主体的发展历程、关键产品、核心技术进行梳理，对我国在不同产业发展中的优劣势进行总结；第四章针对我国农业微生物产业发展现状，提出存在的问题和发展建议，为推动我国农业微生物产业发展提供有力支撑。

本书内容丰富、数据翔实、图表丰富，旨在为我国农业微生物领域的管理决策人员、科研人员、产业界人士和相关从业人员提供全面深入的参考资料和分析内容，为解决我国农业微生物产业关键问题提供信息支撑和科学决策依据。

书中研究内容基于国家科技图书文献中心（NSTL）2023年战略情报研究专项经费支持的"农业微生物产业发展关键问题战略情报研究"项目。著者以中国农业科学院农业信息研究所学科咨询服务部的成员为主，同时邀请中国化工信息中心有限公司的学者撰写了第三章第一节"全球微生物肥料产业发展现状与趋势研究"部分。在课题研究过程中，得到中国农业科学院孙坦副院长、梅旭荣副院长，中国农业科学院农业信息研究所赵瑞雪副所长的指导与支持；多次向来自中国农业科学院重大任务局、农业经济与发展研究所、资源与农业区划研究所、北京畜牧兽医研究所、北京市农业农村局植保站等专家学者进行咨询，并邀请其对研究内容进行研讨，在此一并表示衷心的感谢。

著者及团队旨在通过情报学的方法，系统地分析和解读农业微生物产业领域的政策导向、前沿成果以及市场动态，尝试架起一座连接科学发现与实际应用的桥梁，为行业内的决策者、科研人员及广大从业人员提供有价值的参考信息。书中不足之处，恳请各位读者批评指正，以共同促进农业微生物产业的健康发展。

著 者
2024年8月

CONTENTS 目录

第一章 全球农业微生物产业战略布局研究 ······ 1
  一、中国 ······ 1
  二、美国 ······ 8
  三、欧盟及英国 ······ 18
  四、日本 ······ 25
  五、澳大利亚 ······ 39
  六、加拿大 ······ 44
  七、巴西 ······ 49
  八、以色列 ······ 55

第二章 全球农业微生物基础与前沿技术研究 ······ 59
  一、全球农业微生物领域发文趋势分析 ······ 59
  二、主要研究分支主题分析 ······ 60
  三、主要国家/地区分析 ······ 62
  四、重点机构分析 ······ 66
  五、研究热点分析和前沿技术识别 ······ 72

第三章 农业微生物产业化发展现状与趋势研究 ······ 90
  一、全球微生物肥料产业发展现状与趋势研究 ······ 90
  二、全球微生物农药产业发展现状与趋势研究 ······ 101
  三、全球饲用酶制剂产业发展现状与趋势研究 ······ 115

第四章 研究结论与发展建议 ······ 130
  一、主要研究结论 ······ 130
  二、发展对策与建议 ······ 132

第一章

全球农业微生物产业战略布局研究

农业微生物产业的发展离不开政策的支持和市场的推动。在全球范围内,各国政府纷纷出台相关政策,推动农业微生物技术的研究与创新。同时,市场需求的增长也促进了农业微生物产业的发展。在全球农业微生物产业的战略布局中,各国都在积极抢占技术制高点,加大研发投入,培育具有竞争力的创新技术与团队。同时,国际合作也在不断加强,共同推动农业微生物技术的发展和应用。在全球化的背景下,农业微生物产业的发展不仅局限于国内市场,还涉及国际市场的影响和竞争。基于此,本章聚焦全球主要国家在农业微生物产业的战略规划、标准监管、技术清单和重点项目,梳理其发展脉络和演化路径,以期为促进农业微生物产业向更高水平迈进提供理论借鉴和参考。

一、中国

当前我国农业面临农作物种质资源严重丧失、土地资源逐步消耗、生态环境不断加剧恶化等新问题[1],农业微生物产业是保障粮食安全、提升耕地质量、推动农业减排的重要抓手。我国自1999年起实施了关于加强技术创新、发展高科技、实现产业化的决策,催生了生物农业、微生物肥料、微生态制剂、生物医药、微生物能源、微生物食品以及微生物新材料等高新技术、高效益的生物技术企业,推动了我国国民经济的发展。

(一)战略规划

中国农业微生物战略主要从宏观发展战略、科技发展政策和产业发展规划三个维度进行布局,旨在充分发挥农业微生物在农业生产、农村生态环境保护和农业可持续发展等方面的作用。战略规划主要通过加强基础研究、推动技术创新、促进产业应用、建立安全风险防控体系、培育人才、提升国际合作和营造政策环境等多方面的措施推动我国农业微生物产业的发展,为实现农业现代化和乡村振兴提供有力支撑。

---

[1] 陆建中,林敏,邱德文.我国农业微生物产业发展战略与对策.中国农业科技导报,2007(4):22-25.

1. 中国农业微生物宏观发展重点强调农业种质资源保护与利用，以及"大食物观"多元化食物供给体系构建

（1）《关于加强农业种质资源保护与利用的意见》。

2020年2月，国务院办公厅印发《关于加强农业种质资源保护与利用的意见》（以下简称《意见》）第一次将农业微生物种质资源提升为国家战略，开启了农业微生物种质资源保护与利用的新篇章，是解决长期以来我国农业微生物种质资源发展落后的重要契机，这是一个既管当前又管长远的历史性、纲领性文件，具有里程碑意义。

《意见》明确定义了农业微生物种质资源保护工作的基础性、长期性、公益性，对农业微生物种质资源作出了肯定性支持，从政策上强化了农业微生物种质资源的战略核心地位。《意见》对资源保护工作进行了顶层设计和系统部署，要求尽快摸清资源家底、明确资源保护单位的主体责任，坚持政府主导、多元参与、高效利用的原则，建立国家统筹、分级负责、有机衔接的保护机制，为农业微生物种质资源保护与利用体系建设指明了方向，为农业微生物的创新利用、为建设现代种业强国、实施乡村振兴战略、保障国家粮食安全、促进农业高质量发展奠定了坚实基础，将确保我国在未来国际竞争中占据主导地位。

（2）《关于做好2022年全面推进乡村振兴重点工作的意见》。

2022年2月，中共中央 国务院印发《关于做好2022年全面推进乡村振兴重点工作的意见》提出加强种质资源保护，加快国家畜禽种质资源库、农业微生物种质资源库建设。国家农业种质资源库是我国种质资源安全保存与共享利用的重要设施，具有战略性、基础性和公益性特征，承担着种质资源收集整理、安全保存、精准鉴定、共享交流等重要任务。2022年，农业农村部公告第一批72个国家农作物种质资源库和19个国家农业微生物种质资源库名单[①]，旨在打造种质资源保护利用"国家队"，加快健全我国农业种质资源保护体系，初步建立了我国农业微生物种质资源保护体系。

（3）《关于做好2023年全面推进乡村振兴重点工作的意见》。

2023年2月，中共中央 国务院印发《关于做好2023年全面推进乡村振兴重点工作的意见》，再次强调要"树立大食物观"构建多元化食物供给体系。大食物观不再仅仅关注传统的粮食和畜禽资源，要扩大食物的概念范围，将注意力引向更多的资源领域，包括森林、江河湖海、设施农业，以及更广泛的生物资源。加快构建粮经饲统筹、农林牧渔结合、植物动物微生物并举的多元化食物供给体系，分领域制定实施方案。向森林要食物，向江河湖海要食物，向设施农业要食物，从传统农作物和畜禽资源向更丰富的生物资源拓展，向植物动物微生物要热量、要蛋白，建立多元化的食物供给体系，这一多元化的视角有助于更好地理解和应对当前食品系统面临的复杂问题。这也意味着农业微生物产业将在构建多元化食物供给体系的过程中发挥着重要作用，是托住"中国饭碗"的坚实后盾。

---

① 中国政府网.农业农村部公告第一批国家农作物、农业微生物种质资源.（2022-09-06）[2024-09-20]. https://www.gov.cn/xinwen/2022-09/06/content_5708422.htm.

2. 中国农业微生物科技发展重点加强种质资源保藏、生物技术研发利用和合成生物学等新兴技术发展

在种质资源保藏方面，我国是微生物资源最丰富的国家之一。1999年，国家启动了微生物资源科技基础性工作任务，将微生物资源的收集、整理、保藏列为国家科技基础性工作专项。国家级农业微生物保藏机构——中国农业微生物菌种保藏管理中心（Agricultural Culture Collection of China，ACCC）已保藏17 441株，备份38万余份，分属于497个属，1 774个种，覆盖国内主要农业优势微生物资源总量的35%左右[①]，涵盖了肥料微生物、食用菌、饲料微生物、植保微生物、农业环境微生物等。平均每年为500多家高等院校、科研院所、生物企业提供1 500株的菌种服务与技术服务，有力支撑了我国生物产业发展和科技进步。

在生物技术研发利用方面，微生物产业作为国家战略性新兴产业，2006年2月国务院发布《国家中长期科学和技术发展规划纲要（2006—2020年）》将生物技术列入科技发展战略重点[②]。2016年，中央一号文件将"树立大食物观"作为优化农业生产结构和区域布局的重要内容[③]，为农业微生物的发展也提供了一席之地。面对2016年推进健康中国建设的重大机遇[④]，微生物产业积极谋划高质量发展，更好发挥应有作用。2017年《"十三五"生物技术创新专项规划》提出，拓展产业发展空间、提高发展质量和效益，支持生物技术新兴产业发展[⑤]。当前粮食安全和生态环境保护是"十四五"时期发展的重中之重，以现代生物技术为核心的微生物资源研究与利用已经成为全球生物资源竞争的战略重点。

在合成生物学等新技术开发方面，中国自2010年以来在合成生物学领域的顶层战略规划逐步加强，包括大量的学术活动及科技界与政府管理机构的互动，如香山科学会议、《"十三五"国家科技创新规划》均将合成生物技术列为发展引领产业变革的颠覆性技术，《"十四五"生物经济发展规划》也强调发展合成生物学技术。在国家宏观战略指引下，近年来合成生物学的科学研究和产业发展高歌猛进，已有多个研究中心和重点实验室得以成立，多个合成生物学项目获得资金支持，取得了许多具备领域特征的原始发现和创新成果。

---

① 中国农业微生物菌种保藏管理中心网站.中国农业微生物菌种保藏管理中心（ACCC）简介. [2024-09-20]. http://www.accc.org.cn/Column.asp?Column_ID=34924&Column=34924.
② 中国政府网. 国家中长期科学和技术发展规划纲要（2006—2020年）（2006-02-09）[2024-09-20]. https://www.gov.cn/jrzg/2006-02/09/content_183787.htm.
③ 中华人民共和国农业农村部.聚焦2016中央一号文件. [2024-09-20].http://www.moa.gov.cn/ztzl/2016zyyhwj/.
④ 中国政府网.中共中央 国务院印发《"健康中国2030"规划纲要》.（2016-10-25）[2024-09-20]. https://www.gov.cn/zhengce/2016-10/25/content_5124174.htm.
⑤ 中华人民共和国科学技术部.科技部关于印发《"十三五"生物技术创新专项规划》的通知.（2017-04-24）[2024-09-20].https://www.most.gov.cn/xxgk/xinxifenlei/fdzdgknr/fgzc/gfxwj/gfxwj2017/201705/t20170517_132857.html.

3. 中国农业微生物产业发展重点布局生物经济产业，配套以农产品质量提升，拓展微生物医药、微生物制造、微生物农业等微生物产业方向

在农业微生物产业规划与布局方面，2022年5月，国家发展改革委发布《"十四五"生物经济发展规划》明确要在生物医药、生物农业、生物质替代应用及生物安全四大重点领域优先发力。2020年底，商务部发布的《鼓励外商投资产业目录（2020年版）》中，鼓励生物农药及生物防治产品开发、生产，如微生物杀虫剂、微生物杀菌剂、农用抗生素、生物刺激素、昆虫信息素、天敌昆虫、微生物除草剂等[1]，都在推进农业微生物的更快更好发展。2021年3月，《农业生产"三品一标"提升行动实施方案》指出推广绿色投入品，加快推广生物有机肥、缓释肥料、水溶性肥料、高效叶面肥、高效低毒低残留农药、生物农药等绿色投入品，推广粘虫板、杀虫灯、性诱剂等病虫绿色防控技术产品[2]。

在农业微生物产业配套与协同方面，2017年9月，中共中央 国务院发布《关于开展质量提升行动的指导意见》中提出要健全农产品质量标准体系，实施农业标准化生产和良好农业规范[3]。推行种养殖清洁生产，强化农业投入品监管，严格规范农药、抗生素、激素类药物和化肥使用。2021年8月，交通运输部和农业农村部发布《关于全力做好农业生产物资运输服务保障工作的通知》再次明确要统筹做好农业生产物资（种子种苗、农药、肥料、农膜、饲料产品及饲料原料、兽药、疫苗、种畜禽、仔畜雏禽、转场蜜蜂、水产苗种、农机具及零配件、相关物资包装等）运输服务保障工作，全力支撑农业生产，确保粮食和重要副食品安全[4]。2022年1月，农业农村部发布《推进生态农场建设的指导意见》中指出推广一批生态农业技术模式[5]。鼓励以生态农场为主体，推广应用耕地质量保护与提升、污染修复等产地保育技术，化肥农药减量、有机肥替代、生物防控等技术，生态田埂、生态沟渠、生态廊道等田园生态系统建设技术，健全完善生态农场技术规范，形成一批生态循环农业发展技术模式。

在农业微生物产业市场拓展与合作交流方面，目前我国已经形成了涵盖微生物医药、微生物制造、微生物农业等微生物技术产业方向比较完善的微生物产业体系。2023年9月，第三十届中国北京种业大会在北京通州国际种业科技园区召开，旨在发挥北京种业优势、聚集国家资源力量、强化国际化元素、展示引领性成果，锚定高质量办会，打造行业"风向标"。首届农业微生物种业专业论坛，以"发展农业微生物 培育农业新动能"为

---

[1] 中国政府网. 鼓励外商投资产业目录（2020年版）. https://www.gov.cn/zhengce/2021-01/27/content_5712339.htm. https://www.gov.cn/zhengce/zhengceku/2020-12/28/content_5574265.htm

[2] 中国政府网. 农业农村部办公厅关于印发《农业生产"三品一标"提升行动实施方案》的通知. [2024-09-20]. https://www.gov.cn/zhengce/zhengceku/2021-03/18/content_5593709.htm.

[3] 中国政府网. 中共中央 国务院关于开展质量提升行动的指导意见.（2017-09-12）[2024-09-20]. https://www.gov.cn/zhengce/2017-09/12/content_5224580.htm.

[4] 中国政府网. 交通运输部 农业农村部关于全力做好农业生产物资运输服务保障工作的通知. [2024-09-20]. https://www.gov.cn/zhengce/zhengceku/2021-08/23/content_5632761.htm.

[5] 贵州省人民政府. 农业农村部办公厅关于印发《推进生态农场建设的指导意见》的通知.（2022-02-25）[2024-09-20]. http://www.guizhou.gov.cn/zwgk/zdlygk/jjgzlfz/nync/nyzyhjgl/202202/t20220228_72795228.html.

主题，汇集业内精英，分析微生物肥料研发趋势，交流优质高产食用菌新种质创制，探讨我国微生物产业发展战略。

（二）监管制度

中国农业微生物行业标准监管体系正在逐步建立，现有农业微生物监管法规主要围绕生物安全展开。当前的农业微生物行业标准体系尚不完善，产品质量参差不齐，给产品检测、销售、市场监督带来了不便。现行监管制度，如《中华人民共和国生物安全法》第二十五条规定，县级以上人民政府有关部门应当依法开展生物安全监督检查工作，被检查单位和个人应当配合，如实说明情况，提供资料，不得拒绝、阻挠。涉及专业技术要求较高、执法业务难度较大的监督检查工作，应当有生物安全专业技术人员参加。

1. 中国已制定微生物农药相关的国家标准、行业标准及地方标准100余项，涉及微生物农药生产、产品质量、安全性评价、使用技术等方面

微生物农药标准化体系正在逐步建立。在发展绿色农业、实现药肥"双减"的背景下，农用微生物制剂的需求稳步增长，井冈霉素、赤霉素、阿维菌素等已获得广泛应用。数据显示，以有效成分的登记数量测算，全部农药登记品种共727种，其中微生物农药54种，占总的农药登记品种总数的7%。以农药制剂产品的登记数量测算，微生物农药542个，占比1.3%。近20多年来我国已制定微生物农药相关的国家标准、行业标准及地方标准100余项，涉及其生产、产品质量、安全性评价、使用技术等方面[①]。微生物农药标准化体系稳步建设，对微生物农药登记管理水平提高和产业健康发展发挥了重要作用。

2. 微生物肥料的产品标准涉及农用微生物菌剂、复合微生物肥料和生物有机肥三类

微生物肥料是不同于化肥、有机肥的一种新型肥料，所起到的效果和常规肥料有很大差异。微生物肥料涉及多个产品标准，目前主要有以下三类：农用微生物菌剂，执行标准GB 20287—2006[②]；复合微生物肥料，执行标准NY/T 798—2015[③]；生物有机肥，执行标准NY 884—2012[④]。

3. 微生物饲料酶制剂标准监管参照农业农村部制定的《饲料和饲料添加剂管理条例》《饲料原料目录》和《饲料添加剂品种目录》

微生物酶制剂是通过微生物菌种发酵生产的酶制剂，在饲料产业中已广泛应用。微生物饲料及酶制剂的标准监管参照农业农村部制定的《饲料和饲料添加剂管理条例》《饲料原料目录》和《饲料添加剂品种目录》，其中明确了发酵生产所用菌种和原料要求，以及饲料用酶制剂和微生物饲料添加剂等一系列国家和行业标准。其中，农业农村部、市场监

---

① 王以燕，袁善奎，农向群，等. 我国微生物农药产品质量、安全性评价和使用技术相关标准. 农药，2021，60（12）：872-877.
② 国家质量监督检验检疫总局，国家标准化管理委员会. 农用微生物菌剂：GB 20287—2006. 北京：中国标准出版社，2011.
③ 农业部. 复合微生物肥料：NY/T 798—2015. 2015-05-21.
④ 农业部. 生物有机肥：NY 884—2012. 2012-06-06.

管总局先后制定发布了《微生物饲料添加剂通用要求》（GB/T 23181）、《饲料用酶制剂通则》（NY/T 722）、《饲料添加剂 饲用活性干酵母（酿酒酵母）》（GB/T 22547）、《饲料微生物添加剂 地衣芽孢杆菌》（NY/T 1461）、《饲用微生物制剂中枯草芽孢杆菌的检测》（GB/T 26428）等多项国家标准和农业行业标准，通过规定微生物发酵制品的通用技术要求、重点产品的质量要求，为有效提升微生物发酵制品质量安全水平提供技术支撑。农业农村部还充分发挥行业协会、产业联盟等社团组织的作用，支持相关社会团体制定了《发酵饲料技术通则》团体标准，通过行业自律促进行业健康有序发展。

（三）技术清单

1. 微生物肥料主要种类有微生物菌剂、生物有机肥和复合微生物肥，品种多样

微生物肥料的主要品种包括根瘤菌肥料、固氮菌肥料、解磷和解钾菌肥料、光合细菌肥料、复合微生物肥料、微生物生长调节剂、菌根制剂、抗生菌肥料及促进植物生长的根细菌类制剂。根瘤菌肥料是世界各国应用最多的微生物肥料，国内微生物肥料生产厂有一半左右生产或生产过含根瘤菌的微生物肥料；解磷微生物可把有机磷或不溶态无机磷转化为可溶态无机磷，供植物利用；解钾硅酸盐细菌经发酵制成菌剂，在缺钾土壤中施用对各种作物表现出很好的增产效果。

2. 微生物农药主要种类有微生物杀虫剂、杀菌剂、除草剂及利用微生物代谢分泌的有效活性物质制成的农用抗生素杀虫杀菌剂

微生物杀虫剂中，细菌类杀虫剂以苏云金芽孢杆菌推广应用面积最大，且杀虫效果理想，此外还有真菌杀虫剂、病毒杀虫剂等。微生物杀菌剂，如中国农业大学研究开发的增产菌系列产品；南京农业大学分离筛选的枯草芽孢杆菌不同菌株，对不同作物有不同的防病治病效果，通过这些菌株成功研制开发菜丰灵系列产品。目前，开发应用面积较大的农用抗生素杀虫剂阿维菌素是由日本和美国共同研制开发的；抗生素杀菌剂井冈霉素是由上海市农药研究所在江西省井冈地区发现的1株链霉菌开发成功的，它已成为我国农用抗生素产品的当家品种；农抗120是由中国农业科学院开发成功的抗生素杀菌剂。

3. 微生物饲料主要种类包括单细胞蛋白和菌体蛋白饲料、发酵糖化饲料及秸秆微生物发酵饲料等

单细胞蛋白和菌体蛋白饲料是根据微生物生长繁殖快，蛋白质含量高的特点，使微生物利用有机废物来生产的蛋白饲料。我国于1984年利用薯类薯渣等粗淀粉选育出混生配伍菌株，用以生产菌体蛋白饲料，后续又相继在柠檬渣、甜菜渣、豆渣、酒糟和玉米渣等工业废渣上选育出生长良好的混生配伍菌株，进一步利用菌株把秸秆类粗饲料加工成营养丰富、适口性好的饲料。微生物饲料添加剂如酶制剂、真菌添加剂、维生素类、抗生素类、氨基酸类、活微生物等，通过生物发酵工程制取的微生物及代谢物、转化物作为饲料，正广泛应用于畜牧生产。如中国工程院姚斌院士及其团队，建立了完整的酶基础研究和产品开发自主技术体系，实现植酸酶等10余种酶制剂产业化生产，并将成果进行国际转让，打

破海外市场垄断和技术壁垒。

4. 微生物食物资源丰富，以食用菌优质蛋白质资源为主

我国是世界上公认的"食用菌王国"，食用菌含有优质蛋白质资源，营养丰富、味道鲜美，含人体必需的十几种氨基酸，并含人体必需的维生素、微量元素、多种抗生素等物质。食用菌的栽培是利用农林及轻工业生产的废弃物，生产高产优质的食用菌，培养食用菌后的菌糠可作为优质饲料，其蛋白质含量及其利用率比原料中高出许多。我国的食用菌栽培早已遍及全国，特别是东北地区，其自然条件和培养基资源丰富，香菇、平菇、木耳等的生产已形成产业规模，另外，食用菌生产大省福建在食用菌生产和出口上都走在全国前列。

5. 微生物能源利用主要以沼气开发利用为主

沼气是由微生物分解有机物质而产生，甲烷是沼气的主要成分，它是复杂有机物经多种微生物共同作用产生。经过微生物的发酵，将作为燃料的碳、氢和作为植物营养元素的N、P、K等分离开，使它们各得其所，各尽其用，提高了能量和物质利用效率。以沼气为纽带可促进物质和能量在系统内部有多重循环利用。如我国北方开发的"四位一体"高效种养结合发展模式，即太阳能温室→沼气池→猪圈→厕所和南方的"猪圈→沼气池→果园"模式，可使一切有机残体和废弃物无害化和资源化，是一条适合我国国情的农村发展之路。

6. 转基因微生物可用于降解塑料、生物修复、生物防治、菌根技术和微生物育种等

转基因技术是将人工分离和修饰过的基因导入生物体基因组中，通过外源基因的稳定遗传和表达，使生物体具备自己本身并不具备的性状，从而使其更好地满足人们的需求。目前，研究人员利用转基因微生物来降解塑料，以缓解在农业中面临的塑料降解难题。转基因微生物还可用于生物修复（利用微生物来修复受损的土壤、水体等环境，减轻污染影响）、生物防治（利用有益微生物来抑制通过土壤传播的病原体，防止病害的发生）、菌根技术（利用菌根真菌与植物根系互惠互利的关系，促进植物生长）、微生物育种（通过人工选择和改良微生物菌株，提高其在农业中的应用效果）等。

（四）重点布局

中国在农业微生物领域推进了一系列国家级重点项目，这些项目旨在推动农业微生物技术的研究和应用，促进农业可持续发展。以下是一些中国农业微生物领域的国家级重点项目的示例。

1. 农业微生物种质资源库建设类项目旨在打造种质资源保护利用"国家队"，加快健全我国农业种质资源保护体系

1999年，国家启动了微生物资源科技基础性工作任务，将微生物资源的收集、整理、保藏列为国家科技基础性工作专项。系统地调查和鉴定中国农业微生物资源，以确定潜在的有用资源。2022年9月，为贯彻党中央、国务院关于种业振兴决策部署，深入实施种质资源保护利用行动，落实《国务院办公厅关于加强农业种质资源保护与利用的意见》有关要求，农业农村部公告第一批72个国家农作物种质资源库（圃）和19个国家农业微生物种质资源库名单，旨在打造种质资源保护利用"国家队"，加快健全我国农业种质资源保护体系。

2. 土壤生态修复类项目重点围绕土壤微生物区系特征、土壤—植物根际、菌群调控等开展

通过研发和应用微生态制剂，能改善受污染的土壤生态系统并修复、恢复土壤的肥沃度和健康。2015年，由南京农业大学牵头的国家重点基础研究发展计划（973计划）"作物高产高效的土壤微生物区系特征及其调控"项目实施，为我国土壤微生物研究与农业可持续发展的战略需求提供科技支撑。该项目重点围绕高产和抑病型土壤微生物区系特征、微生物介导的土壤团粒结构与作物根际过程、功能菌营养调控与高产和抑病土壤微生物区系定向培育原理等三大关键科学问题开展协同攻关。

3. 生物农药研发项目重点围绕微生物菌肥开发，助力农业增产增收

微生物菌肥研发项目多次被列入国家"863计划""星火计划"重点项目，用于提高生物菌肥效能，助力农业增产增收。2023年，启动的生物农药研发项目包括湖南省农业科学院刘勇研究员主持的国家重点研发计划项目"病虫害生防微生物资源挖掘、改良与新产品创制"[①]，以及姜道宏教授主持，联合宁波大学、华南农业大学、西北农林科技大学、中国农业大学、沈阳农业大学共同承担的国家重点研发计划"多病原侵染重要作物的微生物组学基础和调控机制"[②]。

二、美国

农业微生物是美国政府国家战略规划的重要组成部分。近十年来，各届联邦政府通过发布《国家生物经济蓝图》《关于推进生物技术和生物制造创新以实现可持续、安全和有保障的美国生物经济的行政命令》、"国家微生物组计划"等国家战略文件，强调农业微生物在美国生物技术、生物经济和生物制造中的重要地位。2023年，美国多个联邦机构联合发布"利用生物技术和生物制造研究与开发进一步实现社会目标"报告，制定未来5年内对于农业微生物产业研究和建设的目标。

对于农业微生物产业美国具有翔实而完善的法律及监管架构，通过国会立法，建设并不断完善"生物技术监管协同框架"，形成了包括美国农业部（USDA）、美国环境署（EPA）、美国食品与药品监督管理局（FDA）在内的产业监管标准体系，三机构相互协调制约，形成了较为透明合理的产业标准监管结构。

---

① 华生在线. 事关病虫害生物防控！湖南这一国家重点研发计划项目启动.（2023-02-27）[2024-09-20]. https://baijiahao.baidu.com/s?id=1759026950719712477&wfr=spider&for=pc.

② 华中农业大学. 国家重点研发计划项目"多病原侵染重要作物的微生物组学基础和调控机制"在我校启动. http://news.hzau.edu.cn/2023/0406/66092.shtml.（2023-04-03）[2023-09-20]. https://amrd.hzau.edu.cn/info/1122/1521.htm

美国政府近年来一直对农业微生物产业研究加大投资，国家层面项目包括美国农业部国家食品和农业研究所主导的农业微生物组研究计划、生物技术风险评估资助计划，美国国立科学基金会资助的农业微生物项目。自2020年起，对国家层面农业微生物研究项目的投资总额超过4 000万美元。美国联邦机构还针对农业微生物产业出具了相应政策和指南，包括微生物农药、微生物化肥以及微生物酶制剂等产品。

（一）战略布局

1. 在生物经济发展方面，美国政府强调微生物在生物经济中的作用，微生物催化剂在农业中将发挥更大作用

美国将微生物产业纳入多个领域的国家战略并强调跨学科研究。1995年，美国国家科学技术委员会发布《21世纪生物技术：新视野》（Biotechnology for the 21st Century：New Horizons）指出，进入21世纪，农业方面具体的优先事项是对动物、植物和微生物基因组作图测序，作为进一步开展基因工程工作的前序[1]。近十年来，美国联邦政府高度重视微生物在国家生物经济中的作用，美国国会研究服务处（Congressional Research Service）在描述"生物经济"一词的定义时，就以微生物和植物进行举例[2]。

2012年，奥巴马政府发布《国家生物经济蓝图》（National Bioeconomy Blueprint），该报告指出未来的生物技术有赖于包括微生物工程的合成生物学等多项技术的扩展，微生物在能源、工业、农业、环境等方面都具有良好的发展潜力。利用微生物及其衍生的工业酶，能够一定程度上替代石化燃料和原料的使用，具有良好的环境效益。依据生物经济在农业领域的发展趋势，美国农业部推断，微生物催化剂未来将在农业中发挥更大的作用。此外，报告还特别指出，微生物产业为农业部门提供了更多的就业机会和收入。2010年的一项评估显示，来自转基因植物、转基因微生物的收入约为3 000亿美元，占国内生产总值的2%以上。报告表明，美国将进一步加强微生物在国土安全、能源燃料和合成生物学方面的战略化发展[3]。

2. 在微生物组研究方面，推出"国家微生物组计划"增进对微生物组的理解，促进跨学科研究、开发新技术、培养人才

2016年，白宫科学技术政策办公室（Office of Science and Technology Policy，OSTP）与联邦机构及私营部门利益相关者合作，宣布推出了"国家微生物组计划"（The National Microbiome Initiative，NMI），旨在增进对微生物组的了解，以帮助开发医疗保健、食品生产和环境恢复等领域的有益应用。NMI的主要研究计划包括通过跨学科研究增加对不同

---

[1] National Science and Technology Council（US）. Biotechnology Research Subcommittee. Biotechnology for the 21st Century：New Horizons[R]. Washington DC：The Subcommittee：For sale by the U.S. G.P.O. Supt. of Docs，1995.

[2] Congressional Research Service. The Bioeconomy：A Primer. （2022-09-19）[2023-09-20]https://crsreports.congress.gov/product/pdf/R/R46881.

[3] The White House. National Bioeconomy Blueprint，（2012-04）[2023-09-22]. https://obamawhitehouse.archives.gov/sites/default/files/microsites/ostp/national_bioeconomy_blueprint_april_2012.pdf

生态系统微生物组的了解；发展用于微生物组检测、分析的新平台新技术；扩大并培养参与微生物组研究的人才，重点关注农业与气候、精准医学、可再生能源等与微生物密切相关的领域。

美国联邦政府和百余家外部机构向NMI提供了大量持续的资金支持，根据美国白宫公报，2012—2014财年，美国十余个联邦机构向微生物组科学投资总计9.22亿美元。2016—2017财年，美国联邦政府再投资1.21亿美元作为NMI的启动资金，其他外部机构在计划启动时也承诺提供超过4亿美元的财政和实物捐助以支持计划①。

虽然特朗普政府时期对于生物技术产业的科技创新关注不足，也并未出台关于生物经济国家级战略规划，但对于加强生物技术监管协调框架、削弱生物技术产品监管壁垒，加大对生物技术和生物经济的投资仍十分重视②。

3. 在生物制造方面，提出加强基因组研发、扩大遗传资源收藏、强化数据分析和基础设施建设，以及精确控制生物体的复杂表型

2022年9月，拜登政府发布《关于推进生物技术和生物制造创新以实现可持续、安全和有保障的美国生物经济的行政命令》（Executive Order on Advancing Biotechnology and Biomanufacturing Innovation for a Sustainable, Safe, and Secure American Bioeconomy）③，正式提出"生物制造"的概念，指利用生物技术编程微生物来制造特殊的化学品和化合物的过程④。依据这一行政命令，白宫科学技术政策办公室2023年3月发布了《利用生物技术和生物制造研究与开发进一步实现社会目标》（Bold Goals for U.S. Biotechnology and Biomanufacturing）报告，涉及美国能源部、农业部、商务部、卫生与公众服务部和国家科学基金会五个联邦机构。针对农业微生物方面，拜登政府发起7项研究目标与4项总体研发需求，涉及生物科学、环境科学、气候科学、能源、计算机科学以及公共卫生等多领域跨学科共同研究，具体内容见图1.1。

（1）加强动植物、微生物基因组到表型组的研发，开展大规模基因组测序。改善测序、生物信息学、基于基因组学的育种、基因组编辑的效果，并研发其他创新技术，促进植物、动物和微生物的多样化；对农业相关动植物和微生物基因组进行测序和注释，包括驯化动植物及其野生近缘种、害虫和有益节肢动物、杂草、动植物病原体以及关键生态系统微生物组。

---

① The White House. Fact Sheet: Announcing the National Microbiome Initiative.（2016-05-13）[2023-09-22]. https://obamawhitehouse.archives.gov/the-press-office/2016/05/12/fact-sheet-announcing-national-microbiome-initiative

② 王涛，杨正.美国生物技术领域政策研究.全球科技经济瞭望，2020，35（3）：1-6.

③ The White House. Executive Order on Advancing Biotechnology and Biomanufacturing Innovation for a Sustainable, Safe, and Secure American Bioeconomy,（2022-09-12）[2023-09-22]. https://www.whitehouse.gov/briefing-room/presidential-actions/2022/09/12/executive-order-on-advancing-biotechnology-and-biomanufacturing-innovation-for-a-sustainable-safe-and-secure-american-bioeconomy/.

④ The White House. FACT SHEET: President Biden to Launch a National Biotechnology and Biomanufacturing Initiative,（2022-09-12）[2023-09-22]. https://www.presidency.ucsb.edu/documents/fact-sheet-president-biden-launch-national-biotechnology-and-biomanufacturing-initiative.

第一章 全球农业微生物产业战略布局研究

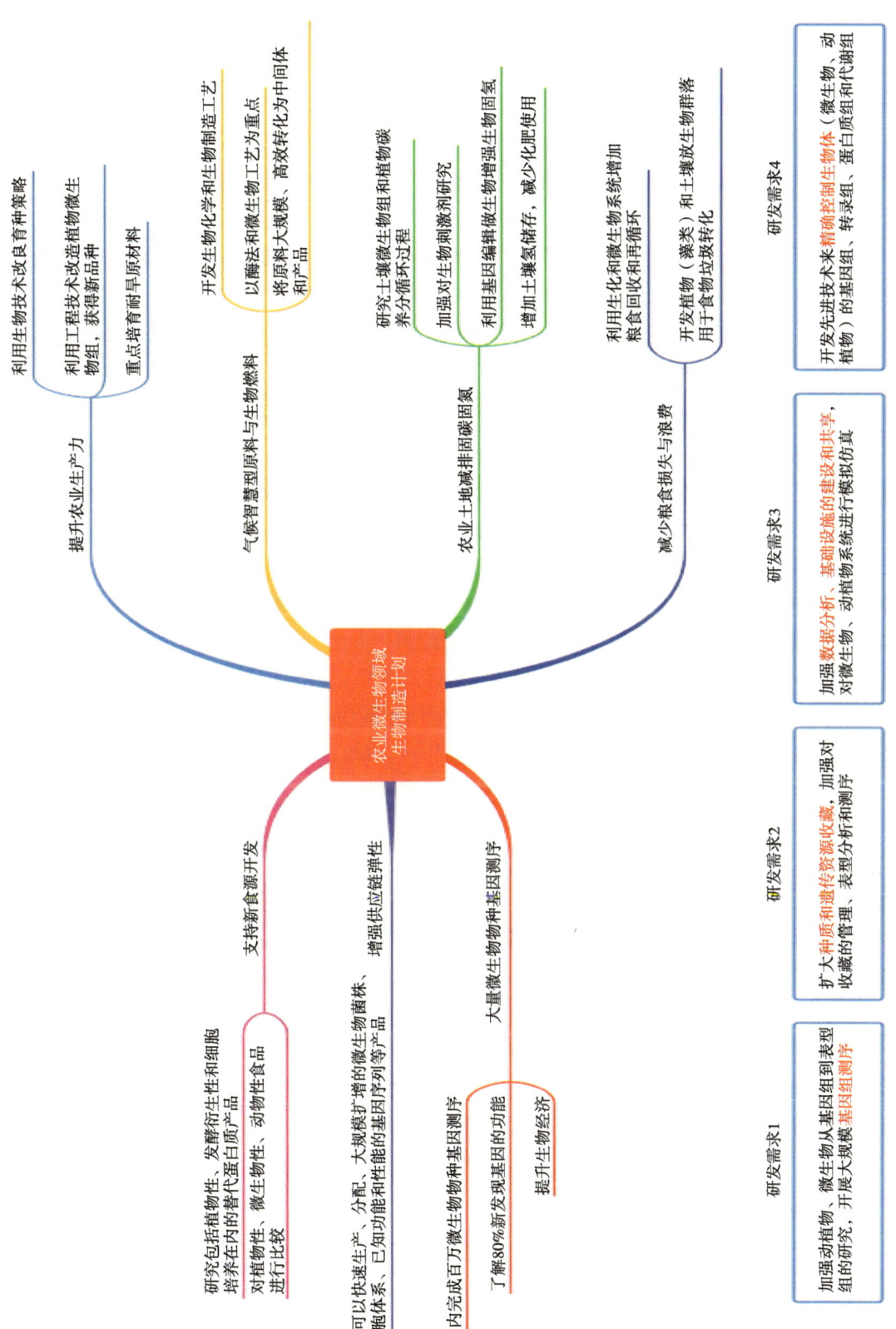

图 1.1 美国农业微生物领域生物制造计划主要研究方向

（2）扩大种质和遗传资源收藏，加强对收藏的种质和遗传资源的管理、表型分析和测序，相关机构包括美国农业部国家植物种质系统、动物种质保藏中心和美国国家培养物保藏中心。

（3）加强数据分析、基础设施的建设和共享，对微生物、动植物系统进行模拟仿真。开发可定制的数字孪生模型来模仿主要的农业、林业或食品生产系统，包括动植物和微生物。

（4）开发先进技术来精确控制生物体（微生物、动植物）的基因组、转录组、蛋白质组和代谢组，以实现对复杂表型的高度可预测控制[1]。

4. 在菌种保藏方面，美国微生物菌种保藏机构公立与私立性质兼具，保藏策略注重多样性和异地备份

（1）美国微生物菌种保藏机构致力于微生物资源的获取、保存、鉴定和分发。

美国对菌种资源进行保藏的行为始于20世纪20年代，保藏机构分为公立及私人机构，与农业微生物相关的主要微生物菌种保藏机构包括美国模式菌种收集中心（American Type Culture Collection，ATCC）、ARS菌种保藏中心（Agricultural Research Service Culture Collection，NRRL）、真菌遗传学保藏中心（Fungal Genetics Stock Center，FGSC）和美国林务局森林真菌学研究中心（The Center for Forest Mycology Research，CFMR），保藏的微生物类型包括细菌、真菌、病毒、原虫和古细菌。

ATCC成立于1925年，是一家私人非营利组织，致力于各种生物材料的获取、保存、鉴定和分发。目前，ATCC是全世界最大的微生物保藏中心，保存有76 021种真菌、细菌、病毒、原虫和古细菌。ATCC具有四个项目领域，重点关注生物科学产品和服务的开发、分销、研究以及技术转让[2]。

ARS菌种保藏中心是世界上最大的微生物公共保藏中心之一，包含约98 000个细菌和真菌分离株。ARS菌种保藏中心的目标是开展并促进微生物研究，提高对微生物多样性的理解和利用，提升对微生物种质的评价及可获得性，以促进农业生产、食品安全、公共卫生和经济领域的发展。此外，美国农业部还设立了根瘤菌种质保藏中心（USDA-ARS Rhizobium Germplasm Resource Collection），用于保存根瘤菌相关的种质资源，了解遗传多样性和技术信息，获取和保存与豆科植物相关的固氮细菌共生体，进行种质评价以及向公共和私营部分分发保藏菌属[3]。

FGSC是美国主要的真菌遗传特征开发保藏库之一，成立于1960年，主要收藏脉孢菌、曲霉属真菌、镰刀菌属、巨座壳属等具有基因遗传属性的真菌菌株。自1987年起，

---

[1] The White House. Bold Goals for U. S. Biotechnology and Biomanufacturing, Harnessing Research and Development to Further Societal Goals.（2023-03）[2023-09-22]. https://www.whitehouse.gov/wp-content/uploads/2023/03/Bold-Goals-for-U.S.-Biotechnology-and-Biomanufacturing-Harnessing-Research-and-Development-To-Further-Societal-Goals-FINAL.pdf.

[2] American Type Culture Collection, https://www.atcc.org/.

[3] Agricultural Research Service Culture Collection, https://nrrl.ncaur.usda.gov/.

FGSC已对外发放超过650 000个菌株。除向外界机构分发菌株外，FGSC还开展研究活动，主要研究活动旨在增加馆藏材料的价值，具体项目包括菌株改良，菌株标记的鉴定以及多重标记菌株的生产[①]。

CFMR是世界上最大的木栖真菌收藏机构。收藏包括1 800种真菌的约20 000个活体培养物以及4 200个物种的约50 000个干燥标本。CFMR的主要业务包括分发菌种馆藏、真菌生物系统学基础研究（包括物种鉴定、抗病研究）、真菌培养物测序、工业酶开发等[②]。

（2）美国微生物菌种保藏策略注重收藏的多样性和异地备份，通过美国农业部和国家科学基金会的支持，确保微生物保藏的安全性和长期性。

为确保美国微生物保藏的安全性和长期性，美国微生物保藏强调菌种收藏的多样性以及培养物的异地备份。根据美国农业部国家植物种质系统的管理要求和国家动物种质计划的任务内容，许多美国微生物保藏中心将持有的保藏物备份副本储存在美国农业部国家遗传资源保护实验室。目前已有超过12个微生物保藏中心在美国农业部备份，备份储藏的菌种保藏物不用于分发，只根据原保藏机构或首席研究员的要求归还保藏物。另外，美国国家科学基金会通过支持生物研究收藏品计划（Collections in Support of Biological Research，CSBR）提供资金拯救濒危或稀有的菌种保藏或支持保藏物转移。近年来，约6 000种植物相关的微生物通过美国国家科学基金会生物研究收藏品计划从夏威夷大学转移至印第安纳Agdia Inc.进行农业筛选项目；数千份酵母保藏物从雪城大学和田纳西州立大学转移至加州大学戴维斯分校的Phaff酵母培养物保藏中心保存[③]。

（二）监管制度

1.在监管机构与协调框架方面，美国对农业微生物的监管通过生物技术产品监管体系实现

美国联邦政府对农业微生物的监管通过《生物技术产品监管体系现代化国家战略》（National Strategy for Modernizing the Regulatory System for Biotechnology Products）实现，该框架于1986年首次发布，2017年设立新兴技术机构间政策协调委员会（The Emerging Technologies Interagency Policy Committee，ETIPC）并发布更新版本，确定在美国环境署（EPA）、美国食品与药品监督管理局（FDA）和美国农业部（USDA）之间设置工作组并明确各机构的监管范围和职能，三个机构根据各自适用法律制定监管计划，同时又以综合协调的方式对微生物进行管理[④]。

---

① Fungal Genetics Stock Center. https://www.fgsc.net/.
② Glaeser J A, Nakasone K K, Lodge D J, et al., 2013. The culture collection and herbarium of the Center for Forest Mycology Research：A national resource. In：Browning, John；Palacios, Patsy, comps. Proceedings of the Western International Forest Disease Work Conference；2012 October 8-12, 2012. Tahoe City, CA. Place of publication unknown：Western International Forest Disease Work Conference：123-129.
③ Boundy - Mills K, McCluskey K, Elia P, et al., Preserving US microbe collections sparks future discoveries, Journal of Applied Microbiology, 2020, 129（2）：162-174.
④ 王涛，杨正.美国生物技术领域政策研究.全球科技经济瞭望, 2020, 35（3）：1-6.

依照框架总体要求，美国环境署负责保护人类健康和环境，根据《联邦杀虫剂、杀菌剂和灭鼠剂法案》《联邦食品、药品和化妆品法案》和《有毒物质控制法》负责对农药、食品中存在的农药残留，以及根据《有毒物质控制法》及其附属法规未明确排除的新微生物进行监管。此外，美国环境署还负责监管所有农药的登记、销售和使用，包括基因工程微生物农药及微生物肥料及属间微生物构成的生物技术产品；美国食品与药品监督管理局负责保护和促进公众健康，根据《联邦食品、药品和化妆品法案》《公共卫生服务法》（PHS）对使用生物技术生产的动植物食品、药品和人类生物制品的安全性、纯度和效力进行监管，包含微生物酶制剂等农业微生物产品的监管；美国农业部负责保护农业免受病虫害侵害，主要根据《动物健康保护法》（APHA）、《植物保护法》和《病毒、血清、毒素法案》（VSTA）对可能对农业动植物健康构成风险的生物技术产品、兽医生物制剂中包含的生物技术产品进行监管，包括属于动植物病害的微生物的监管[①]。关于农业微生物生物技术产品监督以及联邦三机构之间相互协调的关系见图1.2[②]。

特朗普政府虽然没有过多关于生物技术的科技创新，但十分重视生物技术监管框架的重要性[③]。2019年签署《关于农业生物技术产品管理框架现代化的行政命令》（Executive Order on Modernizing the Regulatory Framework for Agricultural Biotechnology Products），对农业生物技术产品的监管方式进行现代化改造，加快生物技术审批流程，减少生物技术工厂审查成本，更快将新产品推向市场[④]。

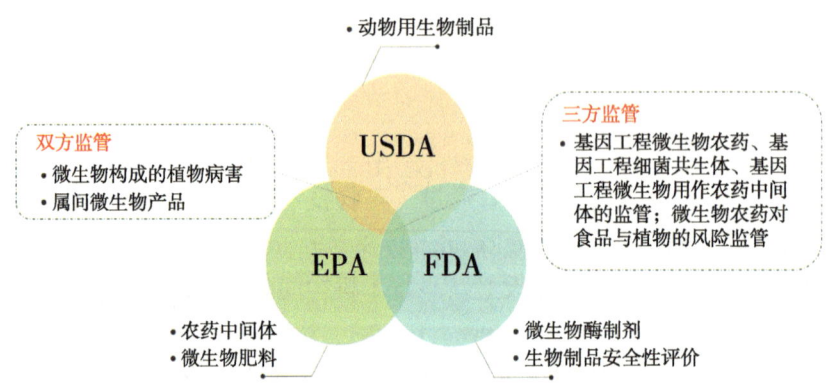

图1.2　USDA、EPA、FDA在农业微生物领域的监管职责和协调工作内容

---

① The Unified Website for Biotechnology Regulation. Modernizing the Regulatory System for Biotechnology Products. https://usbiotechnologyregulation.mrp.usda.gov/biotechnologygov/home/modernizing/modernizing_biotechnology_framework.

② Wozniak C A, McHughen A. Regulation of Genetically Engineered Microorganisms Under FIFRA, FFDCA and TSCA. In Regulation of Agricultural Biotechnology: The United States and Canada, 2012, 57–94.

③ 王涛，杨正. 美国生物技术领域政策研究. 全球科技经济瞭望，2020，35（3）：1–6.

④ The White House. Executive Order on Modernizing the Regulatory Framework for Agricultural Biotechnology Products. (2019-06-11) [2023-09-22]

2. 在法律法规层面，美国联邦法律对微生物的监管涉及食品安全、农药、植物保护、有毒物质和兽医生物制剂领域

在美国联邦法律中，明确写出对微生物进行标准监管的法案主要包括《联邦食品、药品和化妆品法案》（FFDCA）、《联邦杀虫剂、杀菌剂和灭鼠剂法案》（FIFRA）、《植物保护法》（PPA）、《有毒物质控制法》（TSCA）和《病毒、血清、毒素法案》（VSTA）。其中，《联邦食品、药品和化妆品法案》对食品及动物饲料中的微生物成分进行管控；《联邦杀虫剂、杀菌剂和灭鼠剂法案》对包含原核生物、藻类、真菌、原虫、病毒和病毒样颗粒在内的微生物及微生物产品、农药和农药物质进行管控；《植物保护法》对可能对植物产生病害的基因工程微生物制品进行管控；《有毒物质控制法》对使用惠特克五界分类的微生物（原核生物、原虫、真菌、藻类、病毒及病毒样颗粒）、新微生物（属间微生物、化学合成遗传物质生成的微生物）进行管控；《病毒、血清、毒素法案》对含有微生物的兽医生物制剂进行监管[①]。

（三）技术清单

2019年，美国国家科学院、工程院和医学院联合发布《至2030年推动食品与农业研究的科学突破》（Science Breakthroughs to Advance Food and Agricultural Research by 2030），报告基于未来美国食品和农业研究的主要目标和面临的关键挑战，识别了5项科学突破机遇并提出对应建议。5项科学突破机遇包括：跨学科研究和系统方法、传感技术、数据科学与农业食品信息学、基因组学和精准育种技术、微生物组学。

委员会根据这5项机遇提出了部分有前景的科学研究方向，其中与农业微生物相关的有：①通过开发新型传感技术监测植物胁迫和营养状况，并通过探索使用纳米技术、基因编辑、合成生物学和微生物组技术来开发动态作物，加强植物与微生物的相互作用，使作物能够在需要时开启或关闭某些功能，让植物能够更好地应对环境挑战（冷、热、旱、涝、虫害、养分需求）；②识别和利用土壤微生物产生的养分，通过宏基因组学、合成生物学、成像技术和计算生物学对土壤微生物组进行定制设计，建立预测模型，提高作物对养分的生物利用度和植物对环境压力和疾病的恢复能力，创建更具有生产力和可持续性的作物生产系统；③增进跨学科研究和系统方法在动植物、土壤微生物组中的应用，增强对微生物组的系统建模和监测。

（四）重点布局

美国从国家层面对农业微生物领域的研究提供多元化、长期稳定的资金支持，2020年起，美国对农业微生物研究项目的投资总额超过4 000万美元，以确保农业微生物组、生物技术风险评估、合成微生物群落等相关研究顺利进行，加速促进农业微生物产业发展。主要参与投资的联邦机构包括美国农业部国家食品和农业研究所（NIFA）和美国国家科

---

① Seiber J N, Coats J, Duke S O, et al., In Biopesticides: States of the Art and Future Opportunities. American Chemical Society, 2014, 62（48）: 11613-11619

学基金会（NSF）。

1. 在农业微生物组研究方面的项目主要以推进农业微生物组在提升农业生产力、保证食品供应、农业系统碳封存、对抗粮食短缺等方面的应用为主

NIFA于2023年8月投资1 200万美元推进农业微生物组在提升农业生产力、保证食品供应、农业系统碳封存、对抗粮食短缺等方面的关键应用，这些研究将填补农业生产系统和自然资源中微生物组功能特征的主要知识空白[①]，详见表1.1。

表1.1　NIFA 2023财年资助农业微生物组研究项目

序号	资助项目名称	资助研究机构名称
1	种子际微生物组群落及其功能	奥本大学
2	干旱塑造旱地作物根部代谢组和微生物组，抵御生物和微生物胁迫	南密西西比大学
3	通过应用生态学开发抑制疾病的"叶圈"微生物组	宾夕法尼亚州立大学
4	利用植物—微生物关联塑造黄星蓟的入侵与竞争动态	亚利桑那大学
5	微生物群落对牧场杂草和饲料物种联合性能的影响	亚利桑那大学
6	揭示施用杀菌剂后介导植物疾病复发的微生物机制	威斯康星大学麦迪逊分校
7	农业种植系统中土壤与根际微生物组、植物营养、硝化和氧化亚氮的相互作用	佛罗里达大学
8	阐明根瘤微生物组的群落规则	北达科达州立大学
9	农业系统中的农业病毒组：对微生物群落、功能和作物产生的影响	威廉玛丽学院
10	根瘤细菌组的系统发育和元组学变异是否决定与豆科生产力相关的植物性状	弗吉尼亚理工学院
11	不同耕作系统土壤固氮微生物群落的功能生物多样性	华盛顿州立大学
12	探究生物产品农业生态系统中植物和微生物相互作用的根源	西弗吉尼亚大学
13	探索和利用甘薯根际微生物生态的多组学和合成生物学方法	迈阿密大学
14	预测、检测和表征玉米和合成细菌群落之间的养分交换	唐纳德丹佛植物科学中心
15	探索本土植物的微生物组，寻找促进植物生长的微生物，以减少非生物胁迫对农作物的影响	犹他州立大学
16	利用水凝胶生物肥料中细菌—真菌的协同相互作用促进可持续农业实践	华盛顿大学
17	利用根部微生物组实现可持续谷物作物生产	威斯康星大学麦迪逊分校
18	了解植物根际细胞及其分泌物在调节根际微生物组动力学中的作用	密苏里大学
19	棉花枯萎病病原菌群研究	德州农工大学

---

① National Institute of Food and Agriculture. NIFA Invests $12 Million to Advance Research in Agricultural Microbiomes（A1402），August 16 2023. https://content.govdelivery.com/accounts/USDANIFA/bulletins/36 b1593

2. 在生物技术风险评估方面的资助项目主要用以科学评估基因工程生物引入环境后带来的影响

美国农业部于2020年发起生物技术风险评估资助计划（Biotechnology Risk Assessment Research Grants，BRAG），用以科学评估基因工程生物引入环境后带来的影响[①]。2020—2022年共有6个农业微生物相关项目获得资助，累计金额近300万美元，研究重点包括：①基因工程动植物和微生物与相关野生、农业生物间的基因转移；②转基因微生物对生物多样性和环境的影响；③转基因微生物的基因特性及表达；④基因工程微生物新菌株的致病性、生物防治特性及其他可能风险。详见表1.2。

表1.2　2021—2022年生物技术风险评估资助计划中农业微生物相关项目

序号	资助时间（年）	资助项目	研究机构
1	2022	肉牛生产中与转基因微生物相关的风险：持久性、传播和生态后果的评估	内布拉斯加大学
2	2022	小型综合体逃逸到环境中的风险评估（土壤细菌、微生物组）	田纳西大学
3	2022	研究小细胞封装的RNAi生物杀菌剂的环境持久性和靶标特异性	弗吉尼亚理工学院
4	2021	设计一种工程植物促生长根际细菌（PGPR）以在根际受控释放（微生物根系反应）	特拉华大学
5	2021	抗虫管理：混合综合防治方案与苏云金芽孢杆菌vip3a毒素对西豆蛾的防治效果评价	内布拉斯加大学
6	2021	使用催化RNA监测和模拟土壤中合成微生物基因转移的动力学和宿主范围	莱斯大学

3. 在合成微生物群落研究方面的项目聚焦微生物在生物修复、生物技术、农业和医学中的应用，包括基本机制、解决生物学问题、生物技术应用等方向

美国国家科学基金会（NSF）于2021年启动"为生物学、减缓气候变化、可持续性和生物技术构建合成微生物群落"的年度资助计划，鼓励研究人员针对微生物在生物修复、生物技术、农业和医学中开展相关研究。该项目的三个主要研究方向包括：①确定驱动合成微生物群落形成、维持或进化的基本机制或规则；②使用合成微生物群落来解决基本生物学问题，包括分子生物学、细胞/有机生物学、生态学或进化方面的问题；③利用生物技术、生物经济或环境工程应用建立合成群落，包括但不限于新型生物可再生化学品、生物降解顽固化学品或"永久化学品"，从而实现循环生物经济、促进可持续农业并减轻气候变化的影响。2023年公布的数据显示，该计划已累计资助项目316个，其中与农业微生

[①] U.S. Department of Agriculture. USDA 2020-2022 Biotechnology Risk Assessment Research Grants （BRAG）Program. https://cris.nifa.usda.gov/cgi-bin/starfinder/0?path=fastlink1.txt&id=anon&pass=&search=（GC=HX）%20AND%20（IY=2020；2021；%202022）&format=WEBTITLESGIY.

物应用相关项目10个。该计划将持续至2024年，每年的年度投资总金额约为950万美元[①]。详见表1.3所示。

表1.3 美国国家科学基金会"合成微生物群落"资助项目

序号	资助项目名称	研究机构
1	单细胞蓝藻中含氧光合作用和固氮相互作用的系统分析	宾夕法尼亚州立大学
2	了解修饰的磷酸转移酶系统和独特的双组分信号转导系统在调节基因表达中的作用（根瘤菌和豆科植物）	卡尔斯顿州立学院
3	PlantSynBio：构建植物底盘作为生物学发现和创新的平台（工程微生物基因编辑）	佐治亚大学研究基金会
4	利用多环四聚乳酸大内酰胺生物合成作为解释放线菌代谢沉默的模型	华盛顿大学
5	选择性激活催化RNA以控制微生物群落的能量流动（工程微生物基因编辑）	莱斯大学
6	利用伴侣逃避植物RuBisCO催化陷阱（catch-22）（RuBisCO酶与二氧化碳捕捉）	麻省理工学院
7	农业微生物组：促进农业微生物组科学的跨学科研究网络	明尼苏达大学双城分校
8	以真菌寄生系统生物学为指导的根际生态系统合成菌根群落及其寄生管理（微生物根系调节）	耶鲁大学
9	解锁微生物凝聚单宁抗性机制：从酶到生物群落	科罗拉多州立大学
10	利用细菌干细胞提高木质纤维素原料生产生物柴油的效率	怀俄明大学

三、欧盟及英国

欧盟对农业微生物产业的宏观发展战略布局主要着眼于促进可持续农业发展、保证农产品质量安全、减少环境污染与提升农业创新竞争力。微生物技术被视为一种可持续的解决方案，用于增强土壤肥力、改善植物养分吸收和促进农作物健康生长。欧盟致力于推广微生物农药及生物防治剂（如微生物或其产物）来防治农业病虫害，鼓励农民使用微生物农药来替代传统的化学农药，减少对环境的污染和对人类健康的影响。欧盟关注耕地健康，通过支持研究创新促进土壤微生物多样性、增强土壤生物活性，从而提高耕地可持续性和生产力。欧盟对农产品质量安全有严格标准，以确保农产品符合食品安全要求。

在微生物农业方面，欧盟通过法规和规范性文件确保微生物产品的质量、有效性和安全性，以保护农民和消费者的利益。通过资助农业研究、创新和技术转移项目，支持微生

---

① U.S. National Science Foundation. Building Synthetic Microbial Communities for Biology, Mitigating Climate Change, Sustainability, and Biotechnology (Synthetic Communities). https://www.nsf.gov/pubs/2022/nsf22607/nsf22607.htm.

物技术在农业领域的研发和应用。这包括对微生物农药、微生物肥料和其他微生物制品的研发和商业化支持，以促进农业微生物产业的增长和创新。

（一）战略规划

1. 在土壤生物多样性保护方面，欧盟领先保护农田生物多样性和农产品质量，通过政策和法律体系支持高自然价值农田

微生物在农田生物多样性及农产品质量提升方面发挥重要作用。在保护农田生物多样性方面，欧盟一直处于世界领先地位，其成员国制定了高水平的环境标准，形成了完整的政策和法律体系，并在不断完善。在促进农作物生长、提升农产品产量方面，欧盟对许多高价值农产品根据地理标志和品种特性进行认证和保护，保护微生物的多样性和功能性对于保证高品质农产品的独特性和可追溯性非常重要。

近几十年，农业集约化已成为农田生物多样性下降的主要因素。为了减轻集约化对环境的不利影响，1992年的"共同农业政策"（Common Agricultural Policy，CAP）改革将减轻"农业的环境影响"纳入主要目标，并出台了相应的政策工具，"农业环境计划"（Agri-Environment Schemes，AES）就是其中之一。2003年，欧盟成员国认可"高自然价值农田"（High Nature Value Farmland，HNVF）这一概念及其经济和生态可行性，将"高自然价值农田"作为"农业环境计划"的重要目标对象纳入2013—2020年"共同农业政策"中。2014—2020年，欧盟通过的"共同农业政策"已为保护农田生物多样性投入了660亿欧元。2020年5月20日，在新冠疫情席卷全球的背景下，欧盟正式发布《让自然回归生活：2030年生物多样性战略》这一新的长期计划，加快了欧洲的生物多样性恢复进程，其中农业土地利用被确定为该战略的主要方向之一。

2. 在农业微生物资源的研究利用方面，欧盟成员国及英国建立世界领先的微生物种质资源保藏体系

（1）建立微生物种质资源保藏体系，促进种质资源的保护与共享。

欧盟国家重视微生物种质资源的收集、保护及利用工作，建立了很多保藏体系，加强微生物种业国家级科研平台建设，设立种质资源库建设专项，全面普查微生物资源的种属和分布，实现菌种资源的培养物、图片、遗传信息等资料的数字化和平台化管理，推动建设现代化的农业微生物种质资源库。

英联邦国家培养物保藏体系（UKNCC）成立于20世纪80年代，是由英联邦政府提出并组建的国际性组织，旨在促进英联邦成员国之间的微生物资源的保护与共享。该体系下设10个相对独立的培养物保藏管理中心，这些中心负责收集、保存和管理来自各个成员国的微生物资源。其成员国共同起草了《理解备忘录》，并按照备忘录的规定签订责任协议与合同，合作管理培养物保藏体系。

英国作物微生物组冷库（UK—CMCB）由英国主要的农业研究机构的科学家合作创建，旨在给农作物微生物建立数据库，分析基因序列及在促进作物生长中的作用，为研究人员提供可用于优化作物生产系统的综合性资源，最终达到增加粮食产量、减少对化肥和

农药的依赖、确保英国粮食安全的目的。值得一提的是，该系统是世界上第一个此类公开可用的资源库。

德国微生物菌种保藏中心（Leibniz Institute DSMZ）是德国重要微生物资源保藏机构，也是世界上最大的微生物保藏中心之一。该中心成立于1969年，位于德国的布劳恩施魏格市（Braunschweig）。它的主要任务是收集、鉴定、保存和分发微生物菌种和相关的生物资源。其在微生物资源保藏、研究和服务方面具有全球影响力，为科学社区和相关领域提供了宝贵的资源和专业支持。

（2）重视微生物种质资源利用及植物—微生物互作在农业中的利用，推动微生物组数据库和研究基础设施建设，加强国际合作和监管。

有益的植物-微生物互作对农业系统十分重要，植物微生物有望为未来的农业生产带来新的方法。2017年2月，欧洲植物科学家组织植物和微生物工作组召开研讨会讨论植物与微生物未来应开展的研发方向、技术挑战、监管问题及实现行业创新和可持续作物生产的途径，专家建议：①建立欧洲的（植物）微生物组数据库；②在欧洲建立植物微生物研究基础设施，如欧洲微生物技术中心，整合各种微生物研究，联合各种类型的微生物组数据，且并不限于植物微生物；③开展国际合作，共享数据库和保藏的菌种，以及实验、协议、标准化程序和测试环境；④与当地利益相关方就相关研究和应用进行早期、广泛的沟通；⑤加强植物微生物学教育，培养人才；⑥改善微生物产品的监管，以充分利用植物微生物区系的潜在益处；⑦登记针对可消除害虫和病原体的生防产品时，应关注安全性和效果，对于非病原体微生物，可以采用快速程序；⑧在欧洲对生物肥料进行统一监管规定。

英国政府早在2013年就发布了"英国农业技术战略"，支持农业科技领域的发展[①]。英国农业技术战略认识到微生物在提高农业生产效率、保护环境和促进可持续发展方面的潜力。通过研究和应用微生物技术，可以改善土壤健康、提高养分利用效率，并减少对化学农药和合成肥料的依赖，这将有助于实现英国农业科技领域的创新和可持续发展目标。

2020年，德国联邦内阁通过了"国家生物经济战略"。该战略致力于推进生物经济发展，促进生活方式和经济发展方式转变，为应对气候变化和加强环境保护，以及经济社会可持续发展奠定基础，该战略将由联邦教研部和德国联邦粮食和农业部牵头负责实施[②]。德国的生物经济政策的目标是促进微生物资源的研究、利用和保护，推动微生物在生物技术和农业中的应用，以实现可持续的生物经济发展。

3. 在农业微生物产业的促进发展方面，推动有机和可持续农业，促进微生物产品市场增长

有机农业和可持续农业的理念在欧洲等地区得到了广泛的推动和接受，这对微生物产品市场的增长起到了重要的推动作用。欧盟计划到2030年生物基产品替代有机化学品的比

---

① 英中商务对接线上平台. 英国农业科技发展与商业机会. https://ukbusinessinchina.com/cn/campaigns/agritech.

② 同济大学中德人文交流研究中心. 德国教科动态 | 德国发布"国家生物经济战略". （2020-02-25）[2024-09-20]. https://sino-german-dialogue.tongji.edu.cn/3a/de/c20781a146142/page.htm.

例达到30%～60%，并提出要减少对化学农药的依赖和使用，鼓励生物替代。农业微生物是生物基产品生产链中不可或缺的重要环节。利用微生物的代谢能力、发酵技术和提取纯化技术，可以生产出各种不同类型的生物基产品，从而促进可持续农业和环保发展。

欧洲各国生物经济发展总体坚持生物质级联利用、效率循环利用并重，已将生物经济概念或优先事项纳入现有的监管框架，促进生物基产品的公共采购、国家标准制定，以及生物经济教育和培训。此外，生物经济发展至今，欧盟强调了生物经济的环境、社会和经济可持续性。循环生物基欧洲联合产业计划提出最新版生物基产业发展战略，在加快推进生物基解决方案市场化的同时强调高水平的环境效益，推动可持续生物经济发展[1]。

（二）监管制度

1. 在微生物肥料方面，欧盟以肥料管理法规（EU 2019/1009）为监管标准依据

欧盟在2019年6月5日发布了新的肥料管理法规（EU 2019/1009），该法规自2022年7月16日起对欧盟所有成员国具有约束力并直接适用，并替代原肥料管理法规（EU 2003/2003）。新法规对所有在欧盟范围内自由贸易的肥料制定了严格的安全、质量和标签要求。

2. 在微生物发酵产品方面，欧盟设立食品安全管理机构以及微生物风险评估管理体系

欧盟对食品和饲料的管理法规比较完备和系统。作为强制执行的法规（EC）N0178/2002规定了食品法律的通用原则与要求，设立了欧洲食品安全管理机构，制定了处理食品安全事务的程序。该法为有关食品、饲料的具体法规、管理条例及指南的制定奠定了基础。2007年，欧盟提出安全资格认证（Qualified Presumption of Safety，QPS）管理体系用于对添加到食品及饲料中的微生物实施上市前的风险评估。欧洲食品安全局（European Food Safety Authority，EFSA）发布安全资格认证推荐的微生物名单，安全局下属的生物危害评估小组负责复核更新工作，经认证的菌种会通过QPS名单的形式对外发布。该名单属于动态名单，每6个月更新一次声明，每3年发布一份修订意见。产品的授权都必须先通过EFSA的安全性评估后才有可能在欧盟合规上市销售。以饲料添加剂为例，欧盟法规EC 1831/2003中描述了授权的申请程序。对于任何类型的饲料添加剂申请，申请人应参考关于动物营养添加剂的第1831/2003号法规及第429/2008号法规的实施细则，以及EFSA的相关行政指导和技术指导文件来准备和提交档案。EFSA关于饲料添加剂应用的行政和技术指导文件定期更新，因此提醒申请人在申请时务必确保使用这些文件的最新版本[2]。

欧盟遗传改造微生物发酵生产的食品、饲料产品所属类别不同，监管法规不同，授权的过程也略有差异。对于遗传改造微生物发酵生产产品，若最终产品能检测出来自遗传改造微生物的组分［通常指GMMs及重组DNA（rDNA）］，则在欧盟被归属为转基因食

---

[1] 网易.全球生物科技发展态势分析及对我国的建议.（2023-02-01）[2024-09-20]. https://www.163.com/dy/article/HSGH2 M7A0511B355.html.

[2] 魏笑莲，钱智玲，陈巧巧，等.遗传改造微生物制造食品和饲料的监管要求及欧盟授权案例分析.合成生物学，2021，2（01）：121-133.

品，需要符合欧盟1829/2003号法规转基因食品相关法律法规的监管要求。产品上市之前都需要经过欧洲食品安全局的评估和审核，需得到欧洲食品安全局和欧盟委员会的批准后才允许上市。

3. 在微生物农药方面，欧盟对生物农药要求严格，遵从多项法规，细化微生物农药登记要求

欧盟是世界上农药法规体系最为完善的地区，对生物农药的要求尤为严苛。生物防治剂监管主要遵从2011年颁布的条例No.1107/2009，法规首次引入低风险农药类，2017年颁布了2017/1432号法规，公布了适用的低风险标准①。2022年2月，欧盟发布了Regulation（EC）No 1107/2009、Regulation（EU）No 283/2013、Regulation（EU）No 284/2013、Regulation（EU）No 546/2011四部重要农药法规（PPPs法规）修订草案。对微生物农药的批准条件、数据要求及评审要求等进行了修订。新法规更加细化了微生物农药登记的数据要求，提升了法规的可读性，灵活度更高，要求更明确，从而让微生物农药可以更快地进入欧盟市场②。

活性成分和制剂的登记资料要求分别通过Commission Regulation（EU）No283/2013和Commission Regulation（EU）No284/2013予以规定，法规指出微生物活性物质需要评估的残留物与化学活性物质不同，需评估微生物活性物质对人类健康的潜在影响。法规主要要求评估微生物对人类的致病性和病毒的感染性，以及细菌将抗微生物的抗性基因转移给其他微生物的能力（这种能力可能影响人类和兽医学中使用的抗菌剂的有效性）。法规规定了将作为微生物的活性物质视为低风险活性物质的标准。

4. 在转基因微生物方面，欧盟强调食品安全风险分析，转基因产品需经严格评估授权

欧盟的食品安全风险评估的根本依据是2002年颁布的食品安全基本法，即178/2002号法规。其中规定了食品安全的基本目标是实现高水平地保护人类健康和生命，并确立了风险分析在食品安全管理中的基础地位。为了更好地实施风险分析并保证其科学性、独立性和透明度，在食品安全基本法出台的同时欧盟成立了欧洲食品安全管理局（EFSA）。欧盟第六期科研架构计划的"食品安全计划"，2010年进行了风险分析的模式整合，并将转基因产品纳入首先开展的领域之一。欧洲食品安全局最早于2006年颁布了《基因改良微生物及源自基因改良微生物的产品的风险评估》。在欧盟，只有经过严格的安全评估的转基因食品才会获得授权，法规（EC）1829/2003中规定了转基因产品评估和授权的程序，指令2001/18/EC规定了转基因生物的环境释放，而关于转基因微生物的风险评估也首先遵循这2项法规。

---

① 世界农化网. 欧盟微生物类生物防治制剂登记新规——大大推动了商业化？（2022-09-21）[2024-09-20]. https://cn.agropages.com/News/NewsDetail---26606.htm.

② 中国—中东欧国家海关信息中心. 欧盟肥料产品法规（EU）2019/1009.（2022-09-30）[2024-09-20]. http://cceeccic.org/727934308.html.

（三）技术清单

在微生物污水处理技术方面，包括微生物吸附技术、微生物絮凝技术、固定化酶和固定化细菌技术等，这些技术在水处理和环境保护中发挥着重要作用，具有高效、环保、经济等优势。欧洲地区的研究和应用经验丰富，为其他地区提供了有益的参考和借鉴。这些技术的不断发展和创新有助于改善水质，并实现可持续的资源管理和环境保护。

在生物农药技术方面，拮抗微生物是指一类可以通过菌落竞争、产生激素或抗生素等机制来控制病原微生物或害虫的微生物。这些微生物可以用于土壤处理、种子处理或农作物叶面喷雾等来保护植物健康。激素和信号物质是一类可以影响植物生长、发育和抵抗病虫害的天然物质。欧盟支持研发和应用激素和信号物质作为一种生物农药技术，以减少对化学农药的依赖。

在生物肥料技术方面，欧盟支持研发和市场推广组合菌肥产品，以改善土壤质量和增强植物的养分吸收能力；鼓励开发和使用高效固氮菌肥料产品，以减轻氮肥对环境的影响；支持生物活化剂产品的研发和市场应用，以改善土壤质量和保护环境；鼓励研发和使用有机质复合微生物肥料产品，以促进农业可持续发展。

在转基因微生物技术方面，转基因微生物作为生物反应器用于各种酶制剂、维生素、激素、抗生素等食品、生物农药、生物肥料和饲料及添加剂的生产。在食品安全领域，转基因微生物主要用于生产食品用酶制剂、转基因酵母菌等，50%以上的工业用酶来源于转基因微生物[1]。例如，用基因工程改良菌种生产凝乳酶生产干酪，利用转基因酵母菌生产啤酒，均已获得商业化应用[2]。根据欧盟官方信息，目前欧盟授权的转基因微生物主要有2种，分别是Ajinomoto EurolysineSAS公司的Bacterial biomass和NOVO Nordisk A/S公司的Yeast biomass。

在工业生物技术方面，研究人员已经在细胞培养肉、大麻素及其衍生物的生物全合成、二氧化碳/氮气转化成生物柴油、人造叶绿体等方面取得重大突破，为未来农业、工业、医药、能源等行业创新发展提供了更多可能。其中，来自德国马普学会地球微生物学研究所和法国波尔多大学的研究人员将菠菜的"捕光器"与9种不同生物体的酶结合起来，制造了人造叶绿体，并利用光和该系统实现了二氧化碳的固定，相关研究成果于2020年5月8日发表在 Science 杂志上。

在微生物多样性保护技术方面，欧盟支持培育和保护农作物、水产和畜禽等领域的微生物菌株。这些微生物菌株被认为对农作物生长、病虫害控制和环境适应性具有益处。重视对微生物多样性的了解和监测。通过开展研究项目、制定监测指标和建立数据库，欧盟努力收集和分享微生物多样性相关的知识和数据，以指导保护工作的决策和措施。

---

[1] 陈红兵，高金燕. 来源于转基因微生物的食品酶制剂. 食品添加剂，2001（4）：23-26.
[2] 徐海根，薛达元，刘标，等. 中国转基因生物安全性研究与风险管理. 北京：中国环境科学出版社，2008：89-115.

（四）重点布局

1. 欧盟的"2020地平线"计划资助的项目包括欧洲农业土壤治理、畜牧养殖降低抗生素研究等

欧盟"2020地平线"计划实施于2014年，2021年底通过的工作计划修正案将总预算增加到154亿欧元，资助的项目包括欧洲农业土壤治理、畜牧养殖降低抗生素使用的研究等[①]。欧盟的"2020地平线"计划鼓励实施可持续的农业模式，其中包括减少化学农药和化肥的使用，提高土壤质量和健康，保护生物多样性等。农业微生物在这些目标的实现中发挥着重要作用，例如利用微生物肥料和生物农药，改善土壤微生物生态系统，减少对化学农药的依赖；利用微生物来提供植物营养物质、增强土壤结构、抑制病原微生物等。

2. 共同农业政策中"高自然价值农田"项目中农业土地利用被确定为该战略的主要方向之一

2003年，欧盟成员国认可"高自然价值农田"（High Nature Value Farmland，HNVF）这一概念及其经济和生态可行性，将"高自然价值农田"作为"农业环境计划"的重要目标纳入2013—2020年"共同农业政策"中。2014—2020年，欧盟通过的"共同农业政策"已为保护农田生物多样性投入了660亿欧元。2020年5月20日，在新冠疫情席卷全球的背景下，欧盟正式发布《让自然回归生活：2030年生物多样性战略》这一新的长期计划，加快了欧洲的生物多样性恢复进程，其中农业土地利用被确定为该战略的主要方向之一。

3. 西班牙"生物废物堆肥生产优质农业肥料"项目目标是利用农业副产品生产优质肥料

2014—2020年欧洲农村农业发展基金（根据法规1305/2013第56条）资助了西班牙"生物废物堆肥生产优质农业肥料"项目（2022—2024）。项目目标是利用农业副产品生产优质肥料，改善当地生物废物的处理，优化副产品向优质产品的转化，满足可持续粮食生产及减少与农业相关的环境影响的需求，如废物的产生和温室气体排放。该项目的创新使得利用农业残留物提高化肥生产过程的效率和质量成为可能，并可降低与其生产和运输相关的成本和环境影响。

4. 意大利"用于可持续葡萄栽培的堆肥和生物炭的创新有机基质"项目目标是向葡萄酒生产商实施和转让创新的土壤管理技术

2014—2020年欧洲农村农业发展基金（根据法规1305/2013第56条）资助了意大利"用于可持续葡萄栽培的堆肥和生物炭的创新有机基质"项目（2023—2024）。项目目标是向葡萄酒生产商实施和转让创新的土壤管理技术，例如应用新型有机土壤改良剂（堆肥、生物炭和炭黑混合物），以增加二氧化碳储存、肥力和土壤保水能力，减少污染物向环境的释放，增强对疾病的抵抗力，实现可持续的葡萄栽培，能够适应和缓解气候变化，

---

① 王永春，曲春红. 欧盟"地平线欧洲"农业创新计划及其对中国的启示. 农业展望，2022，18（07）：61-70.

以实现循环经济。

5. 保加利亚"利用有益微生物对土壤和水培生产进行可持续生物管理"项目目标是降低土传植物源真菌和细菌入侵的风险

2014—2020年欧洲农村农业发展基金（根据法规1305/2013第56条）资助了保加利亚"利用有益微生物对土壤和水培生产进行可持续生物管理"项目，资助期限为2020—2023年。项目目标是通过利用微生物提供的代谢机会，为人们创造获得稳定产量的机会并降低土传植物源真菌和细菌入侵的风险作为该项目的最终效益，预期减少矿物肥料的使用量、减少农药处理、降低灌溉标准。

6. 拉脱维亚"创新微生物有机肥料"项目目标是引进无废技术，减少矿物肥料的使用

2014—2020年欧洲农村农业发展基金（根据法规1305/2013第56条）资助了拉脱维亚"创新微生物有机肥料"项目资助期限为2022—2025年。项目目标是引进无废技术，减少矿物肥料的使用。生产易被植物吸收的产品，增加土壤腐殖质含量，恢复和提高土壤肥力，改善土壤物理特性，减少以传统方式施肥后含氮和磷化合物对地表水和地下水的污染。

7. 德国"农业堆肥协作"项目目标是优化材料组合和成功堆肥的工艺步骤

2014—2020年欧洲农村农业发展基金（根据法规1305/2013第56条）资助了德国"农业堆肥协作"项目（2021—2023）。项目目标是优化材料组合和成功堆肥的工艺步骤、堆肥翻转机的跨公司使用、为相关公司提供建议和培训、堆肥过程的质量控制、环境影响分析、堆肥质量的农艺调查、商业和劳工管理、信息传递和培训措施等。

四、日本

农业微生物产业是实现农业绿色可持续发展的重要举措，日本最早于2002年提出"利用生物技术产业立国"的政策体系，将生物产业列为国家核心产业，多年来相继出台了《国家生物技术战略方针》《促进生物技术创新根本性强化措施》《生物战略》《国家生物多样性战略》等政策，其中对微生物产业的作用予以强调，如微生物发酵工程、微生物土壤改良技术在农业领域中的应用具有重要的产业价值。同时，日本农林水产省每年制定《农林渔业研究与创新战略》，确定农林渔业研究与开发的优先事项和目标，可持续健康食品、碳中和以及资源循环是实现智慧农林渔业的重点分支，并不断地形成相应的微生物数据收集、保护以及监管指南或规则。

（一）战略规划

1. 在宏观发展战略方面，将生物产业提升为国家战略，加强国际合作与监测，保护和推进生物制药、有机农业发展和生物经济转型

（1）日本积极保护与利用农业微生物遗传资源。农业微生物产业作为生物技术发展战略中的重要规划项目，日本早在1985年便建立了农林水产省基因库，提出将生物产业培育成国家战略产业。生物遗传资源对于新品种开发至关重要，日本在1993年缔结《生物多样性公约》，2010年通过《名古屋议定书》，执行《粮食和农业植物遗传资源国际条约》，全面加强了遗传资源的收集、监测、保护与利用。截至2022年，日本国家农业和食品研究组织基因库中登记的微生物遗传资源数量约为37 000个，根据新增微生物资源情况，每年更新《植物遗传资源勘查引种调查报告》，当前可用微生物遗传资源数量为31 489个，分属于1 102属，3 672种，每年登记大约1 000个新的微生物遗传资源[①]。此外，日本国立技术与评价研究院生物技术研究所生物资源保藏中心保有微生物总计52 856株[②]。

（2）日本致力于推动生物资源利用的生物技术战略，力争达到2030年建成世界最先进的生物经济社会目标。2002—2008年，日本实施《国家生物技术战略方针》，其间制定了200多项行动计划，日本的经济增长率增长了10%，生物制药等新型生物基产业增长了39%[③]。2008年，日本为了应对新形势，进一步推动生物技术应用等方面的发展，编制了《促进生物技术创新根本性强化措施》，指出要推动生物技术研究和实际应用来解决粮食问题和推动转基因生物研究，推进微生物、植物等修复技术研究与利用，包括微生物固定二氧化碳和共生固氮等。2019年，基于建立生物优先思想、建设生物社区、建成生物数据驱动三个目标，提出《生物战略2019》，指出日本的微生物资源、发酵技术等具有发展前景，应加强合成生物学、微生物应用、微生物育种等产业化[④]。2020年3月日本内阁通过《2023—2030年国家生物多样性战略》，行动目标中明确提出降低化学农药和化肥使用量以推进有机农业发展[⑤]。2023年3月，日本基于2022年美国发布的生物经济行政指令，提出《生物转型（BX）战略》，在主粮作物与其他植物的食品安全方面，提出免除《转基因食品（微生物）安全评价标准》规定，规划非食品基因改造技术工业应用（开发高效微生物肥料、土壤改良微生物、有助于植物病害控制的生物材料等）的规则和认证体系，建立细胞培养和精确发酵食品安全性的方法和合理标准[⑥]。

2. 在科技发展战略方面，日本主要研究方向包括基因组数据、计算育种设施融合，以及碳中和、资源循环利用等

随着全球人口增长，粮食安全成为必要保障，对微生物农药、发酵工业（发酵食品和饮料、药品、化合物原料的生产）、微生物肥料和生物修复等技术的研究力度逐渐加大。2020年6月，日本政府将《科学技术基本法》更名为《科学技术创新基本法》，并在2021年制定了第六期《科学技术创新基本计划（2021—2025）》，深化了第五期《日本科学技

---

① NARO.《微生物遗传资源勘探和收集报告》（ISSN 0915-2830）. https://www.gene.affrc.go.jp/about-micro.php.
② 生物资源数据平台NBRC. https://www.nite.go.jp/data/000134077.pdf.
③ 日本内阁府.旨在促进生物技术创新的根本性强化策略. https://www8.cao.go.jp/cstp/project/bt2/haihu2/siryo4.pdf.
④ 日本内阁府生物战略2019. https://www8.cao.go.jp/cstp/bio/bio2019_honbun.pdf.
⑤ Biodiversity. 生物多样性国家战略. https://www.biodic.go.jp/biodiversity/about/initiatives/index.html.
⑥ Japan Business Federation. 生物转型（BX）战略. https://www.keidanren.or.jp/policy/2023/015_honbun.html.

术分领域战略》中生物技术和粮食产业等领域的实施策略。在生物技术研究方面，高功能生物材料、生物制药、全球生物社区等是重点研究课题；在农业研究方面，进一步确定了《绿色食品体系战略》，以低风险农药、先进的病虫害综合治理技术、智能施肥等新技术的研究与开发来降低粮食损失及减小环境危害[1],[2]。

根据《粮食农业农村基本计划》，农林水产技术委员会每年制定《农林水产创新研究战略》来确定研发优先事项。2019年起土壤微生物创新研究规划地位凸显，战略细分有效育种、生物材料生物质、健康食品和智慧食物链四大研究方向，突出了基因组数据和计算育种平台融合使用的重要性；2020年创新研究战略中涉及环境保护、化肥减施、害虫防治等土壤微生物研究；2021年战略研究中依旧强调土壤微生物与环境治理的关系，同时将化肥与农药减施上升为独立课题；2022年战略方向强调碳中和、资源循环利用以及生物多样性的研究；2023年农林渔业创新研究战略专注于研发绿色食品体系、生产与现有食品系统相协调的替代蛋白、有助于减少化肥使用量的研究和开发等[3]。

3. 在产业发展战略方面，日本推动微生物在生物制造、农林水产业和食品领域的发展，强调微生物平台和技术标准化

2016年，日本生物产业人会议（JABEX）提出了"2030年生物产业对社会的贡献愿景"，打开了"生物战略"产业的大门，愿景在生物产业的医疗健康、生物制造、农林水产和食品三大支柱上增加环境和能源交叉领域。愿景规划了医疗健康产业融合先进科技创新发展路径；生物制造产业升级包含生物能源的研究、生物分解、环境污染治理等；农林水产业和食品产业向可持续和高效的农林水产业转型，开发和推广先进再循环食品和替代食品，加强国内外生物遗传资源的合作[4]。

2020年，日本内阁跟进《生物战略2019》的具体实施，制定了《生物战略2020（基本措施）》和《生物战略2020（市场领域措施确定版）》，提出稳步实施"市场领域路线图"，规定了高功能生物材料、生物塑料、持续初级生产系统、有机废物和有机废水处理、数字健康与功能性食品、生物生产系统、生物相关的分析、测量和实验系统、智慧林业等九个市场范围。战略中与农业微生物相关产业规划包括：①建立基于育种大数据的智能育种平台；②充分开发土壤相关数据库和推进土壤微生物相关研究；③促进生产领域的数据合作，加快增值养殖品种开发，推进智能养殖、新型养殖饲料开发；④发挥土壤微生物功能以减少化学肥料的施用。

此外，2022年岸田文雄提出"新资本主义"，以期通过人、科学技术创新、初创企业、绿色产业和数字化四个大方向扭转日本经济，相继出台了《新资本主义总体设计和实

---

[1] 日本内阁府.科学技术创新基本法. https://www8.cao.go.jp/cstp/kihonkeikaku/6honbun.pdf.
[2] 日本环境省.绿色食品系统战略（概要）. https://www.env.go.jp/content/900449080.pdf.
[3] 日本农林水产省.农林水产研究创新战略2023概要. https://www.affrc.maff.go.jp/docs/innovate/attach/pdf/index-11.pdf.
[4] 日本生物工程师协会（JABEX）.持续进化的生物产业的社会贡献展望（为了创造新的基础产业和解决全球规模的课题）. https://jabex.jp/wp-content/uploads/2022/08/910e0 b3a8824e1a3a6cce31 bfd5ea4af.pdf.

施计划》《新资本主义总体设计和实施方案（2023修订版）》，归纳了市场优先投资领域将围绕半导体、蓄电池、生物制造和数据中心建设等展开。生物制造通过遗传基因技术，改变微生物生成的物质，进而解决全球变暖等问题的产业领域，方案强调要推进微生物设计平台运营商的大规模技术开发，同时对生物衍生产品建立质量标准制度[①, ②]。2023年，日本经济产业省开展"实现生物制造革命"的讨论，明确指出每年政府和市场对生物制造的投资规模将扩大到3万亿日元，采取绿色创新基金（1 767亿日元）和生物制造革命促进基金（3 000亿日元），为新微生物平台设计和开发以及应用使用微生物的制造工艺升级等技术项目赋能，微生物平台、生物衍生产品以及技术标准化等是完善生物制造市场环境的重点方向[③]。

（二）监管制度

日本农业微生物产业的标准监管相对完善，详见表1.4。在相关法律法规中，《农药取缔法》对农药的生产、管制、使用等一系列流程的标准进行了规定；《肥料取缔法》对例如堆肥的特殊化肥标准、申报流程进行规范；《土壤改良资材品质表示基准》规范了微生物肥料以及其他土壤改良材料的种类、标识、有机物含有量和施用方法；《食品安全有害化学物质和有害微生物监测年度计划》监测影响食品安全的有害微生物；《使用微生物进行生物修复的指南》规定了微生物净化地下水污染的安全评估方法和管理方法；《植物保护法》梳理植物有害的微生物及其他生物，明确禁止从国外引进的微生物和其他生物名单、植物检疫内容及标准；《食品卫生法》对食品认及食品添加剂中微生物的检测仪器、检测人员资质以及登记流程等做出要求；《食品标签标准》规定了食品标签需要对食品中可能存在的微生物含量进行标注；《饲料和饲料添加剂成分标准》对饲料中微生物添加标准、使用和存储方法进行解释，并增加细胞酯酶作为新型饲料添加剂的相关规定[④]。

表1.4 日本农业微生物产业相关法规及标准

政策名称	发布机构	公布日期
《农药取缔法》	农林水产省	公布日：1948年7月1日（2023年第36号法案修正）
《肥料取缔法》	农林水产省	公布日：1950年5月1日（2022年第68号法案修正）

---

① 日本内阁府.新资本主义总体设计和实施计划. https://www.cas.go.jp/jp/seisaku/atarashii_sihonsyugi/pdf/ap2023.pdf.
② 毕马威（KPMG）.新资本主义总体设计和实施方案（2023修订版）. https://kpmg.com/jp/ja/home/insights/2023/06/new-form-of-capitalism.html
③ 日本经济产业省.实现生物制造革命. https://www.meti.go.jp/shingikai/sankoshin/shin_kijiku/pdf/014_05_00.pdf.
④ 日本农林水产省.饲料和饲料添加剂成分标准. https://elaws.e-gov.go.jp/.

(续表)

政策名称	发布机构	公布日期
《土壤改良资材品质表示基准》	农林水产省	公布日：1984年10月1日（2000年8月31日农林水产省告示第1164号修订）
《食品安全有害化学物质和有害微生物监测年度计划》	农林水产省	—
《植物保护法》	农林水产省消费者植保局安全科	公布日：1950年5月4日（2022年第36号法案修正）
《使用微生物进行生物修复的指南》	经济产业省、环境省	公布日：2005年7月（2022年4月8日修订）
《专利微生物保藏等实施纲要》	经济产业省	施行日：2002年8月2日
《抗微生物制剂相关管制措施》	厚生劳动省	最新修订：2023年1月19日
《通过监管转基因生物的使用确保生物多样性法案》	财务省、文部科学省、厚生劳动省、农林水产省、经济产业省、环境省	公布日：2003年11月21日（2022年6月24日法案修订）
《食品卫生法》	厚生劳动省	公布日：1947年12月24日（2023年6月14日法案修订）
《食品标签标准》	内阁府	公布日：2015年3月20日
《食品添加剂公定书》	厚生劳动省	最新修订：2022年7月13日
《加工助剂物质指南》	厚生劳动省	2010年
《饲料和饲料添加剂成分标准》	农林水产省	公布日：1976年7月24日（2023年9月26日法案修订）

1. 在微生物农药方面，日本生物农药管理遵循《农药取缔法》；涵盖微生物、天敌昆虫和天敌线虫三类，推动化学农药减量，发展生物防治技术和智能防治体系

日本对微生物防治的研究和应用可以追溯到20世纪50年代。1955年前后，发现了灭稻瘟素A、杀稻瘟素S、稻瘟霉素、抗滴虫霉素、吸水菌素等多种抗生素，1958年日本东京大学的米原等发现了杀稻瘟素S能有效地防治稻瘟病，并于1961年进行商品化生产。此后，春日霉素、多氧霉素、有效霉素等微生物农药被日本研究者发现并实现投产。总体上，日本生物农药基本上依据《农药取缔法》进行管理，1997年日本农林水产省制定了一份生物农药登记指南，将病毒、细菌、真菌、原虫和线虫（带有共生细菌产生的活性成分）都归于生物农药，即可分为天敌昆虫（掠食性昆虫、寄生性昆虫等，也包括掠食性螨类）、天敌线虫（昆虫寄生性线虫、微生物掠食性线虫等）、微生物（细菌、丝状菌、病毒、原虫等）三类生物农药。

《农药取缔法》颁布实施于1948年,2023年5月26日颁布了最新修订版。考虑到食品、环境与人畜安全等方面,《植物保护法》《(剧)毒物取缔法》《食品卫生法》《环境基本法》关联了农药管理。《农药取缔法》规定,日本农林水产省的农药检查部负责农药的登记管理[1],按日本《农药登记资料要求》的有关规定,日本农药登记不分原药和制剂,只登记农药制剂,生产者需要提交药效与药害测试、毒理检测资料、农药残留测试等几大类资料。《农药取缔法》与生物农药登记指南规定了采用分级方法进行微生物农药安全性评估,具体而言,分级方法适用于生物农药毒理学安全性评估,即单剂量研究、重复剂量研究和繁殖研究,具体包括对杂草和病害虫等的防治效果,对农作物生长危害的试验;毒性试验;农作物等残留试验;对土壤和鱼类等环境影响的试验,如果证据表明存在潜在危害,则需进行更高层级的研究。同时,《食品卫生法》为所有农药设定最大残留限量,生物农药不受该列表的限制。此外,农林水产省计划制定一个新生物农药指南,启动对生物农药的重新评估程序。

根据植物防疫协会统计,2005年至2023年10月1日,生物农药登记总数为157件,其中天敌昆虫剂83件,微生物杀虫剂27件,杀菌剂、除草剂、种植制剂47件[2]。基于农林水产省制定的《绿色食品系统战略》,提出"到2050年化学农药使用量(风险换算)降低50%"的目标,日本将大力推行包括天敌等在内的生态系统相互作用技术、共生微生物和生物农药等生物防治技术,使用人工智能进行早期高精度的灾情预警,利用微生物农药等新型农药建立智能防治技术体系,从而降低化学农药的风险和使用量[3]。日本主要微生物杀虫剂以及杀菌剂、除草剂、种植制剂的登记情况见表1.5与表1.6。

表1.5 日本主要微生物杀虫剂登记情况

登记年份	微生物杀虫剂
1995	布氏白僵菌剂(*Biorisa ceramikili*)
1998	巴斯德渗透保湿剂DF(巴斯德保湿剂)
2001	烟曲霉保湿粉(优选保湿粉)
2002	白僵菌乳液[GHA菌株](*Botanigard ES*)
2003	颗粒病病毒/苹果*Kokakumon Hamaki*颗粒病病毒,可湿性分散[可流动](Hamaki天敌)
2005	斯氏线虫药剂(Biosafe)
2007	白僵菌剂[F-263菌株](Beauverian)
2007	斜纹夜蛾核多角体病毒水合剂(洋车前子的天敌)
2008	白藜芦醇乳剂(Gotz A)2

[1] 日本农林水产省. 农药取缔法. https://www.maff.go.jp/j/nouyaku/n_kaisei/attach/pdf/index-21.pdf.
[2] 日本植物防疫协会. 生物农药·信息素制剂注册内容一览表. https://www.jppa.or.jp/technorogy/byogaichu.
[3] 日本农林水产省. 围绕农药的形势. https://www.maff.go.jp/j/seisan/sien/sizai/noyaku/attach/pdf/index-5.pdf.

（续表）

登记年份	微生物杀虫剂
2010	斯氏线虫冰川剂（Biotopia）
2012	白僵菌补水剂（Botanigard补水剂）
2014	Metarizium Anisoplier颗粒（海盗颗粒）
2015	黄萎病菌保湿剂

表1.6　日本主要杀菌剂、除草剂、种植制剂登记情况

登记年份	杀菌剂、除草剂、种植制剂
1997	非致病性胡萝卜软腐欧文氏菌补水剂DF（Biokeeper补水剂）2剂
1998	枯草芽孢杆菌补水剂（Botokiller补水剂）2剂
2003	深绿色木霉保湿剂[可流动]（生态希望）
2003	枯草芽孢杆菌补水剂[QST713]（印象补水剂）
2004	枯草芽孢杆菌补水剂[Y1336]（Biowork补水剂）
2004	深绿木霉保湿剂干（Eco Hope Dry）
2005	枯草芽孢杆菌补水剂[MBI600]（Botopica补水剂）
2005	荧光假单胞菌[G7090株]保湿剂DF（Veggie Keeper保湿剂）
2005	枯草芽孢杆菌保湿剂[D747] DF（Ecoshot）
2006	非致病性胡萝卜软腐欧文氏菌保湿剂DF（Ecomate）
2006	单纯芽孢杆菌保湿剂DF（Fir Hope保湿剂）
2007	深绿木霉保湿剂DJ（Ecohope DJ）
2007	黄霉保湿剂（Tough Block）
2007	*Talaromyces flavus*保湿剂[Flowable]（Tough Pearl）
2007	*Coniothylium Minitans*保湿剂DF（Minitan WG）
2008	*Variovorax Paradox*保湿剂（Field Keeper保湿剂）
2008	西葫芦黄斑花叶病毒减毒株水基[ZY-02]（"京都美研"Cubio ZY-02）（抗病毒剂）
2009	铜/枯草芽孢杆菌[D747]保湿剂（净杯）
2009	枯草芽孢杆菌补水剂[HAI-0404]（Agrocare补水剂）
2010	枯草芽孢杆菌补水剂
2011	枯草芽孢杆菌补水剂[QST713]（家庭园艺印象补水剂）

（续表）

登记年份	杀菌剂、除草剂、种植制剂
2012	枯草芽孢杆菌补水剂[QST713]（小夜曲补水剂）
2012	黄色踝节菌保湿剂[SAY-Y-94-01]（坚韧块SP）
2012	铜/枯草芽孢杆菌保湿剂（Kemihel）
2013	罗德西亚假单胞菌补水剂（Masterpiece补水剂）
2014	解淀粉芽孢杆菌保湿剂（Impression Clear）
2015	植物乳杆菌保湿剂（Lactoguard保湿剂）
2020	*Talaromyces flavus*保湿剂（Tuffaid）

2. 在微生物肥料方面，日本肥料分为特殊肥料和普通肥料，特殊肥料需申报标识

在日本《肥料取缔法》中，肥料大致分为特殊肥料和普通肥料，特殊肥料包括米糠、堆肥等具体规定肥料，没有规定的都归为普通肥料，普通肥料又分为登记肥料、指定混合肥料和临时登记肥料。目前，日本农林水产省没有生物肥料等微生物材料的登记制度。另外，用于改善土壤化学性的土壤改良材料必须作为特殊肥料进行申报和标识。根据《土壤改良资材品质表示基准》以及法令制定土壤改良材料概要，土壤改良材料的微生物材料只有丛枝菌根真菌材料，一般流通和销售的微生物土壤改良材料被归类为"其他土壤改良材料"，是不受《肥料取缔法》管辖的材料总称[①]。

日本农林水产省没有制定生物肥料等微生物材料的登记制度[②]。政府只控制菌根真菌的质量并记录年产量，其他微生物材料则没有年产量的统计记录。

3. 在微生物酶制剂方面，酶制剂作为食品添加剂受《食品卫生法》等法规监督，需遵循良好生产规范，安全性由供应商或用户验证

根据《食品卫生法》，微生物酶制剂被归类为食品添加剂。同时，微生物酶制剂多用于催化食品加工过程中各种化学反应，符合加工助剂的属性。因此，微生物酶制剂同时受《食品卫生法》《食品添加剂标准》《加工助剂物质指南》等法规监督。

厚生劳动省和内阁府依据联合国粮食及农业组织制定的《食品添加剂通用法典》制定了日本用的《食品添加剂公定书》。厚生劳动省下属医药生活卫生局主要负责医药品、食品等的安全性检查，对于食品、添加剂相关的卫生检查标准由其下属的食品标准审查课和食品安全监视课负责。在《食品卫生法实施规则》中进一步对食品添加剂的安全检查、标

---

① 日本农林水产省.土壤改良资材质量表示基准. https://www.maff.go.jp/j/seisan/kankyo/hozen_type/h_dozyo/attach/pdf/houritu-9.pdf.

② 日本农林水产省.肥料品质保障相关法律.（2024-05-26）[2024-09-22] https://elaws.e-gov.go.jp/document?lawid=325AC0000000127_20230526_505AC0000000036&keyword=%E5%9C%9F%E5%A3%8C%E6%94%B9%E8%89%AF%E8%B3%87%E6%9D%90.

签要求、申报审批做出了详细规定。

《食品安全基本法》针对食品安全问题，规定了一系列确保措施，明确政府、企业和消费者的责任义务，从而确保食品和添加剂的安全性。另外，基于《食品安全基本法》设立的食品安全委员会为保证食品添加剂等的安全进行食品安全风险评价。食品添加剂的标识应当遵循内阁府消费者厅制定的《食品标识标准》。新食品添加剂的审批由厚生劳动省负责，申请者必须向厚生劳动省提交所需材料，在听取食品安全委员会的意见后，由厚生劳动大臣修改法规，制定新的标准。规定的事务处理周期为1年，但不包括材料准备不充分时补充材料的时间[①②]。

在《加工助剂物质指南》中表示，用作加工助剂的微生物酶制剂必须符合《食品微生物标准的制定和应用原则》（CAC/GL 21—1997）制定的微生物应用标准，并符合《食品卫生通则》标准。按照国际推荐操作守则（CAC/RCP 1—1969）和其他相关食典文件制定和处理。在使用时，微生物酶制剂应按照良好生产规范（GMP）条件使用，包括：物质的使用量应限制在实现所需技术功能的最低可达到水平；食品中残留物或衍生物应减少到合理的程度，并且不构成健康风险；物质的制备和处理方式与食品成分相同。用作加工助剂的物质的安全性应由该物质的供应商或用户进行验证，主要是对残留物进行评估[③]。

（三）技术清单

1. 在微生物农药方面，政府推动保虫管理，强化生物农药与物理防治结合，关注微生物控制剂清单

目前，日本植物防疫协会统计的27件微生物杀虫剂中，有11件已经失效，2015年后无新微生物杀虫剂登记；47件杀菌剂、除草剂、种植制剂中有17件过期[④]。在这些微生物农药中，黄踝节菌补水剂、水稻种子消毒剂、深绿木霉补水剂、芽孢杆菌、枯草芽孢杆菌水合剂、枯草芽孢杆菌可湿性粉剂、青枯病的荧光假单胞菌药剂等为常用制剂。近年来，日本农林水产省推行综合害虫管理制度，加强天敌农药、微生物农药、物理防治方法的结合使用，同时关注保护农作物免受害虫侵害的微生物控制剂清单，推动了生物农药与物理防治互补技术的研究，例如微生物杀菌剂种衣技术、近紫外线疾病控制技术、创新土壤诊断技术等。

2. 在微生物肥料方面，日本重视菌根真菌质量控制。常用微生物肥料包括泡囊丛枝菌根接种剂、短根瘤菌属和毛状根瘤菌

微生物肥料接种到种子或植物根周围后，肥料中的微生物便会在植物根圈或内部繁

---

① 日本农林水产省. 食品添加物相关的搭配一般规格. https://www.maff.go.jp/j/syouan/kijun/codex/standard_list/pdf/stan192.pdf.
② 日本厚生劳动省. 食品添加物安全确保. https://www.mhlw.go.jp/content/000798511.pdf.
③ 日本厚生劳动省. 食品添加物安全确保加工助剂使用物质指导方针CAC/GL75-2010. https://www.maff.go.jp/j/syouan/kijun/codex/standard_list/pdf/cac_gl75.pdf.
④ 日本植物防疫协会. 生物农药登记状况. https://www.jppn.ne.jp/jpp/bouteq/seibutunouyaku_data/Bio_registration.pdf

殖，增加宿主植物N、P等必需养分的供给和有效利用，从而促进农作物等植物的生长。目前，日本农林水产省只控制菌根真菌的质量并记录年产量，并将其归为土壤改良剂类别。在日本，经过公共农业研究机构测试并确认对农作物具有促进生长等接种作用的微生物肥料包括泡囊丛枝菌根接种剂、短根瘤菌属和大豆作物栽培用毛状根瘤菌[①]。

泡囊丛枝菌根接种剂（VA根菌）是影响根系磷吸收的主要细菌，它们在土壤和根皮层组织内形成广泛的菌丝网络，与质膜形成密切联系，但不穿透细胞。短根瘤菌属是一种生长缓慢的革兰氏阴性土壤细菌，是大豆的主要共生体，Sawada等使用针对美国农业部慢生根瘤菌菌株制备的抗血清来测定日本根瘤菌分离株的血清学特性。在日本大豆田中，最主要的是110号血清群，据此，日本常用的短根瘤菌属肥料有Mamezo、R-Processing Seeds和超级包衣种子。大豆作物栽培用毛状根瘤菌是秋田县立大学的佐藤隆博士在种植毛野豌豆的土壤中寻找和评估时发现的一种适合在日本种植的根瘤细菌。

北海道十胜农业合作社联合会（TFAC）是日本生产和销售生物肥料的重要组织，TFAC采用加拿大进口泥炭作为生物肥料载体，采用乙炔还原法测定固氮效率，用慢生根瘤菌和固氮螺菌混合接种大豆，从对比试验中显示大豆种子产量增加了35%。TFAC表示含有根瘤菌和固氮螺菌的接种剂有望成为应用前景巨大的大豆种植生物肥料。当前，日本暂无用于水稻、玉米等种植的生物肥料。基于日本土壤富磷酸的情况，用于水稻的芽孢杆菌生物肥料正在被开发[②]。

3. 在微生物酶制剂方面，日本研究微生物在二氧化碳固定和甲烷转化中的应用，开发高效酶生产技术，推进复合酶制剂和生物催化剂设计

1894年，日本科学家首次从米曲霉中提炼出淀粉酶，并将淀粉酶用作治疗消化不良的药物，从而开创了人类有目的地生产和应用酶制剂的先例。微生物酶制剂能够促进化学反应，在制药、化学、生物燃料和食品行业中得到广泛应用。截至2020年6月18日，日本食品添加剂中有466种指定添加剂（山梨酸、木糖醇等）、357种现有添加剂、600种天然香料和约100种普通食品和饮料添加剂。其中淀粉酶、纤维素酶、半纤维素酶、果胶酶、木聚糖酶、蔗糖酶、蛋白酶、鞣酸酶、葡聚糖酶等为常用的微生物酶制剂，常见微生物酶制剂见表1.7。

随着日本大力推行绿色经济，加快碳中和进程，二氧化碳的减少工程成为重要研究对象。利用微生物和酶制剂等生物催化功能，进行二氧化碳固定以及甲烷向甲醇的转化是一大方向。同时，开发在各种非水溶剂（超临界溶液、离子液体等）中表现出高活性的微生物酶制剂，并建立能够大规模生产酶的高效重折叠技术；构建结合多种酶反应的复合酶制剂（全细胞催化剂）；使用计算化学进行生物催化剂的功能设计技术等也是关键课题[③]。

---

① 日本农业微生物利用技术协会. 生物肥料. https://bio-f.com/wordpress/wp-content/uploads/2021/05/Bio-Ftoha-2.pdf.

② 亚太生物肥料和生物农药信息平台. Development and Use of Biofertilizers in Japan: Current Situation and Future Directions. https://apbb.fftc.org.tw/article/373.

③ 日本科学技术振兴机构. 主要微生物酵素制剂的用途. [2023-09-22]. https://www.jstage.jst.go.jp/article/seibutsukogaku/99/1/99_99.1_2/_pdf/-char/ja.

表1.7 微生物酶制剂的主要用途(日本化学学会统计)

微生物酶制剂	微生物来源	用途
α-淀粉酶	枯草芽孢杆菌、米曲霉	淀粉加工、纤维退浆、酒精发酵原料液化、消化剂
β-淀粉酶	蜡样芽孢杆菌、多粘芽孢杆菌	麦芽糖生产
葡萄糖淀粉酶	德莱马根霉	葡萄糖的产生
蛋白酶	枯草芽孢杆菌、灰色链霉菌、米曲霉、斋藤曲霉	洗涤剂添加剂、皮革加工、肉类嫩化剂、调味料、清酒和啤酒的除浊剂、药品、化妆品添加剂、饲料改良剂
纤维素酶	绿色木霉、康宁木霉、乳酸菌、黑曲霉	粮食、蔬菜、水果加工、植物成分提取助剂、方便食品生产、制药、果汁除浊、原生质体分离
果胶酶	自由核盘菌、甲壳藻、米曲霉、黑曲霉、温氏曲霉、日本曲霉、无根根霉	果汁、果酒澄清、植物纤维精制、原生质体分离
酶解酶	藤黄节杆菌	原生质体分离
脂肪酶	圆柱状假丝酵母、副解脂假丝酵母	消化剂、洗涤剂、食品加工
转化酶	酿酒酵母	转化糖的制造
乳糖酶	脆弱糖酵母	冰淇淋中凝乳酶的替代品
凝乳酶	微小毛霉	奶酪生产用伦奈特的替代品
柚皮苷酶	黑曲霉	去除夏橘汁中的苦味
橙皮苷酶	黑曲霉	去除温州柑橘汁和罐头食品中的浑浊沉淀物
天冬酰胺酶	大肠杆菌	药品(白血病治疗)
鞣酸酶	黑曲霉、黄曲霉	啤酒澄清
氨酰化酶	米曲霉	D、L-氨基酸裂解
青霉素酶	蜡样芽孢杆菌、枯草芽孢杆菌	从牛奶中去除青霉素
葡萄糖异构酶	巨大芽孢杆菌、波比利亚链霉菌、短乳杆菌	利用葡萄糖生产果糖
葡萄糖氧化酶	产黄青霉、黑曲霉	食品加工(通过去除氧气和葡萄糖来改善质量或保存)
过氧化氢酶	黑曲霉	食品加工(灭菌、防腐、灭菌用H_2O_2的分解)
尿酸氧化酶	产朊假丝酵母	临床试验药物
胆固醇氧化酶	甾醇短杆菌	临床试验药物
二肽合酶	-	临床试验药物
蛋白谷氨酰胺酶	解朊金黄杆菌	提高食品中蛋白质的溶解性和乳化性

4. 在微生物修复方面，日本重点关注原生微生物分解、注入营养物质激活原生微生物和生物强化等方面

微生物修复是指通过微生物作用清除土壤和水体中的污染物，或使污染物无害化的过程。微生物修复有两种类型：一是加入营养剂并依赖于当地微生物活动的生物刺激；二是从外部引入营养物质和最佳微生物制剂的生物强化。1998年5月，通产省修订了日本《重组DNA技术产业化指导方针》，1999年3月环境厅制定了《实施微生物净化环境影响预防指南》。2005年，经济产业省商务信息政策局商务与服务组生化产业司、生物多样性和生物武器对策办公室、环境省水和大气环境局水环境司土壤环境室共同制定了两部委联合指南《微生物生物修复使用指南》，为确保生物强化、微生物修复安全评价和管理提供依据[1]。

微生物修复技术包括原生微生物分解污染物（自然衰减）、通过注入营养物质激活原生微生物加速分解（生物刺激）和生物强化可分为三种类型，生物刺激的净化技术被广泛使用。当前，通过对净化污染化学物质的微生物大量研究，生物强化被认为可以有效净化厌氧地下水区[2]。在生物强化技术中，使用的微生物种类分为天然微生物和转基因微生物，天然微生物又可为单一微生物及其混合物、高度培养的复合微生物和复杂微生物。生物强化技术应对的待纯化物质有三氯乙烯等挥发性有机化合物、二恶英等多环芳香族化合物、重油和其他重金属等。

（四）重点布局

面对气候变化，环境逐步退化以及农业用地状况的恶化，农作物、植物的生产力受到了威胁。寻求高效、可持续的农业技术来替代农用化学品的使用等成为日本推进碳中和、生物战略的重要一环。农业微生物在改善植物对水和养分的吸收、修复退化土壤、提高植物产量、植物根系保护、保障生物多样性和平衡等方面都大有作为。因此，日本学术振兴会、日本科技振兴机构、农林水产省等各个层面都提出并资助了相关研究项目。另外，日本产业技术综合研究所、日本微生物研究所等都有相应的微生物研究机构，在农业领域的微生物利用研究项目有：探索涉及新微生物功能和适应性进化过程的种间相互作用；环境中稀有培养微生物的勘探与开采；土壤微生物生态学和功能的拓展与应用等。2018年至今，日本在农业微生物领域的主要支持项目见表1.8。

表1.8 日本农业微生物领域主要支持项目

项目发布单位及项目名称	时间	项目经费	负责机构
内阁办公室，园区智慧生物工农业基础技术	2018—2022年	23.75亿日元	国立农业食品研究机构、东京大学、九州大学、筑波大学、理化学研究所、日清制粉株式会社、钟化株式会社、前川综合研究株式会社等

---

[1] 日本经济产业省. 微生物生物修复利用指南解说. https://www.meti.go.jp/policy/mono_info_service/mono_bio/cartagena/baireme_kaisetsu.pdf.

[2] 环境技术学会. 日本水环境学会. 水净化论坛—科学与技术. http://water-solutions.jp/soc_env_cons_eng/sece-2017/.

（续表）

项目发布单位及项目名称	时间	项目经费	负责机构
生物特定产业技术研究支援中心，Moonshot研究开发项目	2020年起（最长10年）	50亿日元以内	—
日本新能源产业技术综合开发机构，NEDO，Moonshot型研发项目	2020年起（最长10年）	200亿日元以内	东北大学、国立农业食品研究机构、东京大学
农林水产省，利用基因组编辑技术对农作物品种及育种材料开发	2019—2023年	1.52亿日元	大阪大学、国立农业食品研究机构、岩手生物技术研究所、RIKEN、东京理科大学、京都府立大学、钟化株式会社、House Foods有限公司等
食品、农林水产业的二氧化碳减排、吸收技术的开发	—	—	—
战略创新计划（SIP）智能生物产业和农业基础技术"	—	—	—

1．"登月研发计划"旨在创建可持续食品供应行业

2019年，日本启动了旨在复兴科技创新立国的新项目——"登月型"研发制度，并于2021年启动登月研发计划5——"到2050年，通过充分利用未使用的生物功能，在全球范围内创建一个没有过剩和浪费的可持续食品供应行业"的研究，相关研究内容见表1.9。该计划以研究大豆未来型食材为主，强调发挥土壤微生物的最大机能性，并以发展新形态的土壤健康性指标来评价。为此，计划应用先进的技术分析土壤微生物、植物和环境之间的相互关系，获取有用的微生物，创建数据库，进而开发有助于土壤健康的微生物材料。除此，网罗微生物的数据库（土壤微生物群落图谱）、土壤生物、化学和土壤物理等相关资料将以图谱化形式展示，并取得多层次大数据进行模组化和情境模拟，以建构环控循环农业整合平台。该项目由早稻田大学统筹，研究体系分为土壤、农作物生产、环境控制与测量、社会科学和栽培管理五个子组，准确推动农业创新与产业发展相结合，推动建立种植管理与土壤健康管理体系[①]。

表1.9 登月研发计划5研究项目内容

组别	研究内容	研究机构
土壤	微生物组深度交互分析：利用单细胞基因组分析技术、共焦拉曼光谱等最先进的技术，收集和分析栖息在不同土壤中的微生物基因组信息，并创建了一个名为"土壤微生物组图谱"的数据库	早稻田大学

① 日本农林水产省．"登月型"研发制度，并于2021年启动登月研发计划5. https://www.microbe-soil.sci.waseda.ac.jp/en/research/.

（续表）

组别	研究内容	研究机构
土壤	微生物组深度交互分析：使用传感器监测土壤和植物状况来了解植物与微生物的相互作用，并阐明有助于土壤健康和稳健性的因素	HORIBA，Ltd
	微生物组深度交互分析：研究通过微生物发酵将海洋垃圾转化为肥料的过程，有效利用海洋资源残留物，示范连接海洋与陆地的再生农业模式	海洋开放创新研究所：MaOI
	土壤矿物质循环系统：通过从污水、水产和农产品废弃物等中高效回收磷、氮和矿物质，然后将其用作农业用微生物菌剂用于大豆生产。改善微生物菌剂的特性，可以稳定地供给磷、氮、矿物质，增强植物的抗病能力。利用东京农工大学的微生物保藏中心等开发的微生物菌剂以及磷回收材料开发微生物菌剂。尝试通过开发原型微生物菌剂，增强微生物菌剂	—
农作物生产	优化植物从肥料中吸收元素和养分的能力，预防土壤病害，适应环境变化。对大豆根际微生物分析，以确定影响大豆生长的微生物。使用大豆突变体集合来鉴定参与植物—根际细菌相互作用的植物基因。通过重复单耕培育出抗损伤、具有高育种价值的大豆	早稻田大学
环境控制与测量	获取组学信息并识别与基因表达和基因组可塑性相关的环境因素，研究环境因素对植物栽培的影响	—
社会科学	使用离散选择实验、眼球追踪和面部表情识别技术来探索技术和食品的社会需求。衡量社会实施预期的经济和影响。关注有机大豆市场，作为推广新技术的有前景的市场。调查社会对使用不熟悉的技术进行粮食生产的接受度	—
栽培管理	开发"农业生态系统工程系统"，来模拟网络空间中的作物生产	—

2. 战略创新计划（SIP）"智能生物产业和农业基础技术"研发计划推动智能生物产业与农业技术研发，重点在微生物数据利用、育种技术、资源利用

SIP智能生物产业与农业基础技术研发是立足于实现"食品"的可持续发展，促进日本生物经济的扩大，提高农林水产业和食品产业的生产率和竞争力，农业微生物主要参与到SIP研发计划"生物相关的价值链数据基础"部分：①在数据和信息基础利用的构筑项目中，构建"饮食、微生物体、健康信息统一数据库"，为实现农产品为中心的"食品"循环经济化课题提供坚实基础（信息与系统研究机构负责）；②价值链变革措施（育种、生产、流通、销售和消费、资源循环）研究项目中，强调推进"数据驱动育种"，以及利用新育种技术（基因组选择，基因组编辑等）进行品种开发（日本农业和食品工业技术研究所负责）；③在农业未来资源有效利用研究项目中，加快实现微生物单体的高效生产，此外利用微生物功能生产基于芳香族石膏原料，并使用高功能性石膏和多价酚基材料作为护套，进而开发高功能、高附加值产品。通过建立百万尺度的高通量微生物搜索技术平台以及普及通用性高的技术，预见培养微生物群搜索中引起范式转变的关键技术，促进国有

生物资源的获取和生物信息数据化（九州大学负责）[①]。

3.《食品、农林水产业的二氧化碳减排、吸收技术的开发》支持微生物设计研发，推动农业微生物技术，旨在减少和吸收二氧化碳

日本经济产业省与生物化学科通过绿色创新基金（1 767亿日元：2023年3月决定第一次公开募集）和生物制造革命促进基金（3 000亿日元：2023年3月底开始公开募集）支持微生物设计、技术开发和制造工艺研究。2022年，基于绿色创新基金，农林水产省、农林水产技术会议事务局、林野厅、水产厅联合发起关于"食品、农林水产业的二氧化碳减排、吸收技术的开发"项目的研究计划，涉及的农业微生物研究项目包括：建立高功能生物炭供应和利用技术等。开发用于提高生物炭等功能的有用微生物材料，并研究与开发微生物与生物炭融合的高功能生物炭。在开发过程中，需要广泛地探索和鉴定天然存在的有用微生物，确立微生物培养方法。高机能生物炭等的二氧化碳固定效果的实证评价。关于高功能生物炭等的开发，需要根据农田的状态确定适当的微生物种类，并确立它们的培养和增殖方法[②]。

五、澳大利亚

澳大利亚微生物资源丰富，其生物多样性为微生物生存和繁衍提供了良好的环境。近年来，澳大利亚在农业微生物研究领域蓬勃发展，在甲烷氧化细菌、根际微生物、生物农药、生物肥料和水资源管理等方面取得显著进展。澳大利亚在农业微生物产业方面实施了一系列的战略措施，包括政策支持、知识产权保护、研究与合作、创新孵化和商业化以及人才培养和引进。这些措施有助于推动农业微生物产业的发展，提高农业生产效率和可持续性，并为澳大利亚农业领域带来更多的创新和经济增长。

（一）战略规划

澳大利亚长期致力于微生物资源的保护和利用。首先，建立了国家级的自然保护区和公园，如普尔努卢卢国家公园、南邦国家公园、卡尔巴里国家公园等，为微生物提供了安全的栖息地。其次，澳大利亚制定了相关法律法规，禁止非法采集、销售或破坏微生物资源。各级政府严格履行《生物多样性公约》，在联邦层面制定了《澳大利亚生态和可持续利用发展国家战略》（Australia's National Strategy for Ecologically Sustainable Development）和《澳大利亚生物多样性保护国家战略》（National Strategy for the Conservation of Australia's Biological Diversity）两个专门的战略措施，指导全国生物多样性保护工作开展[③]。

[①] 日本内阁府科学技术与创新委员会.战略创新创造计划（SIP）"智能生物产业·农业基础技术"研发计划.https://www8.cao.go.jp/cstp/gaiyo/sip/keikaku2/7_smartbio.pdf.

[②] 新能源产业技术综合开发机构.食品、农林水产业的二氧化碳减排、吸收技术的开发.（2022-12-19）[2023-09-22].https://www.nedo.go.jp/news/press/AA5_101602.html

[③] 尚玮姣，王忠明，陈民，等.澳大利亚生物多样性保护管理及政策.世界林业研究，2016，29（5）：82-86.

1. 在微生物资源保护方面，澳大利亚国家微生物管理计划（NMMP）旨在保护微生物多样性，促进微生物资源可持续利用

国家微生物管理计划（National Microbial Management Program，NMMP）是澳大利亚的国家微生物管理计划，专门致力于保护和管理微生物资源。该计划旨在促进微生物资源的可持续使用、保护和监管，并确保微生物的健康和安全。①微生物多样性保护：NMMP致力于保护澳大利亚丰富的微生物多样性。通过采取措施，如建立保护区域和制定相关政策、法规，以及进行科学研究和监测，来保护和维护澳大利亚特有的微生物群落和生态系统。②生物安全措施：为了防止入侵物种和病原微生物的传播，NMMP制定了严格的生物安全措施。这包括检疫措施、边境监测、风险评估和管理等，以确保微生物资源的健康和安全。③微生物资源可持续利用：NMMP鼓励并推动微生物资源的可持续利用。通过支持研究和开发创新技术，以及促进与相关利益相关方的合作，如农民、科研机构和产业界，以确保微生物资源的可持续管理和利用。④教育和宣传：NMMP通过教育和宣传活动，提高公众对微生物保护的意识和重要性。这包括向农民、学生、研究人员和一般大众提供有关微生物保护的信息和培训，以促进社会的参与和支持。

2. 在微生物资源利用方面，澳大利亚建立国家微生物监测网络，利用现代技术监测微生物状况

澳大利亚在微生物资源利用方面建立了国家微生物监测网络（National Microbiological Monitoring Program，NMMP）①，旨在监测和评估澳大利亚的微生物多样性、分布和种群状况，覆盖了许多不同的环境，包括土壤、水体、空气以及人体等，采用了现代化的分子生物学技术，例如高通量测序技术，来识别和鉴定微生物。通过分析微生物的DNA或RNA序列，可以确定微生物的物种组成、丰度和功能特征。以此了解并监测微生物的分布和种群状况，为保护工作提供科学依据。

3. 在微生物产业发展方面，澳大利亚推动微生物技术应用，涉及农业、食品、能源、环境和医药等领域

澳大利亚支持创新研究，鼓励科技企业和科研机构开展微生物资源的开发利用，并与其他国家合作进行技术交流和资源共享。澳大利亚的农业和食品产业广泛应用微生物技术，促进土壤改良、作物保护和质量控制。在农业方面，澳大利亚利用微生物技术改善土壤质量和增加农作物产量。通过引入有益微生物来改良土壤结构、提高土壤肥力和水分保持能力，从而减少对化肥和灌溉水的需求；利用有益微生物进行生物防治，控制害虫和病原菌，减少对农药的依赖。在食品产业方面，微生物技术在食品加工、保鲜和营养改良等方面起到重要作用。澳大利亚利用微生物发酵技术生产乳制品、面包、啤酒、酸奶等食

---

① Government of Canada. National Microbiological Monitoring Program and Food Safety Oversight Program Annual Report 2019−2020. https://inspection.canada.ca/food-safety-for-industry/food-chemistry-and-microbiology/food-safety-testing-reports-and-journal-articles/national-microbiological-monitoring-and-food-safet/eng/1626973824102/1626973824645，2023.

品。微生物发酵不仅可以改善食品口感和质地，还能增加食品的营养价值，例如合成维生素、氨基酸和益生菌等。

微生物在能源、环境治理和医药等产业领域也发挥着重要作用。在能源领域，微生物广泛应用于生物能源的生产，如利用微生物发酵将有机废弃物转化为可再生能源，或生产生物柴油和生物氢等石化能源。在环境治理方面，微生物在污水处理、土壤修复和废物处理中发挥重要作用，如利用微生物分解和转化污染物，或吸附、转化重金属和有机物污染物。在医药领域，微生物被广泛应用于药物研发，如利用微生物发酵生产抗生素、疫苗、免疫调节剂和抗癌药物，或生产蛋白质、肽类和酶类等药物。

（二）监管制度

澳大利亚在农业微生物领域拥有较为全面的标准和监管措施，其中农药和生物肥料在注册、安全监督、标签和监管方面的管理体制较为严格，以确保产品质量、安全性和环境可持续性。

1. 在农药和生物肥料注册方面，澳大利亚农业化学品与兽药管理局监管农药与生物肥料注册，要求严格评估安全性与有效性，符合国际标准

澳大利亚农业化学品与兽药管理局（Australian Pesticides and Veterinary Medicines Authority，APVMA）负责农业微生物相关农药和生物肥料的注册和监管。所有的农药和生物肥料都需要经过严格的评估和审批程序，确保其安全有效，并符合国家和国际标准。微生物农药登记基本要求包括全面的毒理学、使用功效、储存和野外残留数据。对于某一进口的微生物农药，在引入澳大利亚之前必须对其进行环境繁殖力评价，评价内容包括微生物引发动物流行病的能力和对土著动、植物的潜在危害影响。微生物农药毒理学分析和残留分析根据药物非临床研究质量管理规范进行。2005年发布的农药和兽药登记要求及指导原则中增加了微生物农药潜在危害评价要求，评价内容包括微生物菌株的毒性、致病性和感染性、宿主范围以及对土著动、植物的影响等[①]。

2. 在安全与法规方面，食品标准局制定微生物食品安全标准，农业部监管动植物健康，环保局负责环境保护

在食品安全与卫生层面，澳大利亚食品标准局负责制定和监管与农业微生物相关的食品安全标准。这些标准覆盖了微生物污染控制、食品加工和储存中的微生物管理等方面，旨在确保食品的安全性和卫生质量。在动植物健康层面，澳大利亚农业部负责动植物健康监管，包括微生物传播的病害防控。他们制定并执行相关的检疫规定和标准，以预防和控制农业微生物病害的传播。在环境保护层面，澳大利亚环境保护局负责监管农业微生物领域的环境保护事宜。他们制定并执行环境保护法规，确保微生物产品的使用不会对环境造成负面影响，并促进可持续农业发展。

---

① Australian Pesticides and Veterinary Medicine Authority. Guidelines for Registration of Biological Agricultural Products. Australia，2005. Http://www.apvma.gov.au/publications/guidelines/docs/bioaprod.pdf.

3. 在标签和监管方面，澳大利亚要求农业微生物产品附有合规标签，政府监测执法确保标准执行

在标签和声明要求方面，澳大利亚相关部门要求农业微生物产品在市场上销售时必须符合相应的标签和声明要求。这些要求包括明示产品成分、用途、使用方法、安全注意事项等信息，以提供给消费者充分的产品信息和使用指导。在监测和执法层面，澳大利亚各级政府机构负责监督和执法农业微生物相关的标准和规定。他们进行定期的产品抽样检测和实地检查，以确保企业和产品符合标准要求，必要时采取相应的行政和法律措施。

（三）技术清单

澳大利亚在农业微生物领域重点发展的技术内容涵盖了多个方面，包括解析土壤微生物的生态功能，有益微生物的开发利用，以及通过调整土壤微生物群落来提高土壤质量和生产力，旨在通过农业微生物技术的发展提高农业生产效率、降低生产成本，并保障食品安全。

1. 澳大利亚致力于益生菌和有益微生物应用研究以改善土壤质量，增强植物抗病能力

澳大利亚致力于研究和开发益生菌和其他有益微生物的应用，将其引入土壤、作物根系或动物消化系统中，以改善土壤质量、增强植物健康、提高养分吸收效率和抗病能力。澳大利亚研究添加菠萝皮对4℃贮藏28天酸乳中嗜酸乳杆菌（ATCC 4356）、干酪乳杆菌（ATCC393）及副干酪乳杆菌副干酪亚种（ATCC BAA52）活力与活性的影响。添加菠萝皮粉末的益生菌水溶性肽粗提物与对照组相比有更强的抗突变、抗氧化活性，且贮藏过程中保持较好。

2. 澳大利亚关注微生物生物肥料的研究以提高养分利用，减少化学肥料使用

澳大利亚着重研发微生物生物肥料，包括利用固氮菌和溶磷菌等特定微生物来提供植物所需的养分，从而提高养分利用效率、减少化学肥料使用量，实现环境友好。墨尔本大学农业和食品学院通过作物生产中的氮管理来实现氮的可持续使用，例如氮肥施用的4Rs技术（选择正确的作物品种，在正确的间距和正确的时间种植，在正确的时间使用正确的肥料和正确的数量，正确的储藏方式）。在动物生产中，可以在粪便的储存和加工（如粪便表面覆盖物、酸性添加剂或阳离子吸附剂以及有氧堆肥），以及施用粪便等方面（如带状扩张、合并和注射）改善氮管理。加强作物—牲畜整合，提高动物粪便的肥料价值，从而提高氮的使用效率，同时减轻排泄氮的损失[①]。

3. 大力发展微生物发酵技术以提升生产效率，缓解传统原料需求

澳大利亚发展了多种微生物发酵技术，用于生产食品、酒精、饲料添加剂等产品。微生物发酵技术可以提高生产效率、改善产品质量，并减少对传统原料的需求。Number 8 Bio公司正在试验给其酵母提供糖分物质作为食物，希望在实验室中使用模型系统来证实

---

① LIANG X, SUTER H, Shu Kee LAM, et al. Sustainable nitrogen management in Australian agroecosystems: Challenges and opportunities. Front. Agr. Sci. Eng., 2022, 9（3）: 366–372.

可以减少碳排放量,然后将继续对牛等反刍动物进行产品试验和技术商业化。该公司还在探索直接利用甲烷和二氧化碳等温室气体而非糖类物质等农业原料作为碳源培养微生物的技术,这些微生物将更可持续且会降低生产成本。

4. 澳大利亚致力于水资源管理和水生态修复研究以改善水资源管理,修复水生态系统

澳大利亚致力于研究和应用微生物技术来改善水资源管理和水生态修复。通过利用微生物处理废水、控制藻类暴发和提高水质,可以实现水资源的可持续利用和保护水生态系统的健康。澳大利亚研究的水利用微生物回用技术与管理方法,进一步发展污水再生深度处理技术与工艺,提高再生水生产品质,拓展再生水利用途径,通过浓度控制与处理工艺要求相结合提升再生水水质安全保障能力,建立健全污水资源化利用技术和管理标准体系[1]。

(四)重点布局

澳大利亚的农业微生物研究领域涉及多个重点项目,旨在提高农作物的产量和质量,减少对化学农药和化肥的依赖,保护土壤健康,促进农业的可持续发展。

1. 微生物基因组解析研究以助力农业应用,提升科研水平

通过对微生物基因组进行测序和分析,研究人员可以了解微生物的遗传信息、代谢能力、适应性和与宿主植物或动物的相互作用。这有助于揭示微生物在农业系统中的功能和潜在应用。

2020年7月1日,南澳基因组学中心(SAGC)正式投入使用,由南澳大利亚健康与医学研究所(South Australian Health and Medical Research Institute,SAHMRI)、阿德莱德大学、弗林德斯大学、南澳大学、澳大利亚葡萄酒研究所和澳大利亚基因组研究机构等六个创始机构/高校组成,旨在支持南澳州的基因组学和生物信息学研究,涵盖从环境、植物和农业研究到人类健康的所有学科。基因组学是对生物体基因组——组成该动物、植物或微生物的完整基因集的研究,它还研究基因如何开启和关闭,以及它们如何彼此和环境相互作用。

2. 微生物土壤健康和肥力增强研究以减少化学肥料依赖

澳大利亚的农业微生物项目致力于研究如何利用微生物来改善土壤的健康状况和肥力水平。这些微生物可以促进有益菌群的形成,提高土壤质地和结构,并增加养分的有效性。通过增加土壤微生物的多样性和活性,可以促进作物的生长和提高产量,并减少对化学肥料的依赖。2023年,澳大利亚合成生物学初创Number 8 Bio获得120万美元种子轮融资,用于设计一种酵母,降低农业中动物源甲烷排放,同时进一步拓展公司知识产权布局,扩大其基于酵母微生物的生产平台规模[2]。VRM Biologik项目采用连续发酵技术的生

---

[1] Liu J H, Chen Z, Xu A, et al. Situation analysis and inspirations of water reuse in Australia. Environmental Engineering,2022,40(2):1-7,26.

[2] AgFunderNews. REAKING:Number 8 Bio raises $1.2 m for novel enteric methane reduction technology, 2023-06-03. https://agfundernews.com/breaking-number-8-bio-raises-1-2 m-for-novel-enteric-methane-reduction-tech.

物解决方案，使用生态平衡方法改良土壤、治理环境污染，全面减少废弃物排放，将有机垃圾转化为土壤腐殖质，达到垃圾无害化处理，实现"可循环经济"[①]。

3. 微生物技术促进有机农业和可持续农业发展

澳大利亚的农业微生物项目也致力于支持有机农业和可持续农业的发展。通过研究和推广微生物肥料、微生物增效剂和微生物制剂的应用，农民可以减少对化学农药和化肥的依赖，实现农业生产的可持续性和环保性。

澳大利亚联邦农业部的"农业微生物应用研究项目"：该项目着重研究农业微生物在提高农作物产量和质量、改善土壤健康和保护环境方面的应用。项目重点关注根际微生物的促生、固氮和磷解除功能，以及生物农药和生物防治技术的开发与应用[②]；"澳大利亚昆士兰州农业微生物创新项目"由昆士兰州政府推动，旨在促进昆士兰州农业领域的农业微生物创新与应用。该项目支持农业微生物研究、开发生物肥料和生物农药，以及提供技术支持和培训；"澳大利亚农业经济研究中心的农业微生物经济学项目"专注于研究农业微生物的经济效益和商业化潜力。研究人员通过评估农业微生物技术的成本效益和市场前景，为政策制定者和农业从业者提供可持续发展决策和战略建议。

六、加拿大

加拿大的农业微生物产业战略布局着眼于实现农业的可持续性和竞争力。战略包括研发和推广微生物技术，如微生物肥料和生物农药，以提高作物生产效率和质量，减少对化学农药的依赖。同时，加拿大还侧重于土壤健康管理和环境修复，以保护生态系统和资源。此外，农业微生物领域的研究有助于加拿大满足全球食品供应需求，同时强调生态多样性的重要性，以促进生产力和生态系统的可持续发展。加拿大政府积极挖掘农业微生物产业的增值机会，其高价值生物产品，如微生物饲料、微生物肥料、微生物农药、微生物能源、微生物食品、微生物环境保护剂等都是农业微生物产业的重要组成部分。农业微生物布局农业发展全产业链条，在可持续发展战略中可谓"大有可为"。

（一）战略规划

1. 在生物资源开发利用层面，加拿大注重农业生态系统弹性和生物多样性，推动微生物技术研究和应用以实现农业可持续性和环境健康

加拿大生物技术战略（Canadian Biotechnology Strategy，CBS）是由加拿大针对生物技术新兴领域的计划，支持和补充各联邦部门和机构的监管和研究活动。CBS起源于20世纪70年代末，当时成立了一个由工业界和学术界组成的工作组，以确定如何促进当时出现的新重组DNA技术的潜力。1983年，国家生物技术战略（National Biotechnology

---

① VRM Biologik.https://www.vrm.science/agriculture.

② Australian Government Department of Agriculture, Fisheries Forestry.https://www.agriculture.gov.au/science-research.

Strategy，NBS）制定，旨在发展生物技术，以提高加拿大的经济、健康和环境效益①。由此可以看出，从20世纪开始，加拿大政府就已经十分重视生物技术的发展和规划。

《加拿大农业和农业食品部的科学策略计划》提到，为了提高农业生态系统的弹性，增强生物多样性以刺激生产力和复原力，加拿大农业和农业食品部将制定协调战略，对各种农业生态系统中的哨兵类群/群体（例如本地授粉媒介、微生物组、空中昆虫生物量）进行基准测试，以便检测生物多样性变化（生态服务的变化）并查明其原因。这将增加该部门对加拿大农业景观生物多样性的了解，支持其提供生态保护服务。农业的多样性将增强该部门的弹性和应对干扰和变化的能力，从而实现供应链的适应和稳定②。

加拿大的农业微生物战略规划强调推动农业可持续性和环境健康，通过促进微生物技术的研究和应用，包括微生物肥料、生物农药和土壤健康管理，以减少化学农药的使用、提高农作物产量和质量，并降低农业对环境的不利影响。这一战略还注重生态系统的保护，通过微生物技术促进生物多样性，同时确保农业产业的可持续发展和全球竞争力。

2. 在生物安全监测层面，建立新兴技术实验室，并通过国家微生物监测计划验证行业微生物标准，确保食品安全。

随着生物技术的发展，微生物识别和检测也面临新的问题。加拿大卫生部食品局微生物危害局成立新兴技术实验室，该实验室旨在设计、开发和测试能够检测食品中致病细菌、病毒和寄生虫的新工具。能够快速检测病原体的工具有助于减少受污染食品引起的疾病，并支持监测活动。快速诊断实验室致力于通过开发便携式芯片实验室系统来创建此类工具，该系统可以快速制备样品，并对食品、食品加工环境和水中的病原体进行检测、分离、识别和表征③。

国家微生物监测计划（National Microbiological Monitoring Program，NMMP）是由CFIA管理的一项食品监测计划，旨在验证行业是否符合微生物标准，促进加拿大食品进入国际市场，提供有关食品安全控制措施和干预措施有效性的信息，并维持消费者对食品供应安全的信心④。加拿大食品检验局实施国家微生物监测计划和有针对性的调查计划。根据这两个计划，随机选择多种国产和进口产品并进行微生物检测。这些计划的目标包括：评估和促进对加拿大法规和食品安全标准的遵守；监测现有的各种食品安全控制、政策和计划的有效性；识别和描述新出现的危险；为趋势分析提供信息，促进和完善健康风

---

① Government of Canada. 加拿大生物技术战略. https://www.canada.ca/en/health-canada/services/science-research/emerging-technology/biotechnology/role-canada-biotechnology-strategy.html.

② Government of Canada. 加拿大农业和农产品科学战略计划. https://agriculture.canada.ca/en/science/scientific-research-and-collaboration-agriculture/agriculture-and-agri-food-canadas-strategic-plan-science.

③ Government of Canada. 新兴技术实验室. https://www.canada.ca/en/health-canada/services/science-research/activity-highlights/microbial-research-activities/research-emerging-technologies.html.

④ Government of Canada. 国家微生物监测计划（2021—2022）. https://inspection.canada.ca/food-safety-for-industry/food-chemistry-and-microbiology/food-safety-testing-reports-and-journal-articles/national-microbiological-monitoring-program/eng/1681264014270/1681264014958.

险评估；支持国际贸易并证明与加拿大贸易伙伴的同等地位[①]。

（二）监管制度

加拿大农业微生物产品的监管主要由加拿大食品检验局（Canadian Food Inspection Agency，CFIA）负责。CFIA是加拿大的食品安全监管机构，负责确保食品、农产品和饲料的安全性，以及动植物的健康。

1. 加拿大微生物农药发展迅猛，严格注册审批，由卫生部评估安全有效性，CFIA监督合规性，以保障农业生产和环境健康

2018—2019年加拿大新登农药概述，生物农药占据主要地位。2010—2020年，微生物农药行业发展迅猛，一些新的微生物农药品种，特别是一些基于新的微生物种类的微生物农药取得农药登记并上市，进一步丰富了农作物病虫草害的防治手段。加拿大的生物农药监管由加拿大卫生部和加拿大食品检验局等机构协调执行。

生物农药在加拿大需要经过注册和审批程序。卫生部负责审查和评估生物农药的安全性和有效性，确保其在农业和食品生产中的使用是可接受的。注册的生物农药需要提供详细的标签和使用说明，以确保农民和使用者正确使用这些产品，并减少对环境和人类健康的潜在影响。加拿大对生物农药的环境影响进行评估，以确保其在使用过程中不会对生态系统造成不良影响。CFIA负责监督和执行生物农药的合规性。这包括对市场上的产品进行监测和检查，确保它们符合规定的标准和要求。

2. 加拿大微生物饲料检测体系完善，活微生物产品按作用方式分类部分属于兽药，分类标准正在重新考虑

加拿大的饲料检测体系由官方饲料检测实验室如加拿大食品检验局实验室和具有第三方公正的实验室组成。各饲料厂均设有实验室，许多大型饲料企业的实验室也具备了为客户提供检测服务的资质条件，可以开展服务性饲料检测。加拿大食品检验局制定并实施"国家饲料检测计划"，对饲料企业进行统检，所有饲料企业每年至少接受一次突击检查。

目前，许多活微生物产品主要由于其声明/作用方式而被划分为兽药类别。加拿大卫生部兽药理事会和加拿大食品检验局动物饲料部门通过提高分类灵活性，提供不同的注册途径。因为认识到这些产品的作用方式可能涉及对肠道菌群和肠道环境的改变，但不一定将其归类为兽药，活微生物产品的分类标准已被重新考虑。兽药和牲畜饲料分类指导文件中就用于牲畜物种的含有活微生物的产品修订后的监管分类制定了相应的标准和政策。

3. 加拿大微生物食品发展迅速，政府实施严格的安全管理和食品标签制度，确保食品健康和消费者权益

加拿大的微生物食品行业发展迅速。加拿大政府对转基因食品的安全管理以产品本身为基础，而不涉及产品生产过程，主要体现在全面的上市前安全评估制度和食品标签制度

[①] Government of Canada. 食品化学与微生物学. https://inspection.canada.ca/food-safety-for-industry/food-chemistry-and-microbiology/eng/1331960432334/1331962151945.

两个方面。《食品和药品法》（Food and Drug Act，FDA）是管理在加拿大销售的食品的安全性和营养质量的主要立法。其范围包括食品标签、广告和声明；食品标准和成分要求；特殊膳食用食品；食品添加剂；化学和微生物危害；兽药残留；包装材料；杀虫剂。FDA的作用是防范公众食品（包括饮料）、药品、医疗器械和化妆品销售的健康危害和欺诈[1]。

食品微生物安全和一般清洁度的分析方法是由加拿大卫生部食品局微生物危害局评估司指定的，该方法制定的目的是确定食品工业是否遵守有关食品中微生物和外来物质的标准和准则；评估食品中的微生物或外来物质含量的总体质量；支持食源性疾病调查[2]。

（三）技术清单

加拿大在农业微生物领域拥有多项技术，包括微生物肥料的开发以提高农作物生长，生物农药的研究用于害虫控制，以及土壤健康管理和环境修复方面的微生物应用。这些技术的使用有助于提高农业可持续性，减少化学农药的依赖，维护土壤和水资源的健康，以及保护生态系统多样性。

1. 在肥料开发方面，支持精准农业，促进高效肥料使用，研究助力气候解决方案

精准农业正在帮助农民更精确地投入经费，在不牺牲产量的情况下，减少过量氮和温室气体的排放。科研团队研究了一种名为SUPERU的高效双抑制剂肥料产品在马铃薯作物中的使用。这种现代肥料可以在一段时间内为植物提供所需的氮，并减少植物和土壤中的氮流失。该研究是大西洋生活实验室研究课题的一部分，该实验室是加拿大农业和农业食品部、农民和环境组织在爱德华王子岛省之间的合作项目。该项目显示，采用增效肥料的农民可以在相同成本下维持目前的马铃薯产量，同时减少温室气体排放高达30%或更多，农业气候解决方案是加拿大农业和农业食品部（Agriculture and Agri-Food Canada，AAFC）帮助农民应对气候变化的一项举措[3]。

2. 在害虫防治方面，加拿大强调使用生物农药控制害虫，保障农业生产

农药风险降低策略是在加拿大农业和农业食品部害虫管理中心的农药风险降低下制定的。农药风险降低策略是一项详细计划，旨在满足种植者对特定害虫问题的降低风险管理工具和实践的需求。这些策略是通过与利益相关者的广泛协商制定的。它旨在提供有关策略制定和实施的信息以及通过此过程提供的新工具和实践[4]。加拿大农业部门使用一系列

---

[1] Government of Canada. 加拿大对有益健康食品的监管体系——行业概览. https://agriculture.canada.ca/en/sector/food-processing-industry/regulatory-requirements/health-benefits.

[2] Government of Canada. 分析方法简编. https://www.canada.ca/en/health-canada/services/food-nutrition/research-programs-analytical-methods/analytical-methods/compendium-methods.html.

[3] Government of Canada. 生活实验室——大西洋研究巩固了增效肥料对农民和环境的双赢. https://agriculture.canada.ca/en/science/story-agricultural-science/scientific-achievements-agriculture/living-lab-atlantic-research-solidifies-enhanced-efficiency-fertilizer-win-win-farmers-and.

[4] Government of Canada. 温室花卉栽培中农药风险降低策略. https://agriculture.canada.ca/en/science/agriculture-and-agri-food-research-centres/pest-management-centre/pesticide-risk-reduction-pest-management-centre/pesticide-risk-reduction-strategies/pesticide-risk-reduction-strategy-greenhouse-floriculture.

生物农药，这些农药是由微生物制成的，如细菌、真菌和病毒。这些生物农药可以用来控制各种害虫，包括昆虫和真菌性病害。在一些农业系统中，加拿大使用病原体来控制害虫。例如，使用核多角体病毒来控制某些害虫，如玉米螟和棉铃虫。

3. 在土壤健康管理方面，加拿大利用微生物技术评估土壤状况，修复污染，提升土壤健康

如果不采取适当的侵蚀控制管理措施，土壤侵蚀就会对加拿大农业的可持续性构成严重威胁。当前和过去的管理造成的土壤流失是导致土壤健康状况下降、作物生产力降低、耕作投入使用效率低下的主要原因，并且还通过养分、农药和其他物质的沉积、释放和运输增加了水质风险。土壤侵蚀通过三个主要过程发生：风蚀、水蚀和耕作侵蚀。风、水和耕作侵蚀的综合影响比单独的侵蚀过程会造成更严重的威胁[1]。加拿大的农业和环境科学家使用微生物技术来评估土壤的健康状况。通过分析土壤中微生物的多样性和数量，他们可以了解土壤的生态系统，以制定更好的土壤管理计划。同时，微生物可以分解污染物，将其转化为无害物质，从而恢复土壤的健康。这种生物修复技术被广泛用于处理石油污染和其他污染事件。

（四）重点布局

加拿大的农业微生物研究项目主要集中在提高农业生产效率、减少环境影响和促进可持续农业方面。这些项目涵盖了微生物肥料的开发，以增加作物产量和质量，以及生物农药的研究，用于生态友好的害虫和病害管理。此外，加拿大也积极探索利用微生物降解有害农药和污染物的技术，以维护土壤和水资源的健康。这些农业微生物项目在推动农业可持续性和生态平衡方面发挥了关键作用。

2018年，加拿大农业和农产品食品局的Thomas Wolf负责使用生物床对农药废物进行农场修复项目研究。项目的总体目标是评估加拿大农场使用生物床的效果。第一年，将使用生物修复介质建造实验室规模的生物床反应容器。农药残留物将被排放到生物床中，生物床的流出物将被收集和分析。降解率将与单独土壤中的降解率进行比较。根据结果和资金情况，第二年将在农场建立生物床并对其性能进行评估[2]。

2018年，加拿大苗圃景观协会的Peter Isaacson负责加拿大观赏苗圃业低风险害虫管理策略的调整项目。在害虫中，象鼻虫是园艺领域中最具破坏性和最难控制的害虫之一，影响了140多种观赏植物。这些关键害虫问题始终被列为苗圃业的首要害虫问题。该项目的发起是为了通过数据开发来促进注册或标签扩展，提高微生物生物防治剂的可用性，开发

---

[1] Government of Canada. 土壤侵蚀风险指标. https://agriculture.canada.ca/en/environment/resource-management/indicators/soil-erosion-risk-indicator.

[2] Government of Canada. 生物床对农药废物进行农场修复. https://agriculture.canada.ca/en/science/agriculture-and-agri-food-research-centres/pest-management-centre/pesticide-risk-reduction-pest-management-centre/integrated-pest-management-projects/farm-remediation-pesticide-wastes-using-biobeds.

将这些产品纳入苗圃综合害虫管理（IPM）的方法，并有效地向种植者提供新技术[①]。

2018年，加拿大农业和农产品食品局的Deena Errampalli负责真菌培养物提取物致突变性测试方案的开发项目，其目的是开发方法来建立经过验证的真菌培养物致突变性测试标准方案，从而为新型生物防治剂的商业化提供更加广阔的发展前景[②]。

七、巴西

巴西农业微生物产业的发展历程可以追溯到20世纪80年代，当时巴西政府已开始重视农业微生物技术的应用，通过制定一系列相关政策，包括提供技术研发支持、资金支持、农民培训和推广以及市场推广和国际合作等，积极推动农业微生物产业的发展。

发展至今，巴西农业微生物产业已逐渐壮大并取得了一系列成就，在生物农药、生物肥料、微生物种苗等方面也具备一定的技术优势和市场竞争力。2018年在巴西售出的微生物产品有23种，同年这些产品的活性成分总销量为327 607 kg，同比显著增长73%（世界农化网，2019）[③]。这些产品在提高农业生产效率、减少化学农药使用和保护环境方面发挥了重要作用。然而，巴西农业微生物产业仍面临一些挑战，如技术创新能力不足、市场推广和应用不够广泛、政策支持不够完善等。因此，巴西政府正致力于改进在该产业方面的战略规划和政策措施，以进一步推动农业微生物产业的发展和应用。

（一）战略规划

巴西农业微生物领域的政策中心是创新先进生物学（生物技术、纳米技术、基因编辑等）、生物投入（如国家生物投入计划和相关行动）、遗传和自然资源、生物能源、社会生物多样性等相关的技术主题。近期，巴西政府制定的《国家粮食和农业遗传资源政策》也即将推出。

1. 巴西政府和机构力挺农业微生物产业，制定政策，提供资金，推进研究和商业化

加强政策支持和资金投入是巴西农业微生物产业战略规划的关键环节。巴西政府和相关机构制定了一系列支持农业微生物产业发展的政策，并提供了相应的资金投入。2002年，巴西科学和技术部发布了"生物材料合格评定体系"文件，旨在为微生物收集的重组、发展和协调提供一系列支持行动。2007年，巴西通过MST第6041号法令制定了生物技术发展政策，重点是改善微生物收集服务的基础设施，旨在构建巴西BRC网络（BRC全球网络

[①] Government of Canada. 加拿大观赏苗圃业风险降低害虫管理策略的适应性. https://agriculture.canada.ca/en/science/agriculture-and-agri-food-research-centres/pest-management-centre/pesticide-risk-reduction-pest-management-centre/integrated-pest-management-projects/adaptation-reduced-risk-pest-management-strategies-ornamental-nursery-industry-canada.

[②] Government of Canada. 真菌培养物提取物致突变性试验方案的制定. https://agriculture.canada.ca/en/science/agriculture-and-agri-food-research-centres/pest-management-centre/pesticide-risk-reduction-pest-management-centre/integrated-pest-management-projects/protocol-development-mutagenicity-testing-fungal-culture-extracts.

[③] 世界农化网. 巴西2018年售出549 280吨农药 微生物产品大幅增长.（2019-12-09）[2023-09-22]https://cn.agropages.com/News/NewsDetail---20139-e.htm.

是经济合作与发展组织下属的文化遗产保护和收藏机构，2001年发表了报告"生物资源中心：支撑生命科学和生物技术的未来"）①。尽管受到经济衰退、政治危机及其对科技等的影响，但巴西仍在全力推进微生物组学研究。在促进生物制品商业化的大背景下，巴西微生物RM生产商需要利用国家遗传资源进行研究，为了遵守生物多样性法No.13.123规定，2015年和2016年巴西总统分别批准了生物多样性法律框架和巴西遗传资源属性获取规则②。

政策支持还包括缩短农业微生物产品的注册和审批时间，降低市场准入门槛，鼓励企业和农民使用微生物产品。2019年，巴西农业部农业创新支持主任Luís Cláudio França首次提出创建了国家农业生物多样性与食品资源基因政策，旨在确立农业部制定行动并集中力量，制定政策以推动该国的基因资源利用和加强国家安全。巴西政府还鼓励银行和金融机构提供贷款和风险投资，支持农业微生物产业的创新和发展。巴西发展银行提供了针对农业微生物产业的贷款和投资基金，用于支持企业的研发和生产。政策的支持和资金的投入为巴西农业微生物产业发展提供了良好的发展环境和资源支持。

2. 巴西积极投资科研与技术创新，推动农业微生物产业发展，提升技术水平和创新能力

加强科研与技术创新是巴西农业微生物产业战略规划的关键举措。通过加强科研和技术创新，可以促进农业微生物产品的研发和改进，推动农业微生物产业的发展和升级。早在2008年，巴西国家技术和科学发展委员会建议成立一个国家科学和技术研究所——巴西国家科学技术研究院微生物研究所，以推进微生物研究。紧随其步，委员会与其他支持研究的巴西机构，如圣保罗研究基金会，达成组建该研究所的最终协议，并获得高达1 000万巴西雷亚尔（280万美元）的预算③。2013年，巴西微生物项目工程成立，成为巴西国家科学技术研究院微生物组研究的基础④。2012年，巴西加入全球生物多样性信息设施组织，并在2015年创建了生物多样性项目，推进了生物多样性的评估和使用。

巴西还建立了一批农业微生物研究机构和实验基地，例如巴西农业部下属的巴西农业研究公司（Embrapa）和巴西农业微生物学研究中心，开展了许多重要的研究项目，包括筛选和改良农业微生物菌株、优化生产工艺、开发新型微生物产品等⑤，致力于农业微生物技术的研究和应用。通过科研和技术创新，可以不断提升农业微生物产业的技术水平和

---

① Brasil. Presidência da República, Casa Civil. (2007, fevereiro 8). Institui a Política de Desenvolvimento da Biotecnologia, cria o Comitê Nacional de Biotecnologia e dá outras providências (Decreto nº 6.041, de 8 de fevereiro de 2007). Diário Oficial [da] República Federativa do Brasil, Brasília, seção 1.

② Brasil. Ministério da Ciência Tecnologia e Inovação. (2016a, fevereiro 19). Altera a Rede Brasileira de Centros de Recursos Biológicos - Rede CRB-Br e sua estrutura no âmbito do Ministério da Ciência, Tecnologia e Inovação – MCTI (Portaria nº 130, de 18 de fevereiro de 2016). Diário Oficial [da] República Federativa do Brasil, Brasília, seção 1.

③ Victor S, Pylro Tsai S Mui, Jorge L M Rodrigues, et al. A step forward to empower global microbiome research through local leadership. Trends in Microbiology, 2016, 24（10）：767-771.

④ Santos V S, Nogueira M A, Hungria M. Microbial inoculants: reviewing the past, discussing the present and previewing an outstanding future for the use of beneficial bacteria in agriculture. Applied Soil Ecology, 2019, 147：103376.

⑤ Vasconcellos, R L F, Santos, S. N, Zucchi, T D, et al. Pseudomonas aestus sp. nov., a plant growth-promoting bacterium isolated from mangrove sediments. Archives of Microbiology, 2017, 199：1223-1229.

创新能力，还可以推动农业微生物产业向高附加值和高效益方向发展。

3. 巴西建立产学研合作机制，推动农业微生物研究和产品应用，提升产业发展

建立产学研合作机制是巴西农业微生物产业战略规划的另一个重要方面。巴西农业研究公司开发了多种微生物制剂，用于植物生长促进、病虫害控制和土壤改良等方面[1]，通过产学研合作，有力地促进科学研究的转化和应用。巴西农业部还组织了农业微生物产品的推广活动和培训，加强市场宣传和技术支持。学术界的研究人员与农业企业和农民合作，将研究成果转化为实际的应用产品和技术。农业企业和农民根据实际问题和需求为科研人员提供研究的方向和重点，巴西产学研合作机制促进了科研成果的落地和推广。

农业微生物研究与应用网络是巴西农业部发起的一个国家级合作网络，旨在促进农业微生物研究和应用的合作与交流。该网络由巴西的多个研究机构、大学和企业组成，共同开展农业微生物的研究和开发。该网络的成立为巴西农业微生物产业的发展提供了重要的平台和合作机会[2]。巴西农业部在2018年发布了《农业微生物产品生产规定》，明确了农业微生物产品的生产和销售要求。巴西农业部通过一系列政策和措施，推动农业微生物产品的市场推广和应用。

4. 巴西实施国家生物投入计划，推动生物农业可持续发展

国家生物投入计划由农业、畜牧业和食品供应部与生产部门合作实施。该计划设立了一个战略委员会，鼓励在农业中使用生物投入物，促进其可持续发展。国家生物投入计划由农业、畜牧业和供应部制定，旨在扩大和加强生物投入物在可持续发展中的应用。战略行动包括支持对科学、技术和创新、信贷和投资、培训、生物工厂实施的投资以及对国家生物投入计划发展的激励。由于拥有地球上最大的生物多样性资源，巴西能够成为生物投入研究和技术创新领域的世界领先者。生物投入物包括种子、肥料、接种剂、动植物营养产品、植物提取物、天然害虫天敌的生产、兽用疫苗、由有益微生物制成的用于疾病控制的杀虫剂，以及顺势疗法产品或具有生物资产的技术。除此之外，还有水果和蔬菜收获后的保存和加工过程以及土壤再矿化剂作为物理化学和生物过程的增强剂。

该计划围绕以下主题构建：植物病虫害防治产品，土壤肥力产品、植物营养和对不利环境条件的耐受性，植物和动物遗传学育种，兽药产品，动物饲料，水产养殖产品，采后产品和动植物来源的加工。

（二）监管制度

标准监管是指政府和相关机构制定的规范和标准，用于监管和管理农业微生物产品的

---

[1] Brasil, Ministério da Agricultura, Pecuária e Abastecimento.. Plano Nacional de Desenvolvimento da Agricultura de Precisão（PNDAP）. 2018. https://www.dgadr.gov.pt/agricultura-e-producao-biologica/regulamentos-da-uniao-europeias/reg-848-2018#:~:text=Regulamento%20%28UE%29%202018%2F848%20do%20Parlamento%20Europeu%20e%20do,%28CE%29%20n.%C2%BA%20834%2F2007%20do%20Conselho%2C%20%28vers%C3%A3o%20consolidada%2001-01-2022%29.

[2] Guedes, T. M. M.. Networks of innovation in biotechnology：The Brazilian experience.International Journal of Technology Management & Sustainable Development, 2003, 2（3）：219-235.

生产、销售和使用。这些标准旨在确保农业微生物产品的质量和安全，以促进产业的可持续发展。巴西农业微生物产业发展中的标准监管措施包括产品注册和审批、生产标准、销售和使用标准以及监督和检查。这些措施的实施促进了巴西农业微生物产业的发展，提高了产品的质量和竞争力。根据巴西农业部的数据，2017年巴西农业微生物产品销售额达到了4.5亿美元，同比增长了20%[1]。

1. 在产品注册和审批方面，巴西农业部负责微生物产品注册审批，确保质量安全，并有简化流程

巴西农业部负责农业微生物产品的注册和审批，确保产品符合质量和安全标准。根据《农业微生物产品注册管理法规》（Regulation for the Registration of Agricultural Microbial Products），企业需要提交产品的详细信息和相关测试报告，包括产品的成分、生产工艺、安全性和有效性等。政府会对这些信息进行评估和审查，确保产品的质量和安全。根据巴西农业部提供的数据，截至2018年，巴西已经注册了超过400种农业微生物产品[2]。2023年上半年，巴西农药登记主管部门发布了新的生物作物保护产品审批规则。2023年11月，巴西农业部、环境机构和巴西国家卫生监督机构（Anvisa）等联合制定当局为微生物产品注册申请创建了主题代码，该代码包含在最近简化的生物作物保护产品审批流程中。巴西国家卫生监督机构Anvisa已制定代码5141，用于微生物产品注册简化流程[3]。

2. 在生产标准方面，巴西规定农业微生物产品生产标准，保障产品质量与一致性

巴西《农业微生物产品生产管理规范》规定了农业微生物产品的生产标准。这些标准包括生产设施的要求、原料的选择和采购、生产工艺的控制和监测等。企业需要遵守这些标准，确保产品的质量和一致性。根据巴西农业部的数据，生产农业微生物产品的企业需要符合一系列要求，包括生产设施的卫生条件、原料的来源和质量控制、生产工艺的控制和记录等[4]。

3. 在销售和使用标准方面，巴西规范农业微生物产品销售使用，保障农民消费者权益

巴西《农业微生物产品销售和使用管理规范》规定了农业微生物产品的销售和使用标

---

[1] Joacir D. N., Kelly C. G., Nayma P. D., et al.. Adoption of Bacillus thuringiensis-based biopesticides in agjiushiricultural systems and new approaches to improve their use in Brazil.Biological Control，2022，165：104792.

[2] Brazil Biopesticides Market SIZE & SHARE ANALYSIS - GROWTH TRENDS & FORECASTS UP TO 2029 Source：https://www.mordorintelligence.com/industry-reports/brazil-biopesticides-market.

[3] Brazil's Anvisa issues subject code for expedited microbial registrations. Crop Science，（2023-11-08）. https://globalregulatorypartners.com/brazils-anvisas-medical-devices-for-in-vitro-diagnosis-regulation-rdc-830-2023-comes-into-force-in-june-2024/#:~:text=Brazil%E2%80%99s%20Anvisa%20updated%20regulation%20for%20medical%20devices%20RDC.

[4] Brasil, Ministério da Agricultura, Pecuária e Abastecimento. 2018. Regulamento para a Produção de Produtos Microbianos de Uso Agrícola. https://www.dgadr.gov.pt/agricultura-e-producao-biologica/regulamentos-da-uniao-europeias/reg-848-2018#:~:text=Regulamento%20%28UE%29%202018%2F848%20do%20Parlamento%20Europeu%20e%20do,%28CE%29%20n.%C2%BA%20834%2F2007%20do%20Conselho%2C%20%28vers%C3%A3o%20consolidada%2001-01-2022%29.

准。这些标准包括产品的包装、标识和说明要求，以及使用产品的方法和注意事项。这些标准旨在保护农民和消费者的权益，防止产品的误用和滥用。根据巴西农业部的数据，农业微生物产品的销售和使用需要遵守一系列规定，包括产品的标识、说明书的提供、使用方法和注意事项的提示等。

4. 在监督和检查方面，巴西农业部负责督查产品质量和安全，确保遵守相关标准规定

巴西农业部和相关机构对农业微生物产业进行监督和检查，确保企业和农民遵守相关的标准和规定。他们定期进行现场检查和抽样检测，确保产品的质量和安全。根据巴西农业部的数据，对农业微生物产品进行的检查包括对生产设施的卫生条件、原料和成品的检测等。

（三）技术清单

1. 菌株筛选和改良提升农业应用潜力

巴西农业微生物产业致力于筛选、改良和开发具有农业潜力的微生物菌株以及应用技术。2009年，巴西在研发微生物参考材料方面取得了较大的进展，成立了提供参考菌株（微生物参考物质主要以参考菌株为代表）的实验室，并对参考菌株的传代培养提出了实用的建议[1]。2018年，巴西农业研究公司（Embrapa）还成功地从巴西土壤中分离出一株具有植物生长促进和抗病特性的细菌，这为农业微生物产品的开发提供了潜在的菌株资源[2]。

2. 生产工艺优化提升产品质量和产量，实现高效节能与可持续发展

巴西农业微生物产业通过优化生产工艺，提高产品的质量和产量。巴西农业微生物研究公司通过改进发酵工艺，成功地提高了生产的拮抗性微生物农药的效能。该发酵工艺的优化包括培养基优化和发酵条件优化两个层面，培养基的优化指的是强化培养基中营养元素的需求，使基质可以快速转化为微生物生长需要的代谢产物，同时，培养基的酸碱平衡、温度、氧气含量和微量元素配比也是优化的重点；发酵条件的优化是指通过调节温度、pH值、氧气含量、搅拌速度等以提升于微生物的生长速度、代谢能力和代谢途径。这种优化工艺不仅提高了微生物产品的市场竞争力，还降低了生产成本[3]。致力于微生物产业的可持续发展，高效节能、发酵污染减少、产物提纯度高和筛选途径的多样化是巴西政府在微生物产品生产工艺优化方面擘画的蓝图。

---

[1] Rosas C O, Rodrigues J M, de la Cruz M H C, et al. Microbiological reference material（bacterial and fungal domains）: Definition, production rules, use and need for establishment in Brazil. Brazilian Journal of Food Technology, 2019, 22: e2017208.

[2] Machado D C, Maia C M, Carvalho I D, et al. Microbiological quality of organic vegetables produced in soil treated with different types of manure and mineral fertilizer. Brazilian Journal of Microbiology, 2006, 37（4）: 538-544.

[3] Qiu D W. Research progress and prospect of bio-pesticides. Plant Protection, 2013, 39（5）: 81-89.

3. 建立微生物资源库提升产业创新与竞争力，实现农业可持续发展

建立微生物资源库是巴西农业微生物产业战略规划的重要举措之一。微生物资源库可以收集、保存和管理各类农业微生物资源，并基于此建立数据库和信息平台，为科研和微生物产品开发提供有力支持，从而提高农业微生物产业的创新和竞争力。2008年，巴西科学技术部实施了加强重组科学发展的重要战略，成立了国家科学技术研究院，并提出系统研究巴西微生物资源是研究院需要关注的新重点领域。2017年，巴西农业研究公司的Johanna Döbereiner生物资源中心成立，用以收藏农业重要微生物。2019年底，巴西农业部、畜牧部及供应部与巴西农业研究公司（Embrapa）农业资源与生物技术研究所签署了一项直接执行条款，目标是发掘巴西农业研究公司基因库中存储的微生物资源的潜力，以促进政策的实施，如国家生物投入计划，该计划旨在促进巴西农业中自然资源和生物资源的利用[①]。

4. 技术评估和认证确保质量与安全

巴西农业部和相关机构对农业微生物产品进行严格的技术评估和认证，确保产品的质量和安全。这些评估和认证包括对产品的活性、稳定性和安全性的测试和评估。2012年，巴西国家计量研究所、质量与技术部制定了标准NIT-DICLA-061:2012，该标准描述了BRC在微生物领域开展的标准物质生产活动的认证要求[②]。

（四）重点布局

1. 育种重氮菌株以加强玉米的氮供应

禾本科作物维持产量对氮肥的需求量很大，但由于其应用结果尚不确定，接种重氮菌仍然很少使用。巴西农业研究公司资助"育种重氮菌株以加强玉米的氮供应（2023—2026年）"，以培养将来能够应用于巴西农业综合企业的关键禾本科植物，项目主要应用基因工程技术来实施重氮菌株的育种，以加强玉米中氮的供应。因此，有望开发具有潜在经济和环境优势的生物投入，从而有助于减少这些作物对化学氮肥的依赖。项目目标是获取突变菌株并研究其氮代谢的可能变化，并验证这些菌株在玉米植株中接种对植物生长和通过BNF供应氮的影响。

2. 非乳制品的益生菌菌种开发

益生菌食品有助于肠道菌群的平衡，并提供相关的健康益处。巴西农业研究公司资助"应用于非乳制品的益生菌菌种（2021—2024年）"，旨在从Embrapa先前分离和选择的天然乳酸菌菌株中开发用于非乳制品的益生菌培养物。项目行动包括根据与维索萨联邦大学合作进行的人类临床试验，经评估被认为是最有前途的作物的益生菌之一，并验证其在

---

① Santos V S, Nogueira M A, Hungria M. Microbial inoculants: reviewing the past, discussing the present and previewing an outstanding future for the use of beneficial bacteria in agriculture. Applied Soil Ecology, 2019, 147: 103376.

② AdAlberto Pessoa-Jr, Inês Conceiçao Roberto, Marcelo Menossi, et al..Perspectives on Bioenergy and Biotechnology in Brazil. Applied Biochemistry and Biotechnology, 2005, 121: 59–70.

植物产品中的应用。一旦确认了在非乳制品中的技术适用性和对人体的益生作用，用天然菌株生产的菌种可以配置为第一个用于非乳制品食品的国家益生菌菌种，以Embrapa品牌在市场上销售。

3. 土壤腐殖质和植物残留物的化学计量学

农业土壤具有最大的碳封存潜力，特别是那些生产缺口大和/或历史上遭受大量碳损失的土壤。巴西农业研究公司资助"腐殖质和植物残留物的化学计量学作为提高农业土壤碳含量增加的策略（2021—2024年）"，旨在增加土壤有机质的农业实践，通过在土壤中封存碳来缓解气候变化。项目目标是获得土壤质量清单，并应用化学计量比的概念作为提高塞拉多耕地土壤腐殖化和碳增加的策略。目的是通过施肥的形式补充化学元素，为土壤中碳的储存提供条件，考虑到有机质的腐殖化过程取决于微生物群的养分供应，可采用施肥的形式补充化学元素。

八、以色列

以色列一直以其先进的农业技术和创新闻名，微生物产业在农业中的应用可以提高土壤质量、植物生长和作物产量。以色列农业微生物产业规划旨在通过创新技术的研发、跨部门的合作项目、广泛的培训和教育措施，推动微生物产品在农业中的广泛应用。通过建立示范项目展示技术效果、制定监管标准确保产品质量和安全，以及提供财政支持激励农民采用这些技术，以色列计划建立一个可持续发展的农业微生物产业。同时，通过国际合作分享经验，促进全球农业微生物产业的共同进步。

（一）战略规划

以色列农业微生物产业相关的政策主要包括研发和创新支持，政府通过提供研发资金、科研补助或税收激励等方式，鼓励企业从事农业微生物领域的研究和创新。以色列在发展农业微生物产业的同时，也非常注重环境保护和农业的可持续性，通过微生物技术减少化肥和农药的使用，降低对环境的污染。

仅在2021年，全球在发酵技术领域的投资就达到16.9亿美元，比2020年增长285%。相比之下，在2013—2021年，该领域的投资总额仅为28.1亿美元。发酵技术是替代蛋白质领域的重要组成部分，既可以单独用于制造食品工业的蛋白质和其他营养素，也可以作为培养指定和重要营养素的重要方法，以丰富植物性肉类和乳制品替代品[①]。值得注意的是，以色列用于替代蛋白开发的大约90%的资金是2020年初以来分配的，这进一步证明了以色列这一领域的发展。

全球微生物农药市场在2021年的价值为14.202 1亿美元。它是由天然存在的真菌、病毒或细菌组成的农药。微生物杀虫剂通常用于针对特定的害虫。由于天然细菌、真菌和病毒的存在多样，微生物农药在研发方面非常具有成本效益，并且比化学杀虫剂毒性

---

① Israel Innovation Authority. 微生物发酵获取营养物质的基础设施.（2023-01-03）[2023-09-24]. https://innovationisrael.org.il/en/press_release/infrastructure-for-fermentation-of-microorganisms-for-nutrients/

小[①]。以色列化学公司，以色列博塔诺卡普公司是微生物行业的主要参与者。微生物农药作为一种杀虫剂，通过使用天然的有机方法而不是化学品来杀死虫子，或者最好使它们远离农作物。然而，该领域相对较新，到目前为止，还没有足够强大的生物农药来处理整个农作物的生长周期。生产生物农药的技术多种多样，例如使用植物提取物开发可应用于植物和作物的有机化学品，以及使用基于从植物中提取的细菌、真菌和酵母的微生物生产的生物农药[②]。

农业作物的产量不断增长和有利的政府政策正在促进2023—2027年的以色列肥料市场的增长。根据肥料来源，市场分为有机肥料、合成肥料和生物肥料。在以色列化肥市场运营的主要公司是：绿色生命能源公司集团，以色列化工有限公司，成长集团以色列有限公司，海法内盖夫科技有限公司，伊斯拉韦贸易公司[③]。

微生物燃料是通过微生物的作用，将有机物转化为电能或化学能。可用于生产清洁能源或者净化环境。以色列特拉维夫大学能源研究中心利用微生物燃料电池（MFC）技术催生了一种新型的可再生能源，即由原本被视为废物的材料产生的电力。该技术使用废水中已经存在的细菌作为发电的催化剂，同时处理废水。虽然MFC产生的能量比氢燃料电池少，但电力生产和废水处理的结合有效地降低了初级污水处理的成本[④]。

（二）监管制度

在以色列，食品领域受到卫生部监管，主要立法包括1998年的《消费者保护令》（食品标记和包装），根据该命令，预包装食品的标记将按照标准协会第1145号标准进行，这是一项广泛的"屋顶"标准，规定了预包装食品的一般标签说明。除此之外，还有2015年《公共卫生保护法》，1993年《公共卫生条例（食品）（食品标记）》，1996年《公共卫生条例（食品）（麸质标记）》，1999年《公共卫生条例（食品）（标记母乳代用品）》[⑤]。

对于农药方面的标准为《公共卫生保护（食品）（农药残留）条例》1991—2017[⑥]，农业和公共卫生中使用的杀虫剂占以色列使用的所有化学品的主要部分。为了维护环境健康和安全，这些农药的使用受到密切监控。农业部植物保护和检验处负责监督用于植物保护的农药的注册和控制，这些农药占以色列使用的农药的绝大多数。农业部兽医服务部

---

① Data Bridge Market Research. 全球微生物农药市场——2029年的行业趋势和预测. https://www.data-bridgemarketresearch.com/reports/global-microbial-pesticides-market.

② STK. Israeli biopesticides. [2023-09-23].https://stk-ag.com/isrl-biopesticides/.

③ Linkedin. 以色列化肥市场-分析、份额、趋势、需求、规模、机会和预测.（2023-03-23）[2023-09-23]. https://www.linkedin.com/pulse/israel-fertilizer-market-analysis-share-trends-demand-varun-kp.

④ Energy Research Center, Tel Aviv University. 微生物燃料电池——污水处理的新途径. https://energy.tau.ac.il/Storage-a-Management/res/Rishpon.

⑤ Israel Ministry of Health.食品标签和营养标签.（2022-12-10）[2023-09-23] https://www.gov.il/en/Departments/Guides/food-labeling.

⑥ Israel Gov.《公共卫生保护（食品）条例》. [2023-09-23] https://www.gov.il/he/departments/legalInfo/health-mazon29a.

使用相同的程序登记兽医用农药。农业部和卫生部负责农药残留监测[①]。在临时批准有限使用后，农药登记程序的起始阶段是为期2年的农药测试和调查。由环境保护、卫生、工业、贸易和劳工等多个部委的代表以及消费者代表组成的咨询委员会在收集到全面的毒理学数据后决定是否批准该产品进行最终注册。在评估材料时，会考虑环境影响、耐用性、地下水风险。

（三）技术清单

农业微生物可有效缓解资源短缺、粮食需求、生态环境污染等压力，主要表现在利用微生物技术处理，实现废弃物的无害化和再利用，改善农业生态环境，实现农业可持续发展[②]。同时，微生物农业是具有高科技生物工程内涵的"发酵工程"和"酶工程"，可以实现农产品的工厂化生产，缓解粮食紧缺的矛盾。农业微生物产业主要包括微生物饲料、微生物肥料、微生物农药、微生物能源、微生物食品、微生物环境保护剂等方面。

1. 微生物农药苏云金芽孢杆菌和晶体蛋白通过破坏昆虫细胞膜诱导害虫死亡

获得的苏云金芽孢杆菌（Bt）和晶体蛋白（Cry）是最早被认可的商用天然杀虫剂，在以色列农业中广泛使用。Cry原毒素被昆虫的类胰蛋白酶、肠道蛋白酶溶解和裂解，形成与特定细胞膜受体相互作用的N末端活性毒素。形成非选择性离子通道，通过破坏膜的选择性与渗透性，以及细胞电解质平衡导致细胞死亡。

2. 利用畜禽粪便研发微生物肥料

以色列在动物畜禽粪便综合利用方面开展了大量的工作，以色列的一项发明最初旨在将动物粪便转化为无味粉末，正在作为畜牧场和屠宰场的解决方案进行试点。Paulee CleanTec公司的低成本化学工艺将排泄物转化为富含钾的有机肥料，没有病原体和气味[③]。

3. 发酵技术研发替代蛋白质产品

以色列创新局呼吁建立一个研发发酵基础设施用于替代蛋白质领域，包括肉类、乳制品和鸡蛋的植物性替代品、培养乳制品、由细胞制成的肉类和海鲜，以及各种发酵工艺和产品。在替代蛋白质的类别中，创新局选择了具有最高市场增长潜力的发酵蛋白质，并且对于多家公司来说，利用共享研发设施的能力最大。

（四）重点布局

1. 替代蛋白基础设施项目以发展植物性替代食品为总体目标，增强国家在替代蛋白质领域的生态系统和竞争力

以色列创新局宣布建立一套微生物发酵而不是动物性产品的替代蛋白基础设施。以色

[①] GPC Israel 以色列各个部门实施监管. https://www.gpcgateway.com/common/regulation/NDE-/SXNyY-WVs/Mw--.

[②] 知乎.农业微生物：微米体态，撬动千亿市场. https://zhuanlan.zhihu.com/p/446632015.

[③] Israel21c.A no BS answer to the world's massive manure problem. （2021-02-18）[2023-09-23] https://www.israel21.org/a-no-bs-answer-to-the-worlds-massive-manure-problem/.

列创新局选择了食品技术发酵研发中心YDLabs，建立永久性的微生物发酵实验室。作为以色列创新局领导的以色列国家行动计划的一部分，保持和扩大其在替代蛋白质领域的发展生态系统的实力[①]。一般发酵技术和精确发酵（使用微生物宿主作为生产特定功能成分的"细胞工厂"）是该领域的重要组成部分，既是制造食品工业蛋白质和其他营养素的手段，也是制造培养蛋白质和成分的专用和重要营养素的主要方法，以丰富植物性肉类和乳制品替代品[②]。以色列创新局表示，以色列已将食品科技行业标记为研发重点，到2030年，该行业可以为经济带来55 000个高薪工作岗位。

创新、科学和技术部将与农业部和以色列优质食品研究所合作，加强资金投入用于研究，以寻找替代蛋白质作为肉类、鱼类、牛奶和鸡蛋的替代品。根据以色列农业部门技术实施部最近签署的战略协议，创新、科学和技术部与农业和农村发展部以及以色列全球森林发展倡议合作，公布了一项替代蛋白质领域的研究资助方案，其中将向300个项目提供资金，为期两年。此举可能会极大地提高以色列的竞争能力，并将其置于该领域全球知识和研究的最前沿[③]。

2. 投资绿色农业，将农业废物转为资源，实现可持续农业发展

农业部将投资超过40万新谢克尔用于一项广泛而全面的计划，以促进绿色和可持续农业。农业生产过程中每年产生的废物量估计约为7万吨，包括：植物废物，动物有机废物（粪便、尸体），塑料布，农药包装。作为农业和农村发展部实施可持续工作方法的持续努力的一部分，该部正在发布一项广泛的计划，以支持和促进绿色农业，这将减少对自然资源（土地、水等）的压力，并将农业生产过程中产生的废物从滋扰变成资源[④]。

3. 作物的肥料替代品"生物活化剂"替代化肥，减少碳排放和水耗，降低成本

以色列公司研究基于自然的作物肥料替代品，格雷斯育种公司表示，将其植物性"生物活化剂"与土壤细菌相结合，可以减少对有害合成氮的需求，减少碳排放、用水和农民成本。格雷斯育种公司正在做的是使用小麦和玉米等谷物，它们不是豆类，并准备让它们与根瘤菌相互作用并从中受益，就像豆类一样，即使从生理上讲，它们没有相关的基因[⑤]。

---

① Food Ingredients First. Israel to expand alt-protein and fermentation scope with US$13.8 M investment. （2023-06-20）[2023-09-23]. https://www.foodingredientsfirst.com/news/israel-to-expand-alt-protein-and-fermentation-scope-with-us138 m-investment.html#: ~ :text=20%20Jun%202023%20---%20The%20Israel%20Innovation.

② Jerusalem Post. 以色列宣布替代蛋白质开发基础设施. （2023-01-03）[2023-09-23]. https://www.jpost.com/business-and-innovation/all-news/article-726569.

③ Israel Gov. 农业创新战略计划已经出台！https://www.gov.il/he/departments/news/alternative_protein.

④ Israel Gov.扩大和包容性的计划旨在促进绿色和可持续农业. https://www.gov.il/he/departments/news/40 milliongreenagri.

⑤ The Times of Israel.以色列公司基于天然的作物肥料替代品. （2023-02-13）[2024-09-23]. https://www.timesofisrael.com/israeli-company-touts-nature-based-alternative-to-toxic-fertilizers-for-crops/.

第二章

全球农业微生物基础与前沿技术研究

本章基于Web of Science™核心合集数据库的论文数据，利用文献计量、共词分析、主题聚类、机器学习等情报学分析方法以及Python语言、pyLDAvis可视化技术等工具，结合LDA主题模型识别、Word2Vec词表等模型与算法，对农业微生物领域基础与前沿技术进行深入分析与研究，对领域内的研究前沿与研究热点进行识别。检索日期为2023年11月13日。考虑到数据库收录与论文发表的时间差，因此2023年的论文数量尚不完整，不能完全代表该年份的趋势。本章统计数据均是如此，后文不再赘述。

一、全球农业微生物领域发文趋势分析

截至2023年11月13日，在SCI-E数据库中检索到全球农业微生物领域相关论文共39 487篇，其中中国农业微生物领域相关论文共10 448篇。全球及中国农业微生物领域年度发文趋势如图2.1所示，可以看出，无论在全球或是单从中国来看，农业微生物领域相关论文的数量均呈现整体上扬的态势，可阶段性分为萌芽期（1975—1990年）、初步成长期（1991—2012年）和快速成长期（2013年至今）。

1990年以前，农业微生物有萌芽式的发展或被提及。全球第一篇相关论文1975年发表于 Journal of Bacteriology，题名为"Phospholipid composition and cardiolipin synthesis in fermentative and nonfermentative marine bacteria"，文章通过色谱法验证了大多数非发酵分离株中缺乏心磷脂，并讨论了心磷脂的存在与Mg^{2+}生长需求之间的可能相关性。中国第一篇相关论文是1995年中国科学院马俊才等发表的"A handy database for culture collections worldwide - CCINFO-PC"，文章描述了世界菌种保藏联合会（World Federation for Culture Collections，WFCC）世界微生物数据中心开发的全球菌种收藏的便捷数据库CCINFO。1991年全球农业微生物领域发文量首次突破100篇，2023年全球发表相关论文共4 041篇，中国为1 871篇，约占全球发文量的46.3%。

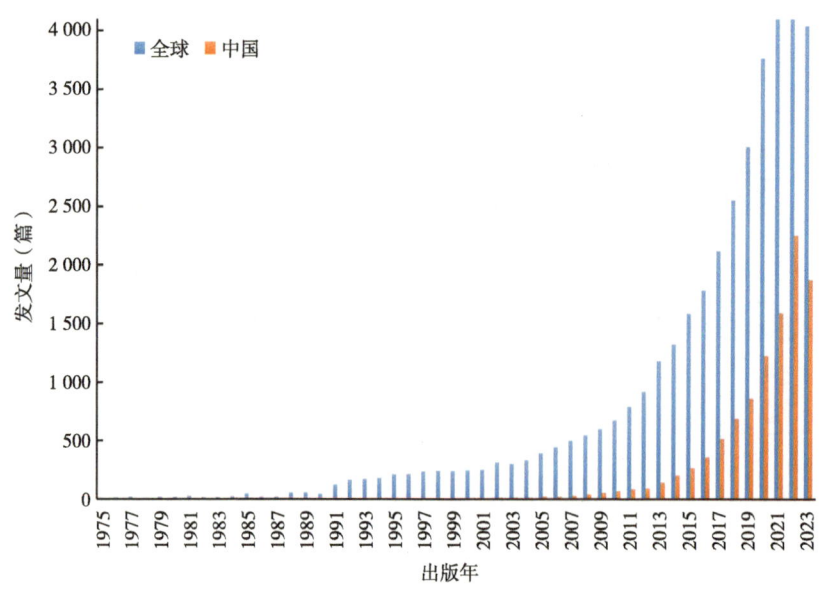

图2.1　全球及中国农业微生物领域年度发文趋势

二、主要研究分支主题分析

（一）主要研究分支发文分布

图2.2展示了农业微生物研究分支的论文分布情况，农业微生物研究分支主要涉及宏基因组、微生物组、发酵、信号分子发现、微生物工厂、微生物分类、进化、合成生物学、菌株收集与保藏、细菌—真菌互相作用、微生物培养、合成菌落、微生物育种及代谢组研究。

从技术分析整体来看，宏基因组相关发文最多（11 975篇），占比约30.3%，这部分论文主要是关于全基因组组装来补充以基因为中心的宏基因组数据相关研究；微生物组相关发文（11 291篇）占比约28.6%，这部分论文主要是全面评估农作物微生物组的结构和功能；发酵相关发文（8 689篇）占比约22.0%，这部分论文主要是研究广泛应用于食品、医药、农业、环保等领域的微生物发酵技术；信号分子发现相关发文（4 009篇）占比约10.1%，这部分论文主要是关于可以调控农业微生物的信号分子的相关研究；微生物工厂相关发文（1 384篇）占比约3.5%，这部分论文主要是对基于农业微生物的细胞工厂的相关研究；微生物分类、进化相关发文（1 251篇）占比约3.2%，这部分论文主要是对微生物的分类方法和进化机理的相关研究；合成生物学相关发文（856篇）占比约2.2%，这部分论文主要研究基因组设计和合成的新技术以及更有效的分子工具等；菌株收集与保藏相关发文（648篇）占比约1.6%，这部分论文主要研究农业微生物资源的保护、共享和持续利用；细菌—真菌互相作用相关发文（347篇）占比约0.8%，这部分论文主要研究细菌—真菌互相作用对宿主的调控作用；微生物培养相关发文（156篇）占比约0.4%，这部分论文主要研究农业微生物种质资源培养；合成菌落相关发文（103篇）占比约0.3%，这部分论文主要研究构建人工合成微生物群落；微生物育种相关发文（86篇）占比约0.2%，这部分论文主要研究微生物在育种中的作用；代谢组相关发文（1篇），这部分论文主要对细胞代谢物等进行分析。

从研究分支的发文分布可以看出，目前农业微生物领域的科学研究多集中于宏基因组、微生物组、发酵、信号分子发现、微生物工厂、微生物分类、进化、合成生物学的相关研究，菌株收集与保藏、细菌—真菌互相作用、微生物培养、合成菌落、微生物育种及代谢组相关研究较少。为实现农业微生物整体技术的共同发展，应该加强微生物培养、合成菌落、微生物育种及代谢组的相关研究，为全面评估农作物微生物组的结构和功能提供基础。

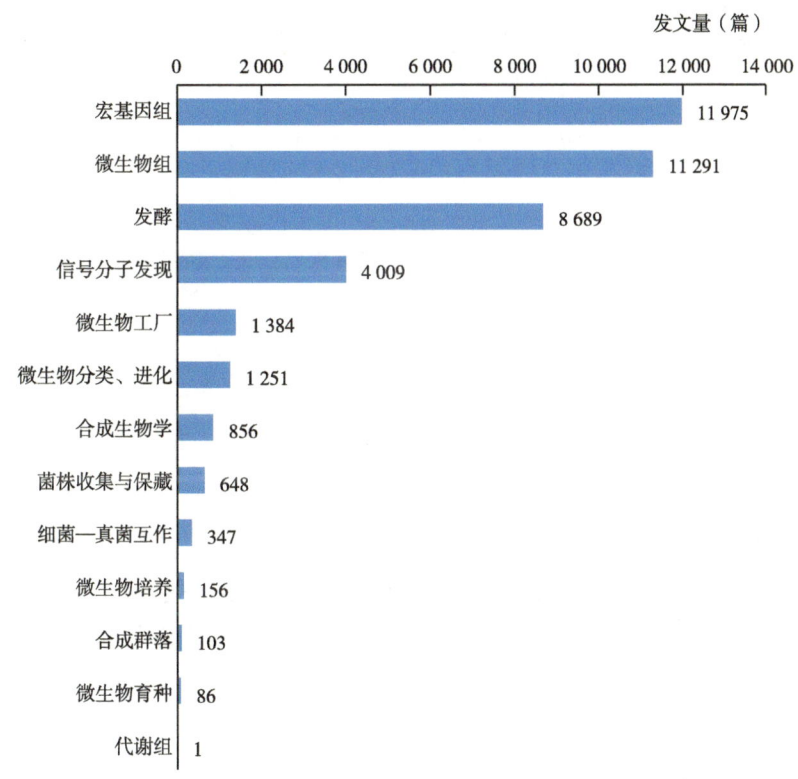

图2.2　全球农业微生物领域发文研究分支分布

（二）主要研究分支发文趋势分析

全球农业微生物研究分支最早的一篇文章是由Desiervo等于1975年发表的，文章综述了发酵性和非发酵性海洋细菌中的磷脂组成和心磷脂合成，属于发酵研究方向。图2.3和图2.4展示了全球农业微生物研究分支各方向的发文趋势，可以看出各个研究分支的年度发文量整体都呈现增长趋势，菌株收集与保藏、细菌-真菌互相作用、微生物培养、合成菌落、微生物育种及代谢组方向研究布局不多；2010年后由于农业微生物开始受到广泛关注和发展，宏基因组、微生物组、发酵、细菌-真菌互相作用相关的年度发文在2010年后有明显的上扬态势。

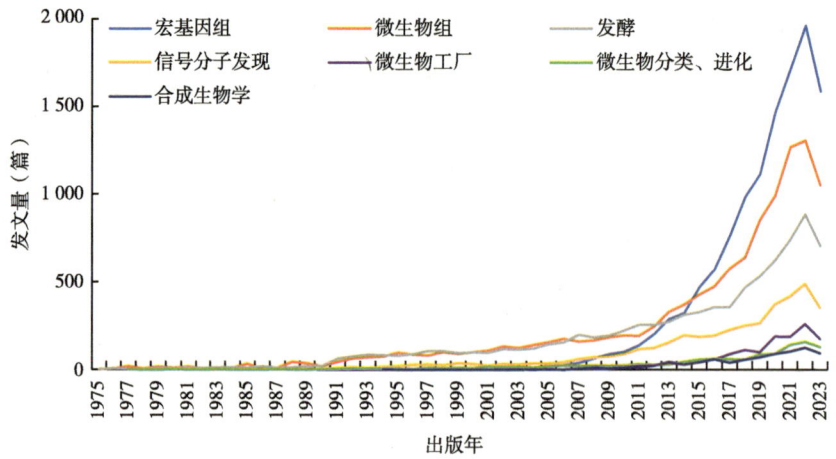

图2.3　全球农业微生物研究分支发文趋势（1）

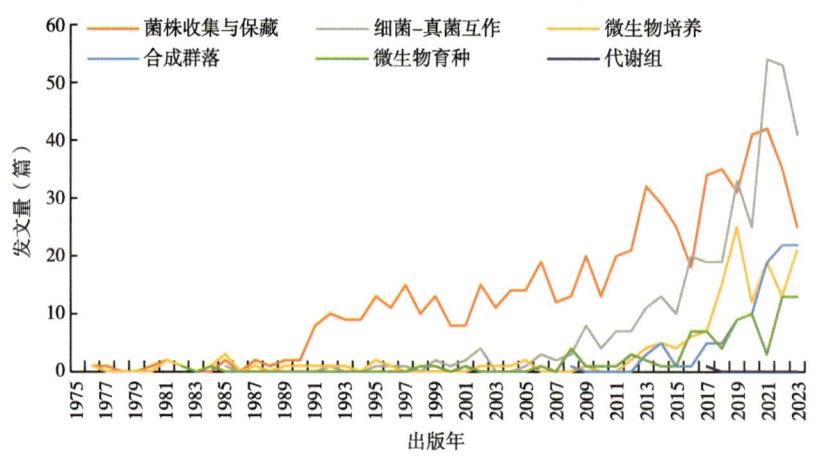

图2.4　全球农业微生物研究分支发文趋势（2）

三、主要国家/地区分析

（一）主要国家/地区发文分布

全球农业微生物领域主要发文国家/地区分布如图2.5所示，可以看出中国（10 448篇）、美国（10 397篇）、德国（2 784篇）、英国（2 292篇）、法国（2 015篇）分列发文量的前五位，此外，日本、西班牙、加拿大、意大利、印度也在该领域有较多的研究布局，排名前十位的国家共发文35 827篇，占比约68.36%，说明该领域的发文相对较集中。

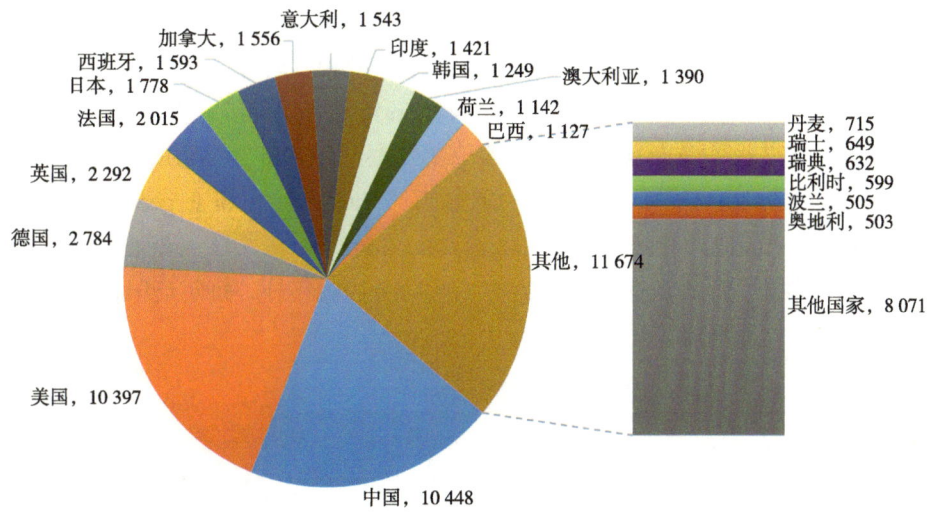

图2.5 全球农业微生物领域发文主要来源国家/地区分布（单位：篇）

（二）主要国家/地区发文趋势分析

全球农业微生物领域排名前五位的国家年度发文趋势如图2.6所示，可以看出自从国家支农力度加大、农业发展形势好、农村面貌变化快、农民得到实惠多的"十一五"时期，中国在该领域的发展极为迅速。2011年李俊等编写的《农业微生物研究与产业化进展》出版，文中阐明农业微生物产业化也是以后国家支持发展的重要生物领域之一，2011年后的发文量呈快速上升态势。我国"十四五"规划纲要中加强种质资源保护利用和种子库建设等内容，说明农业微生物产业作为种业、生物技术的重要环节，已经纳入国家层面的发展规划。之后近几年来中国在该领域的发文量有绝对的优势，2022年发文量达到2 255篇，是排名第二位的美国（1 016篇）的两倍有余。

美国作为在该领域研究起源最早的国家，在1975年就有相关论文产出，该文章标题为"Phospholipid composition and cardiolipin synthesis in fermentative and nonfermentative marine bacteria"，是由美国缅因大学微生物系的研究者发表于 *Journal of Bacteriology* 期刊，文章讲述的是发酵性和非发酵性海洋细菌中的磷脂组成和心磷脂合成相关研究。此后美国在农业微生物领域每年都有相关论文产出，发文数量整体呈现稳定上升的态势。法国和德国在该领域的研究起源也较早，法国1976年产出的第一篇相关论文为里尔科技大学的研究者发表于 *Annales De Microbiologie* 期刊，题名为"Influence of air enriched with oxygen injection on bacterial yield during fermentation and correction of anti-foam effect"，文章说明了注入富含氧气的空气可防止细菌生长中断，此后的几年法国在该领域除1979—1981年和1983年外，每年都有相关论文产出，至1992年后逐渐呈现逐年上升的态势。德国1976年产出的第一篇相关论文为维尔茨堡大学的研究者发表于 *Zentralblatt Fur Bakteriologie Mikrobiologie Und Hygiene Series A-Medical Microbiology Infectious Diseases Virology Parasitology* 期刊，题名为"Use of nesslers reagent for recognition of lysine, ornithine, and arginine decomposition by gram-negative fermentative bacteria",文章主要是使用纳氏试剂识别革兰氏阴性发酵菌分解赖氨酸、鸟氨酸和精氨酸的相关研究,此后的几年德国在该领域除1980年和1981年各有一篇外,直到1985年才陆续有相关论文产出,至2005年后呈现逐年上升的态势。英国在该领域最早的一篇论文发表于1977年,由莱斯特大学的Sneath,Pha等发表于*Fems Microbiology Letters*中,题名为"Maintenance of large numbers of strains of microorganisms, and implications for culture collections",该文章主要是关于大量微生物菌株的保存以及培养物收藏的影响因素研究。此后除1982年外,每年英国在该领域均有文章产出,年度发文呈现较稳定的态势。

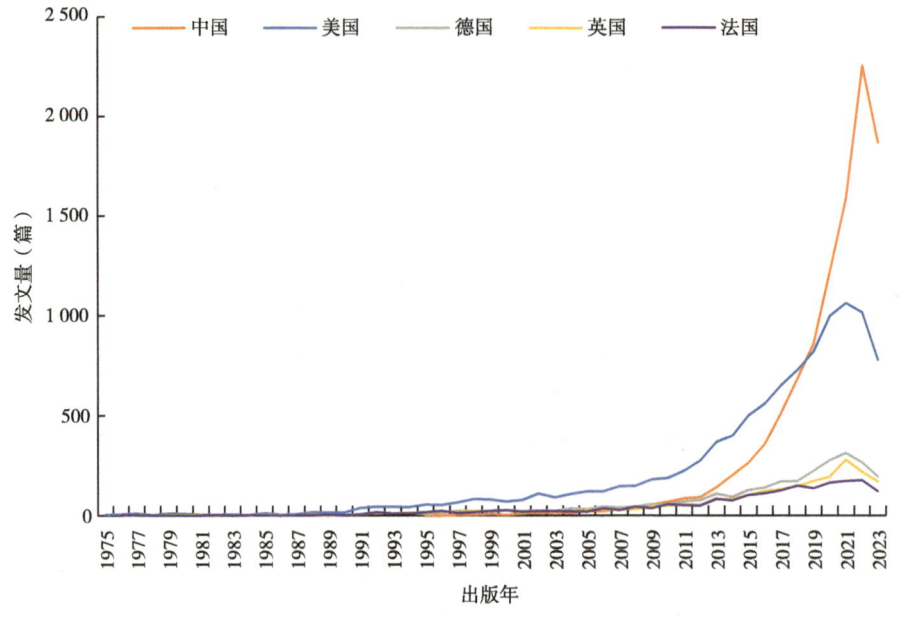

图2.6 全球农业微生物领域TOP5国家/地区发文趋势

(三)主要国家/地区重点研究方向布局

全球农业微生物领域排名前五位的国家研究分支布局如图2.7所示,可以看出宏基因组、微生物组、发酵、信号分子发现是各国布局较多的研究方向。其中宏基因组是中国布局较多的研究方向,中国在该方向的论文产出占其论文总数约47.5%;微生物组是美国和德国布局较多的研究方向,在该方向的论文产出占各自论文总数约39.6%(美国)和31.8%(德国);英国和法国在宏基因组和微生物组的研究布局相当,两国在这两方向的论文产出均占各自论文总数约30%。各国在发酵和信号分子发现方向也有较多研究布局,其中美国在信号分子发现方向的发文为1 144篇,为该方向发文量最多的国家;德国在信号分子发现方向的发文为510篇,仅略低于论文总量排名第一位的中国。此外,中国在宏基因组、发酵、微生物工厂、微生物育种等方向均有较明显的优势。值得一提的是,排名前五位的国家在代谢组方向均没有文章产出,说明该方向目前还存在研究空白点。

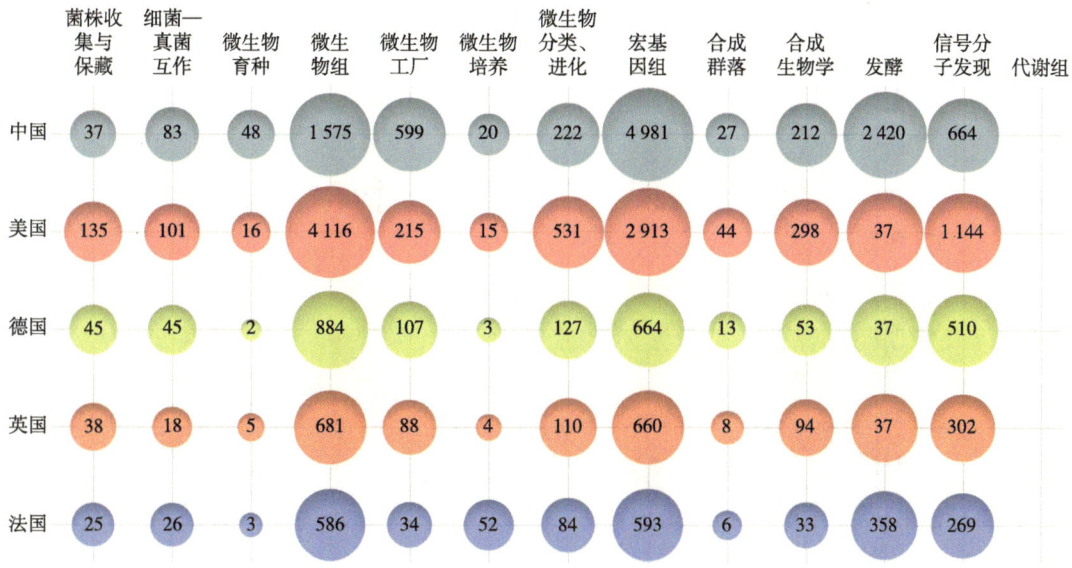

图2.7 全球农业微生物领域TOP5国家/地区研究分支分布（单位：篇）

（四）主要国家/地区高质量论文分析

本节分析的高质量论文包括高被引论文和热点论文，如下定义：将超过全球农业微生物领域论文被引次数基线（平均被引次数）的论文定义为该领域的高被引论文；将在全球农业微生物领域最近两年（2022—2023年）发表的论文被引用次数超过被引基线（平均被引次数）的论文定义为该领域的热点论文。根据以上定义，本节中全球农业微生物领域共发表39 487篇论文，在WOS核心合集中共被引用1 396 740次，平均被引329 697/10 961≈35.37，因此将该领域被引频次大于等于36次的论文定义为高被引论文。本节中全球农业微生物领域2022—2023年共发表9 104篇论文，在WOS核心合集中共被引33 238次，平均被引33 238/9 104≈3.65，因此将该领域2021—2023年发表的被引频次大于等于4次的论文定义为热点论文。高质量论文即为高被引论文和热点论文去重后的合集。

图2.8展示了全球农业微生物领域排名前五位的国家/地区高质量论文及占比，可以看出美国在该领域共产出高质量论文3 939篇（其中高被引论文3 411篇，热点论文549篇），排名全球第一。英国在该领域共产出高质量论文906篇（其中高被引论文762篇，热点论文150篇），占比高达39.53%，占比排名全球第一，说明英国在全球农业微生物领域产出的论文质量较好、影响力较大，被广泛认可和引用。美国在该领域高质量论文占比排名第二，为37.89%，其次为德国（37.61%）和法国（37.02%）。中国在该领域共产出高质量论文2 857篇（其中高被引论文1 630篇，热点论文1 270篇）。中国虽然在该领域的总发文量最高，但高质量论文占比却只有27.34%，说明中国在全球农业微生物领域论文的整体质量和影响力有待进一步提高。

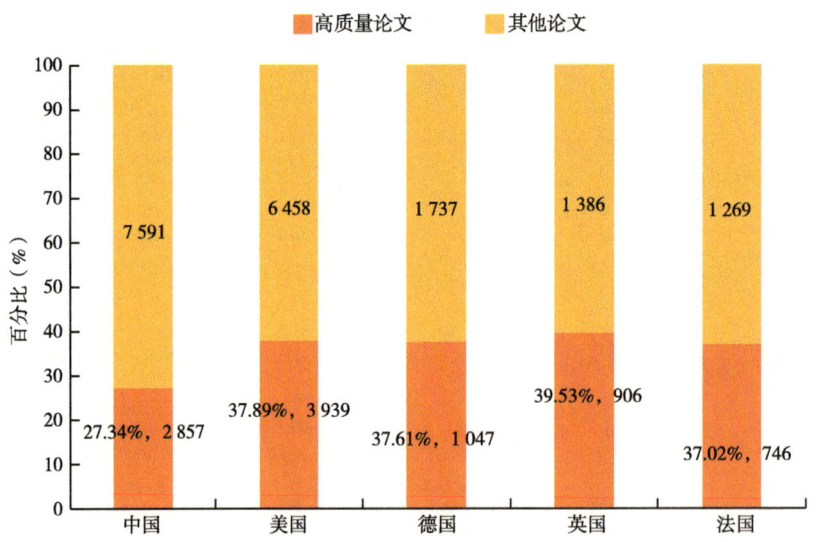

图2.8 全球农业微生物领域TOP5国家/地区高质量论文占比

四、重点机构分析

（一）全球与中国重点机构发文数量分析

全球和中国农业微生物领域发文量排名前十位的机构分布如图2.9所示，可以看出全球在该领域发文最多的机构为中国科学院，发文量为1 538篇，中国科学院成立于1949年，是中国最高的科研机构之一，拥有跨生物学、化学、农学、食品科学、生物工程等多个研究领域和多学科的研究团队，中国科学院南京土壤研究所、中国科学院地理科学与自然资源研究所、中国科学院东北地理农业研究所等在农业微生物的宏基因组、微生物组、发酵等领域有较多成果产出。全球排名第二的机构为浙江大学，发文量为415篇，浙江大学是中国教育部直属的综合性全国重点大学，学科专业涵盖农业资源与环境、生物医学、生物信息学等学科，并于1999年7月成立了农业与生物技术学院，因此其在农业微生物领域有较多的论文产出。美国的华盛顿大学在该领域发文为397篇，排名第三，华盛顿大学是一所世界著名的顶尖研究型大学，公立常春藤盟校之一，该校的农业学院是美国著名的农业研究和教育机构之一，其主要关注领域包括农业科学与技术、可持续农业、农产品加工与食品科学、土壤微生物学、植物—微生物相互作用等，因此其在农业微生物领域也有较多的论文产出。

除了以上三个机构，全球在该领域发文较多的机构还有中国农业科学院、中国农业大学、中国的南京农业大学、美国的加州大学戴维斯分校、丹麦的哥本哈根大学、中国的江南大学、美国的伊利诺伊大学等，排名前十位的机构中有六位均来自中国，说明中国相关科研机构在该领域的研究实力很强。从国内发文机构分布来看，中山大学、上海交通大学、西北农林科技大学和清华大学等高校在该领域也有部分研究布局。

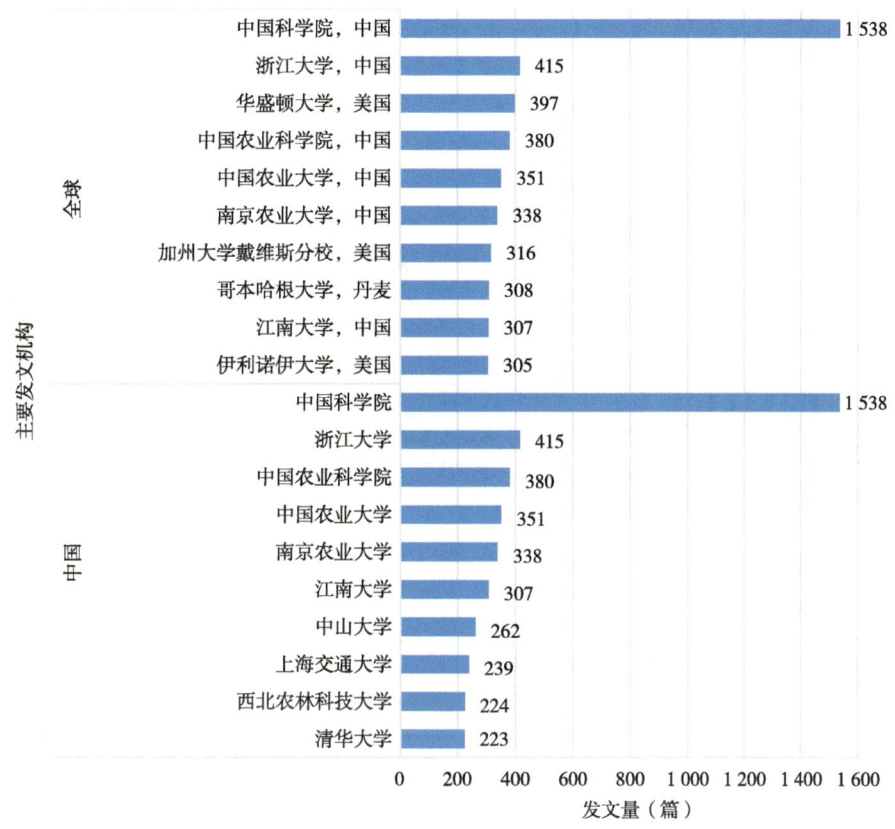

图2.9 全球及中国农业微生物领域发文TOP10机构分布

（二）重点机构发文趋势分析

全球农业微生物领域排名前十位的机构年度发文趋势如图2.10和图2.11所示，可以看出排名前十位的机构在该领域发表的所有文章中，发文最早的机构为美国的华盛顿大学，该研究院于1975年在 Proceedings of the american association for cancer research 上发表了题为 "Demonstration of unique and not common tumor specific transplantation antigens in polyoma virus-induced tumors" 的文章，描述了多瘤病毒诱导的肿瘤中的特异性移植抗原，此后该机构在农业微生物领域每年基本均有文章产出。中国科学院自1995年起在农业微生物领域有研究布局，最早的一篇文章题名为 "A handy database for culture collections worldwide - CCINFO-PC"，发表于 Computer Applications in the biosciences，讲述的是WFCC世界微生物数据中心（WDCM）开发的一个全球菌种收藏的便携数据库，此后中国科学院在农业微生物领域每年均有文章产出且呈现显著上扬的态势，其中2022年的年度发文量均为287篇，达到最高值。整体来看，各机构在该领域的发文均呈现波动上升的态势，相对于中国的机构，加州大学戴维斯分校、哥本哈根大学、伊利诺伊大学等国外机构在农业微生物领域的研究布局均较早。

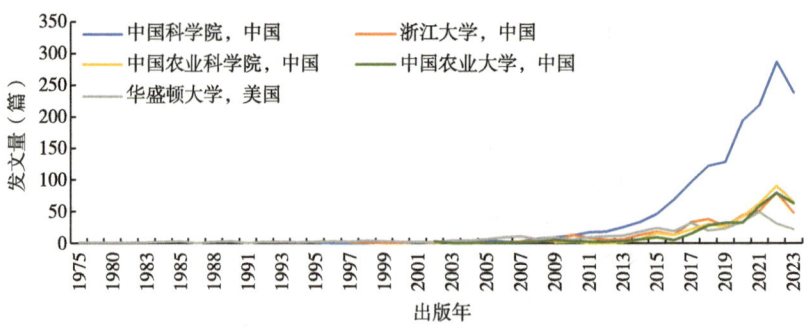

图2.10 全球农业微生物领域排名前五的机构发文趋势

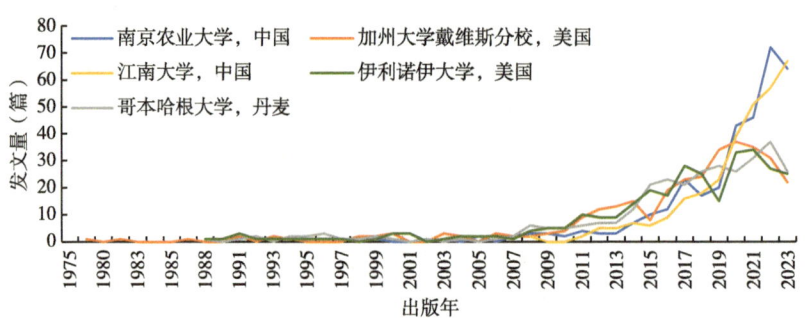

图2.11 全球农业微生物领域排名第六至第十的机构发文趋势

中国农业微生物领域排名前十位的机构年度发文趋势如图2.12和图2.13所示，可以看出除中国科学院作为国内在农业微生物领域发文最多的机构，在1995年最早发文后，浙江大学于1997年在 Chinese Journal of Chemical Engineering 上发表了题为"L-lactic acid fermentation in a rotating-disc contactor with simultaneous product separation by ion-exchange"的文章，主要讲述了旋转盘接触器（RDC）与丝状真菌米根霉（Rhizopusoryzae）进行L-乳酸发酵的过程，此后直至2009年前该机构在农业微生物领域的年度发文量均在5篇以下。此外，南京农业大学自1999年和中国农业大学自2002年起在该领域也有文献产出，也是国内功能领域发展起步较早的科研机构。整体来看国内各机构在该领域的发文均呈现波动上升的态势。

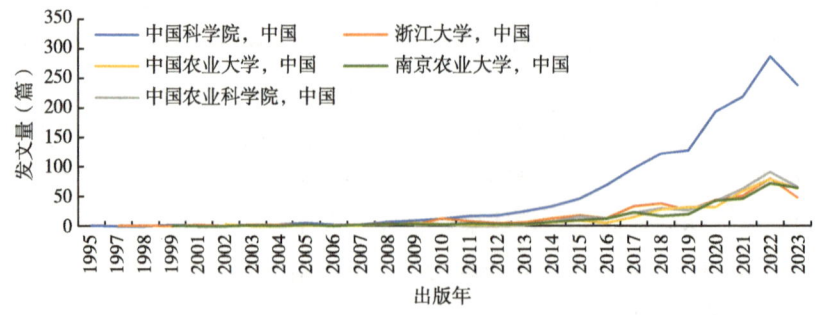

图2.12 中国农业微生物领域排名前五的机构发文趋势

第二章 全球农业微生物基础与前沿技术研究

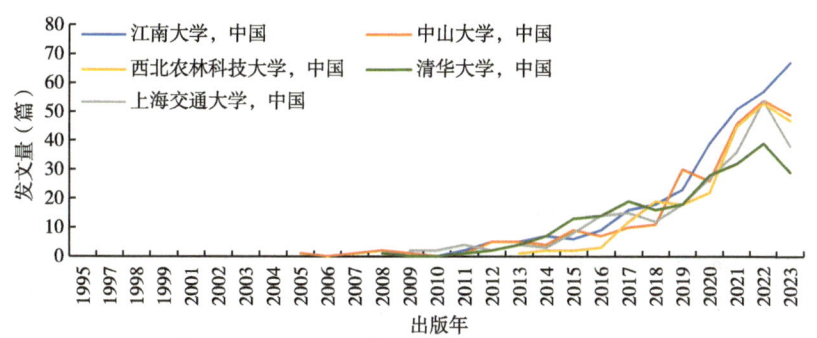

图2.13 中国农业微生物领域排名第六至第十的机构发文趋势

（三）重点机构研究方向布局

全球农业微生物领域排名前十位的重点机构研究分支布局如图2.14所示，可以看出宏基因组是大部分机构均布局最多的研究方向，其次为微生物组和发酵。美国的华盛顿大学在微生物组研究分支的发文数大于宏基因组的发文数。华盛顿大学在该领域的发文集中于微生物组，发文量为214篇，排名为该研究分支发文量的全球第一。此外，江南大学在微生物工厂研究分支的发文量为106篇，仅次于该方向发文量排名第一的中国科学院，另外其在合成生物学方向的发文量也较多（22篇）。值得一提的是，在微生物培养研究分支方向，全球排名前十位的机构仅有中国科学院（2篇）、中国农业科学院（2篇）、

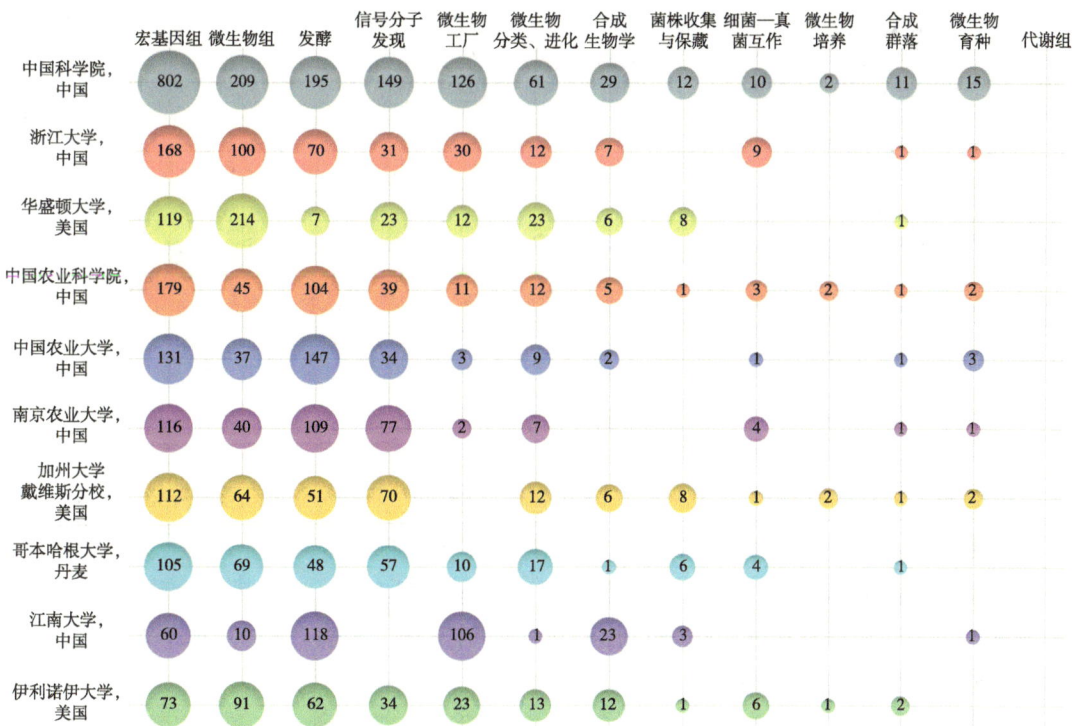

图2.14 全球农业微生物领域TOP10机构研究分支分布（单位：篇）

加州大学戴维斯分校（2篇）和伊利诺伊大学（1篇）四个机构有所布局。排名前十位的国家在代谢组方向均没有文章产出，说明该方向目前还存在研究空白点。

中国农业微生物领域排名前十位的重点机构研究分支布局如图2.15所示，可以看出宏基因组仍是各机构均布局较多的研究方向。中国农业大学在发酵研究分支布局较多，发文量为147篇，仅次于排名第一的中国科学院。南京林业大学的研究布局集中在宏基因组、微生物组、发酵、信号分子发现方向；江南大学的研究布局集中在宏基因组、发酵和微生物工厂方向；中山大学、上海交通大学和西北农林科技大学的研究布局集中在宏基因组和微生物组方向；清华大学的研究布局集中在宏基因组和微生物工厂方向。另外在菌株收集与保藏方向，中国科学院（12篇）、中国农业科学院（1篇）、江南大学（3篇）、上海交通大学（1篇）有所布局；在微生物培养方面仅有中国科学院（2篇）和中国农业科学院（2篇）两个机构有所布局；在代谢组方向中国排名前十位的机构都没有文章产出。

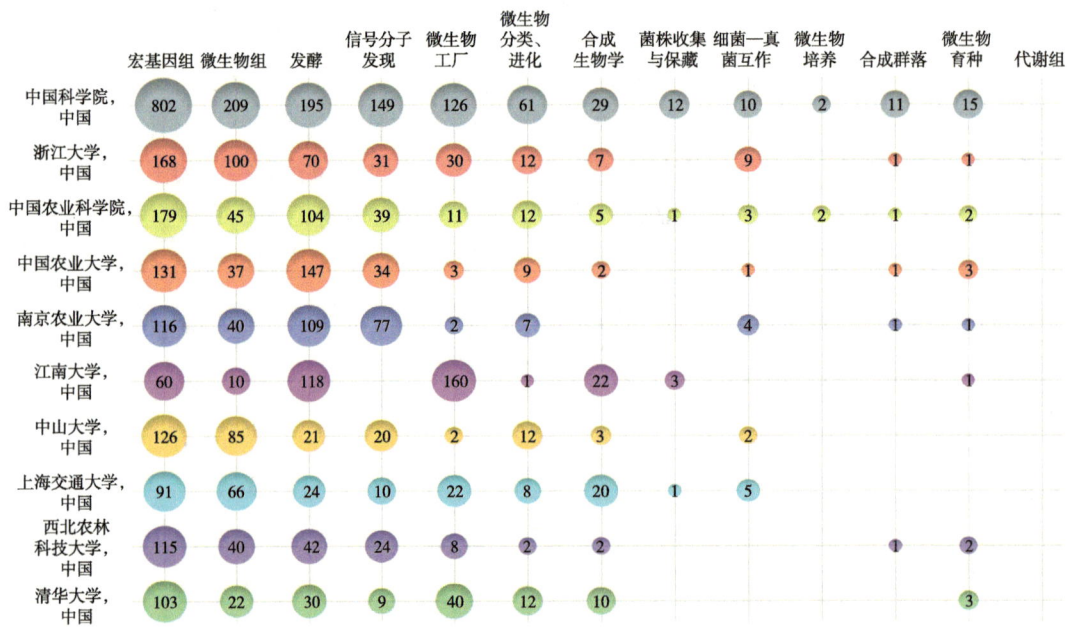

图2.15　中国农业微生物领域TOP10机构研究分支分布（单位：篇）

（四）重点机构高质量论文分析

根据前文定义的高被引论文和热点论文基线，全球农业微生物领域排名前十位的机构高质量论文及占比如图2.16所示，可以看出华盛顿大学在该领域共产出高质量论文191篇（其中高被引论文174篇，热点论文18篇），占比高达48.11%，占比排名全球第一，说明华盛顿大学在全球农业微生物领域产出的论文质量较好、影响力较大，被广泛认可和引用。哥本哈根大学在该领域高质量论文占比排名第二，为44.16%，此外，伊利诺伊大学、加州大学戴维斯分校和浙江大学在农业微生物领域产出的高质量论文占比也较高，这几个机构的研究成果可以在今后的研究中重点关注。

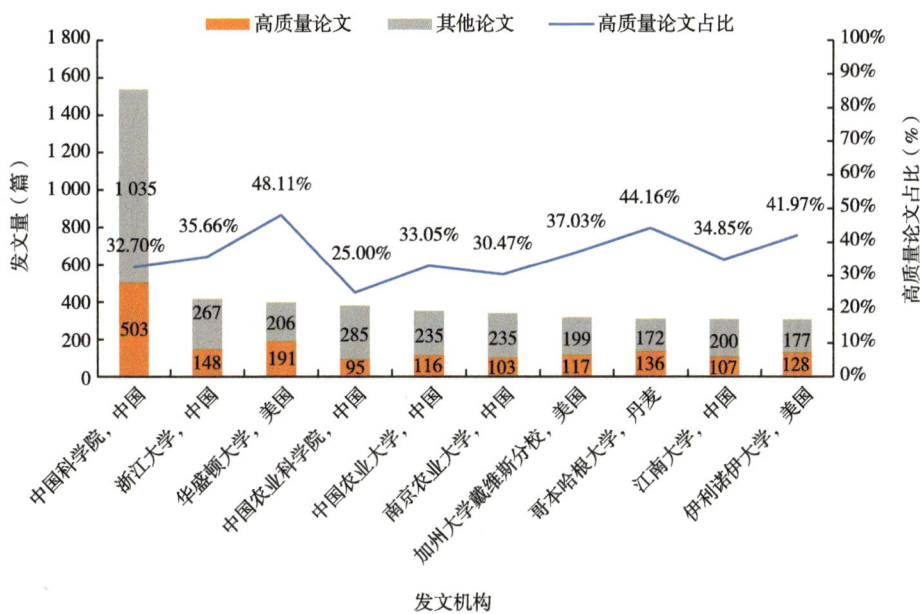

图2.16 全球农业微生物领域TOP10机构高质量论文占比

中国农业微生物领域排名前十位的机构高质量论文及占比如图2.17所示,可以看出中国科学院在该领域产出的高质量论文数量最多(503篇,其中高被引论文338篇,热点论文173篇),高质量论文数量排名第二的为浙江大学(148篇),其次为中国农业大学(116篇)、江南大学(107篇)、南京农业大学(103篇)。另外,清华大学的高质量论文占比为37.22%,占比排名全国第一,其次为西北农林科技大学(36.61%)、浙江大学(35.66%),这几个机构在农业微生物领域产出的论文质量较高、影响力广泛。

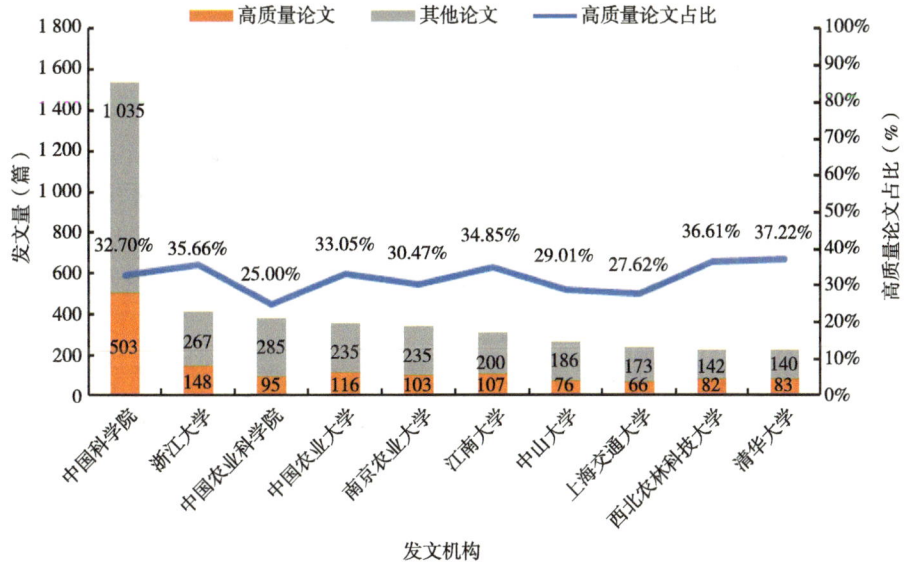

图2.17 中国农业微生物领域TOP10机构高质量论文占比

五、研究热点分析和前沿技术识别

（一）研究热点分布

1. DNA测序和分析、动植物体微生物共生或病理、微生物废水处理、乳酸菌发酵、复杂网络、农业生态系统为全球研究热点

基于近两年（2022—2023年）全球农业微生物领域的9 104篇论文，提取全部关键词（作者关键词和WoS数据库提取的关键词），利用VOSviewer软件对该领域的主题热点进行挖掘，遴选出现频次大于40次的关键词，通过主题聚类计算关键词的共现关系，生成研究热点聚类图如图2.18所示。可以看出，目前全球农业微生物领域的研究主要集中在6个主题。

第一个主题（红色聚类）聚焦于对微生物组合中的DNA进行直接测序和分析的相关研究，该主题的研究热词包括metagenomics（宏基因组）、identification（识别）、expression（表达）、escherichia-coli（大肠杆菌）、genomes（基因组）、protein（蛋白质）、evolution（演变）、mechanisms（机制）、biosynthesis（生物合成）等。

第二个主题（绿色聚类）聚焦于对动植物体上共生或病理的微生物生态群体，包括细菌等的相关研究，该主题的研究热词包括bacteria（细菌）、microbiome（微生物组）、gut microbiota（肠道菌群）、microbiota（微生物群）、metabolism（新陈代谢）、diseases（疾病）、health（健康）、gut microbiome（肠道微生物组）、impact（影响）等。

第三个主题（蓝色聚类）聚焦于利用微生物处理废水相关的研究，该主题的研究热词包括microbial community（微生物群落）、community（群落）、degradation（降解）、performance（性能）、water（水）、waste-water（废水）、biodegradation（生物降解）等。

第四个主题（黄色聚类）聚焦于乳酸菌发酵作为农业微生物战略资源的研究，该主题的研究热词包括fermentation（发酵）、quality（质量）、lactic-acid bacteria（乳酸菌）、acid（酸）、saccharomyces-cerevisiae（酿酒酵母）、strains（菌株）等。

第五个主题（紫色聚类）聚焦于揭示植物、相关微生物群落和环境之间遗传、生化、物理和代谢相互作用的复杂网络相关研究，该主题的研究热词包括growth（生长）、rhizosphere（根际）、resistance（抵抗）、plant-microbe interactions（植物与微生物的相互作用）、plant（植物）、stress（胁迫）等。

第六个主题（青色聚类）聚焦于土壤微生物群驱动农业生态系统相关研究，该主题的研究热词包括diversity（多样性）、bacterial community（细菌群落）、soil（土壤）、communities（群落）、dynamics（动力）、bacterial（细菌）、high-throughput sequencing（高通量测序技术）等。

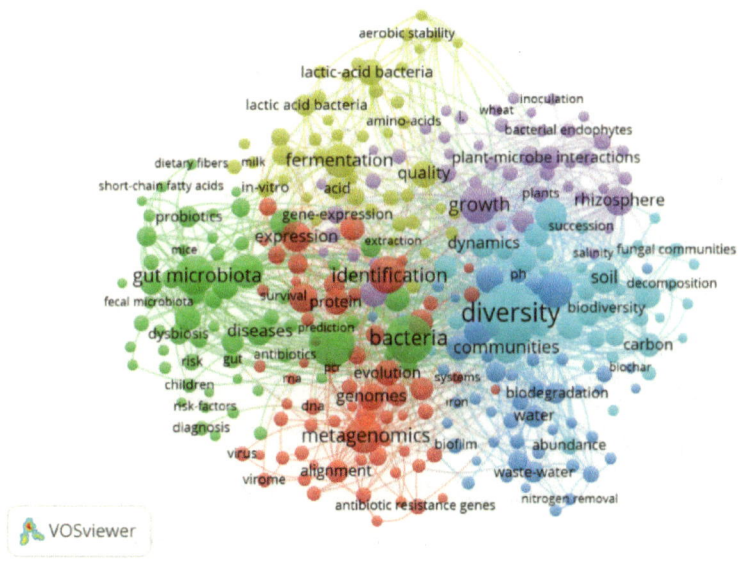

图2.18 全球农业微生物领域研究热点分布

2. 微生物个体特性和活性状态、微生物污水处理、植物根系与微生物的相互作用、微生物发酵为国内研究热点

基于2022—2023年中国农业微生物领域的4 128篇论文，提取全部关键词（作者关键词和WoS数据库提取的关键词），利用VOSviewer软件对该领域的主题热点进行挖掘，遴选出现频次大于20次的关键词，通过主题聚类计算关键词的共现关系，生成研究热点聚类图如图2.19所示。

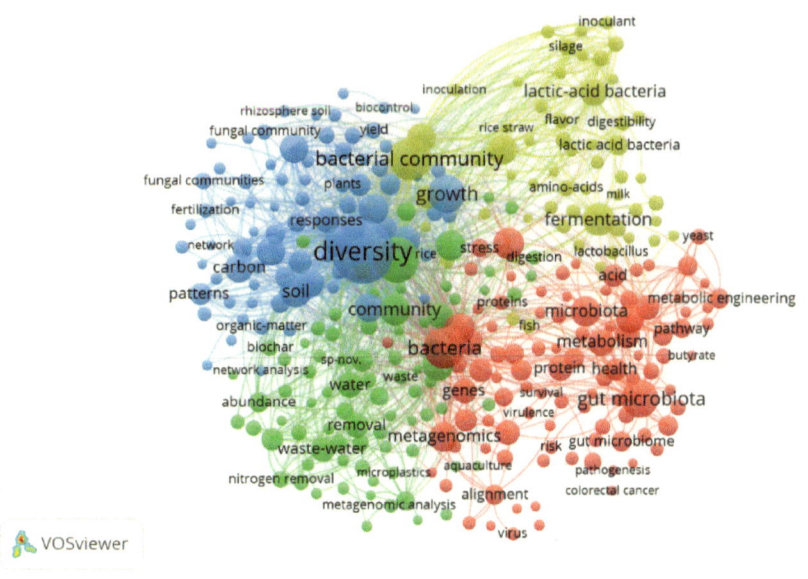

图2.19 中国农业微生物领域研究热点分布

目前中国农业微生物领域的研究热点主要集中在4个主题。即，主题一：利用宏基因组和微生物组在群落中识别不同代谢过程中起作用的关键微生物及个体特性、活性状态研究；主题二：微生物技术在污水处理中的作用相关研究，主题三：植物根系、微生物之间的相互作用的相关研究；主题四：利用微生物发酵生产特定产物的相关研究。可以看出，中国农业微生物领域的研究热点主题与全球基本一致。

（二）前沿技术识别

本章基于自然语言处理技术和LDA（Latent Dirichlet Allocation，LDA）主题模型识别全球农业微生物领域论文的研究前沿，利用pyLDAvis可视化工具包展示前沿主题抽取结果，深入阅读文献内容并邀请领域专家对抽取出的主题进行解读。

1. 宏基因组研究分支前沿主题分析

宏基因组研究分支在2014—2023年共产出10976篇论文，根据困惑度最低、一致性最高原则，确定最优主题数量为8个。图2.20至图2.27展示了全球农业微生物领域宏基因组研究分支的8个研究前沿，具体如下。

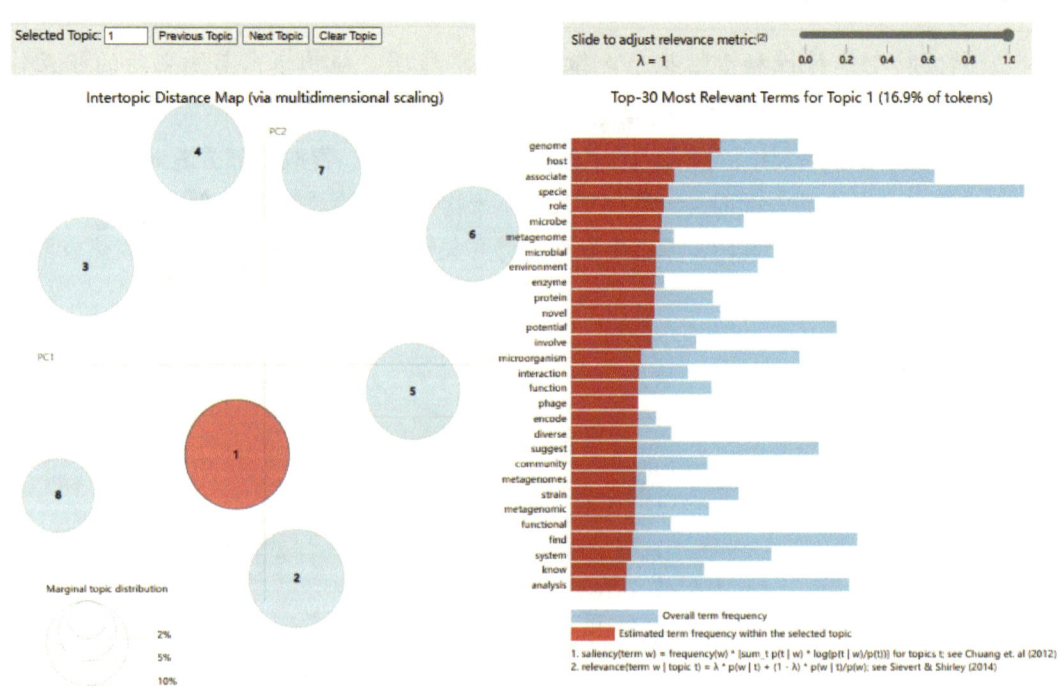

图2.20　全球农业微生物领域宏基因组前沿主题一：微生物的宏基因组在环境中的角色和功能研究

前沿主题一：微生物的宏基因组在环境中的角色和功能研究。微生物的宏基因组研究可以揭示微生物在不同环境中的多样性、组成和功能，以及它们在环境中扮演的重要角色。该主题中显著度最高的关键词包括genome（基因组）、host（宿主）、associate（联合）、species（物种）、role（角色）、microbe（微生物）等（图2.20）。该主题的论文主要论述了：①社群结构和组成：通过对微生物的宏基因组研究，可以了解不同环境中微生物社群的组成、多样性和相互作用关系；②代谢功能和物质循环：微生物的宏基因组揭示了微生物群落中丰富的代谢功能和物质转化过程；③生态功能和生态服务：微生物的宏基因组在维持环境健康和提供生态系统服务方面发挥重要作用；④适应性和响应机制：微生物的宏基因组可以揭示微生物对环境变化的适应性和响应机制；⑤生物技术和资源开发：微生物的宏基因组研究为生物技术和资源开发提供了重要的基础。

前沿主题二：宏基因组学在病原体侦查和识别中的应用研究。宏基因组学是一种通过高通量测序技术研究环境样品中微生物群落的遗传信息的方法。在病原体侦查和识别方面，宏基因组学提供了新的途径和工具，可以快速、高效地检测和分析环境中存在的病原体。该主题中显著度最高的关键词包括method（方法）、data（数据）、approach（方法）、read（阅读）、DNA（DNA）、pathogen（病原体）等（图2.21）。该主题的论文主要论述了：①样品采集和处理：收集环境样品（例如土壤、水、空气或动物粪便）中可能存在的病原体；②高通量测序和数据生成：使用二代测序技术对提取的DNA进行测序，生成大量的宏基因组数据；③数据处理和分析：对宏基因组数据进行质量控制、去除噪声和过滤非微生物序列等预处理步骤；④物种识别和分类：根据宏基因组数据中的特定标记基因或核酸序列进行物种识别和分类；⑤病原体基因组分析：对检测到的病原体进行进一步的基因组分析，包括基因功能注释、毒力因子和抗药性基因的检测以及基因组变异的比较分析等。这有助于了解病原体的致病机制、传播途径以及可能的抗药性。⑥临床应用和公共卫生干预：将宏基因组学的结果与临床数据结合，为临床诊断和疾病控制提供支持。

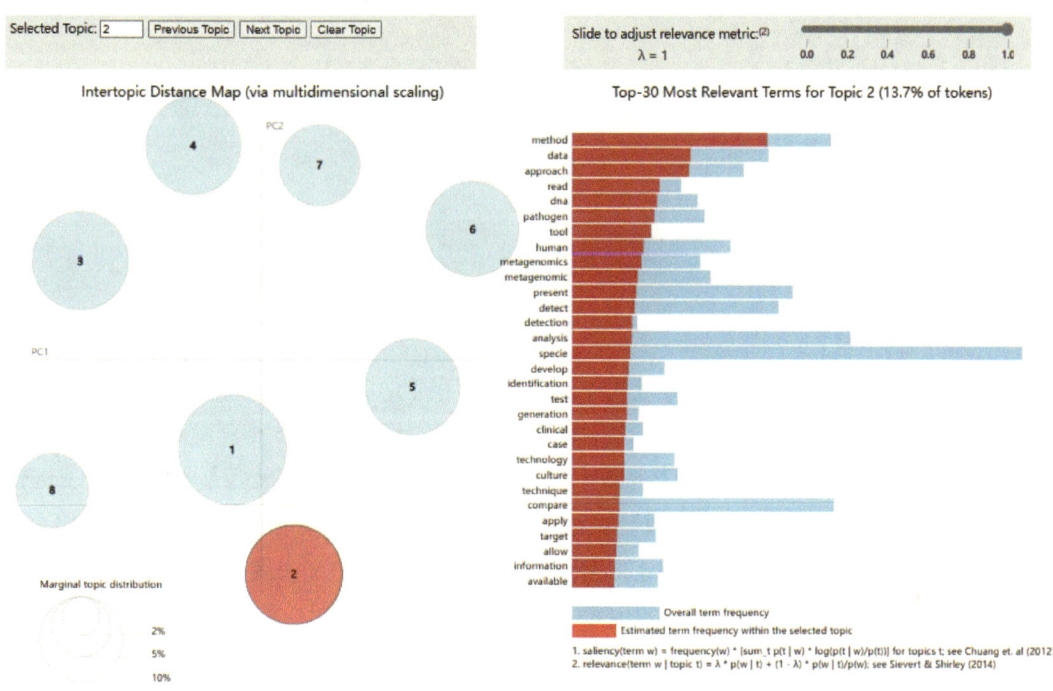

图2.21 全球农业微生物领域宏基因组前沿主题二：宏基因组学在病原体侦查和识别中的应用研究

前沿主题三：肠道菌群在健康和疾病中的调控和治疗研究。肠道菌群是指生活在人体消化道中的微生物群落，包括细菌、真菌和病毒等。它们与人体的健康密切相关，调控和治疗肠道菌群已成为研究的热点领域。该主题中显著度最高的关键词包括group（组）、patient（病人）、gut microbiota（肠道菌群）、associate（联合）、significantly（显著地）、control（调控）等（图2.22）。该主题的论文主要论述了：①肠道菌群与健康：肠道菌群在维持消化功能、调节免疫系统、合成维生素等方面发挥着重要作用；②调控肠道菌群：调控肠道菌群可以通过饮食、益生菌和抗生素等方式实现；③肠道菌群与疾病：研究发现肠道菌群失调与多种疾病有关；④肠道菌群的治疗：针对肠道菌群失衡引起的疾病，一些研究探索了通过调整菌群组成来治疗疾病的方法。

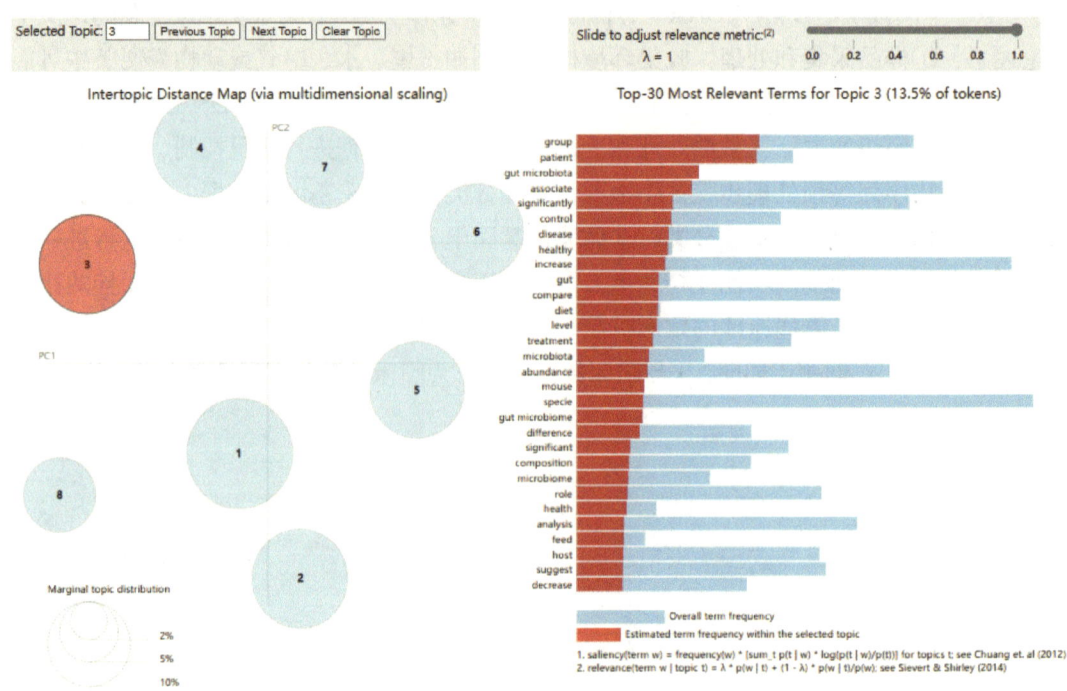

图2.22　全球农业微生物领域宏基因组前沿主题三：肠道菌群在健康和疾病中的调控和治疗研究

前沿主题四：真菌与土壤微生物群落的相互作用研究。真菌与土壤微生物群落之间的相互作用是土壤生态系统中重要的研究内容之一。这种相互作用涉及真菌和其他微生物之间的竞争、共生以及协同作用。该主题中显著度最高的关键词包括soil（土壤）、bacterial community（细菌群落）、plant（植物）、increase（增长）、significantly（显著地）、microbial community（微生物群落）（图2.23）。该主题的论文主要论述了：①真菌对土壤微生物群落的影响：研究不同类型的真菌（如菌丝体、孢子）对土壤微生物群落结构和功能的影响；②真菌与土壤微生物群落的相互作用网络：通过构建真菌与土壤微生物（如细菌、古菌等）的相互作用网络，研究它们之间的协同或竞争关系；③真菌与土壤养分循环：研究真菌参与的土壤养分循环过程，例如有机质分解、氮循环和磷循环；④真菌与植物互作：研究真菌与植物根系之间的相互作用，包括共生菌根和寄生性真菌等；

⑤土壤管理与真菌生态功能：研究不同土壤管理措施（如有机肥料应用、农药使用等）对真菌群落结构和功能的影响。

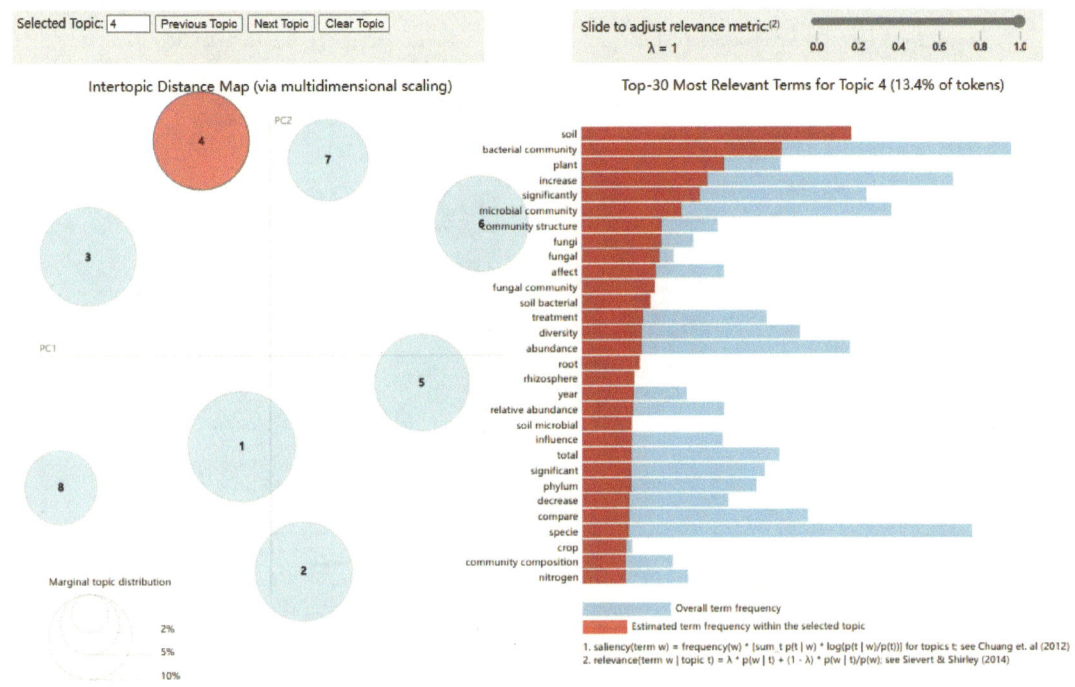

图2.23　全球农业微生物领域宏基因组前沿主题四：真菌与土壤微生物群落的相互作用研究

前沿主题五：水体中微生物群落的地理差异和环境影响研究。研究水体中微生物群落的地理差异和环境影响是一个涉及微生物生态学、环境科学和地理学等多个学科的综合性课题。主题中显著度最高的关键词包括bacterial community（细菌群落）、water（水）、microbial community（微生物群落）、sediment（沉淀物）、RNA（rRNA）、phylum（生物门）等（图2.24）。该主题的论文主要论述了：①地理差异：研究不同地理位置上水体中微生物群落的组成、结构和功能差异；②环境影响：研究水体环境因素对微生物群落的影响；③生态功能：研究水体微生物群落在生态系统中的功能和作用。

前沿主题六：废水处理和混合肥料生产研究。研究涉及技术、环境和经济等多个方面，旨在实现废弃物的资源化利用和环境污染的治理，促进可持续发展。主题中显著度最高的关键词包括increase（增长）、system（系统）、concentration（浓度）、process（过程）、respectively（分别地）、degradation（下降）等（图2.25）。该主题的论文主要论述了：①废水处理技术研究：研究不同类型废水的处理方法，包括物理、化学和生物处理技术等；②混合肥料生产工艺研究：研究废水处理后的污泥、渣滓等废弃物的资源化利用方式，开发适合生产混合肥料的工艺流程；③肥料品质评价与优化：研究混合肥料的物理性质、化学成分和微生物活性等指标，评价其对作物生长的影响；④环境影响评估：研究废水处理和混合肥料生产过程中的环境影响，包括能耗、资源消耗、排放物和副产品的处置等方面；⑤经济性评价：评估废水处理和混合肥料生产技术的经济可行性，包括成本分析、投资回收期、市场需求等因素。

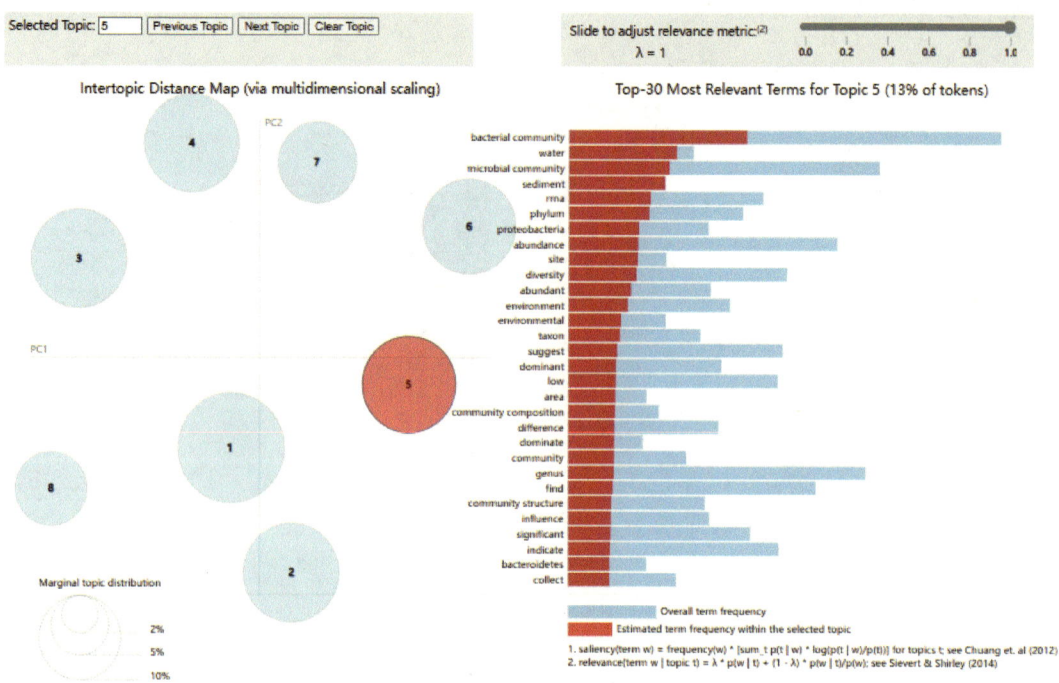

图2.24　全球农业微生物领域宏基因组前沿主题五：水体中微生物群落的地理差异和环境影响研究

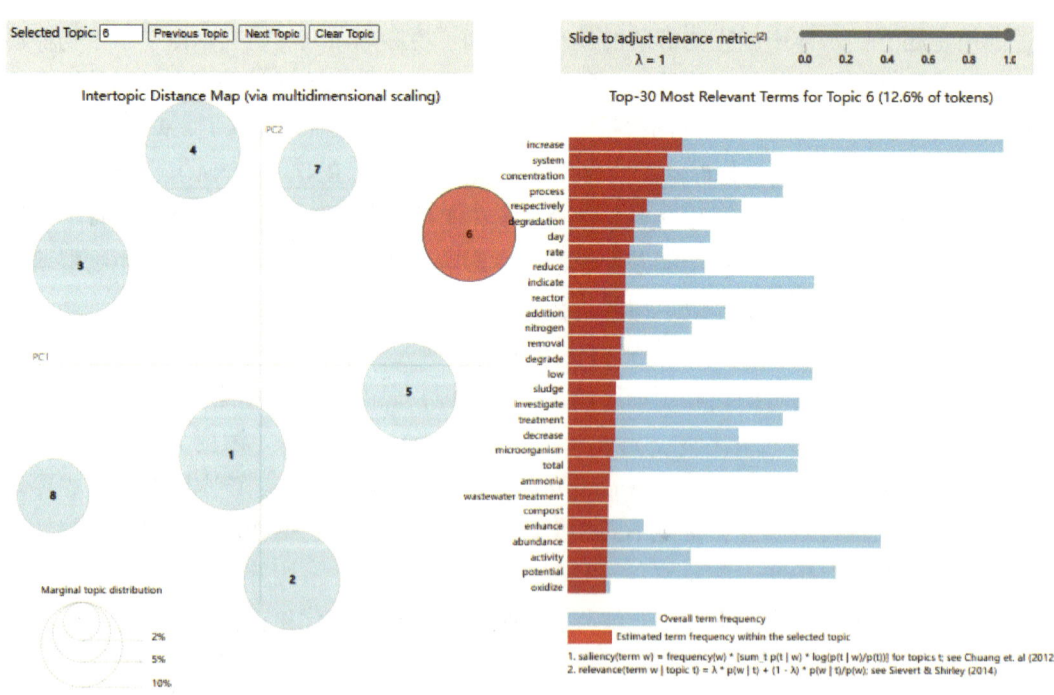

图2.25　全球农业微生物领域宏基因组前沿主题六：废水处理和混合肥料生产研究

前沿主题七：细菌抗生素耐药性与食物安全研究。细菌抗生素耐药性指的是细菌对抗生素的抵抗能力增强，导致抗生素治疗失效或减弱；在食物安全方面，细菌耐药性也是一个关键问题。耐药菌株可以通过食物链传播给人类，从而引发食物中毒和感染。这对公众健康和食品工业都造成了严重威胁。主题中显著度最高的关键词包括args（ARGs）、genus（属）、fermentation（发酵）、resistance gene（抗病基因）、antibiotic resistance（抗生素耐药性）、total（全部）等（图2.26）。该主题的论文主要论述了：①监测与监控：对不同环境、动植物、食品和人体中的细菌抗生素耐药性进行监测和监控，以了解其变化趋势和影响因素；②基因传递机制研究：研究耐药基因在不同细菌之间的传递机制，包括水平基因转移和垂直遗传等方式，以揭示细菌耐药性的发展和扩散途径；③抗生素使用与抗生素耐药性关系研究：探究抗生素在医疗、畜牧业和农业等领域中的使用与细菌耐药性之间的关联，确定合理的抗生素使用策略，减少耐药性的发生和传播；④新型抗生素研发：通过发现和开发新型抗生素，克服已知耐药机制，为治疗多重耐药细菌感染提供有效的选择；⑤食品处理与消毒技术研究：研究食品加工、储存和消毒等技术，以杀灭或抑制食品中存在的耐药菌株，确保食物的安全性；⑥公众教育与政策制定：通过公众教育活动和政策制定，提高人们对细菌抗生素耐药性和食物安全的认识，促进社会各界共同努力解决相关问题。

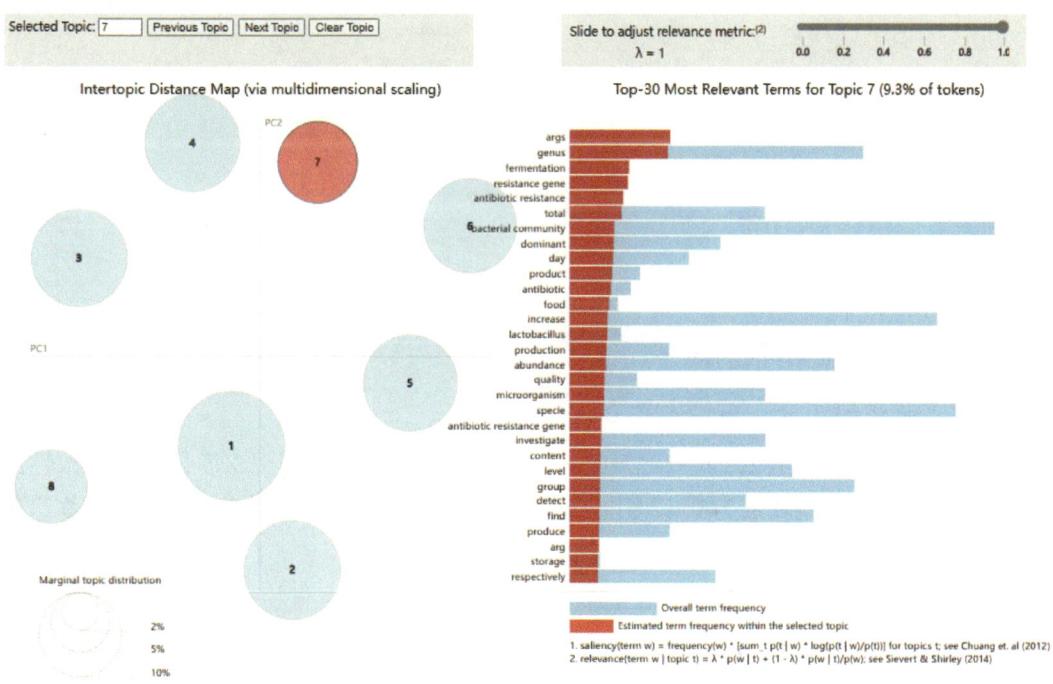

图2.26　全球农业微生物领域宏基因组前沿主题七：细菌抗生素耐药性与食物安全研究

前沿主题八：病毒基因组RNA和宿主蛋白的相关研究。研究病毒基因组RNA和宿主蛋白之间的相互作用是了解病毒感染机制和发展抗病毒治疗策略的重要方面。这种研究可以揭示病毒如何利用宿主细胞的机制来复制自身、侵袭宿主细胞以及操纵宿主细胞的生理过程。主题中显著度最高的关键词包括virus（病毒）、viral（病毒的）、species（物种）、RNA（RNA）、detect（发现）、family（家族）等（图2.27）。该主题的论文主要论述了：①互作网络分析：通过系统生物学方法，可以构建病毒与宿主蛋白相互作用的网络图，揭示宿主蛋白与病毒基因组RNA的相互作用关系；②宿主蛋白的转录调控：病毒感染会改变宿主细胞的基因表达模式，其中包括对宿主蛋白的转录调控；③病毒基因组RNA的翻译调控：在病毒感染过程中，病毒基因组RNA需要被翻译为蛋白质；④宿主免疫应答：病毒感染会触发宿主免疫系统的反应，包括产生抗病毒蛋白、激活免疫细胞等。

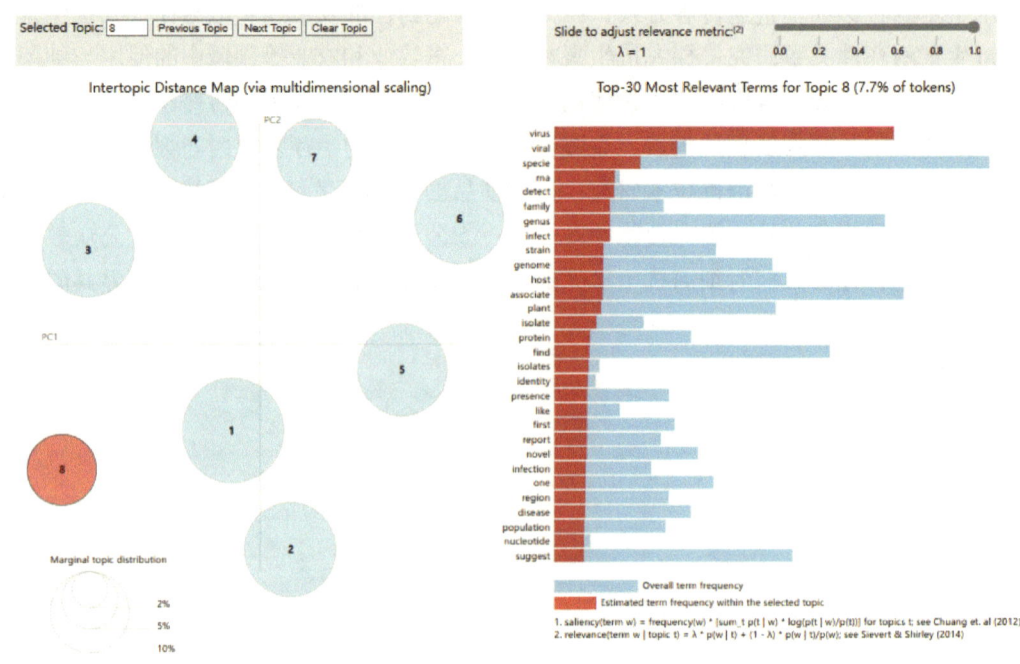

图2.27　全球农业微生物领域宏基因组前沿主题八：病毒基因组RNA和宿主蛋白的相关研究

2. 微生物组研究分支前沿主题分析

微生物组研究分支在2014—2023年共产出7 953篇论文，根据困惑度最低、一致性最高原则，确定最优主题数量为6个。图2.28至图2.33展示了全球农业微生物领域微生物组研究分支的6个研究前沿。

前沿主题一：微生物与物种相互作用研究。研究微生物与物种之间的相互作用可以帮助我们更好地理解生态系统的结构和功能，并且在农业、环境保护和医学等领域具有重要的应用价值。主题中显著度最高的关键词包括host（宿主）、microbe（微生物）、interaction（相互作用）、species（物种）、disease（疾病）、role（角色）等（图2.28）。该主题的论文主要论述了：①共生关系：共生是指不同物种之间相互依赖并且共同受益的关系；②相互主义关系：相互主义是指物种之间相互依赖但没有必然的正向或负向影响的关系；③拮抗关系：拮抗是指微生物与其他生物之间的竞争关系，其中一方能够抑制另一方的生长或生存；④利害关系：微生物还可以与其他生物形成利害关系，其中一方从另一方中获益而对其无害；⑤病原关系：微生物也可以与其他生物形成病原关系，即引发疾病的关系。

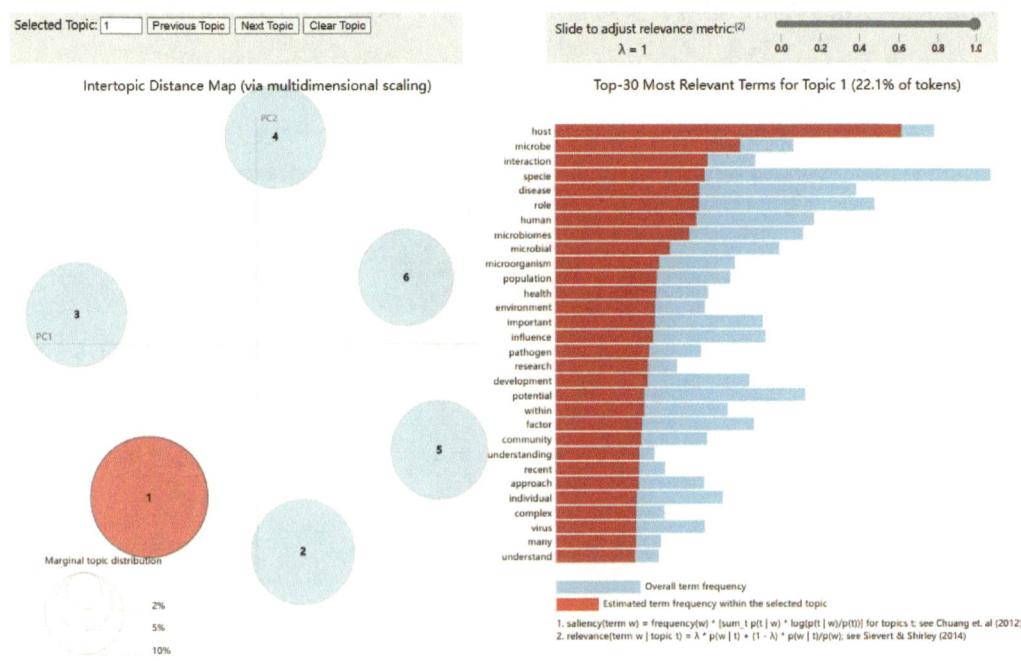

图2.28　全球农业微生物领域微生物组前沿主题一：微生物与物种相互作用研究

前沿主题二：植物根际微生物群落对植物生长的影响研究。植物根际微生物群落是指在植物根部周围的土壤中存在的大量微生物群落。这些微生物与植物根部形成共生关系，对植物的生长发育具有显著的影响。主题中显著度最高的关键词包括plant（植物）、soil（土壤）、bacterial community（细菌群落）、microbial community（微生物群落）、root（根）、increase（增长）等（图2.29）。该主题的论文主要论述了：①多样性和组成：研究根际微生物群落的多样性和组成；②功能和互作：探究根际微生物对植物生长的功能和互作关系；③营养供应：研究根际微生物对植物营养的供应；④疾病防控：探究根际微生物对植物病害的防控作用；⑤生长调节：研究根际微生物对植物生长的调节作用；⑥环境适应：研究根际微生物对植物在不同环境条件下的适应能力。

前沿主题三：肠道微生物组对肠胃健康的影响与治疗研究。肠道微生物组是指存在于人体肠道内的各种微生物，包括细菌、真菌、病毒等。它们与人类的健康密切相关，对肠胃健康有着重要的影响。主题中显著度最高的关键词包括cell（细胞）、gut microbiome（肠道微生物组）、mouse（老鼠）、gut microbiota（肠道菌群）、increase（增长）、diet（饮食）等（图2.30）。该主题的论文主要论述了：①影响因素：肠道微生物组的组成受多种因素影响；②健康影响：肠道微生物组与人体健康密切相关。它参与调节能量代谢、免疫反应、维持肠道屏障功能等。异常的肠道微生物组可能与肥胖、炎症性肠病、自身免疫疾病等疾病的发生和发展有关；③治疗研究：肠道微生物组的治疗潜力已经成为研究的热点。其中最具代表性的方法是粪菌移植（Fecal Microbiota Transplantation，FMT）；④个体化治疗：由于每个人的肠道微生物组独特，个体化治疗成为发展方向；⑤药物开发：基于对肠道微生物组的研究，也有许多药物正在开发中，以调节和干预肠道微生物组。

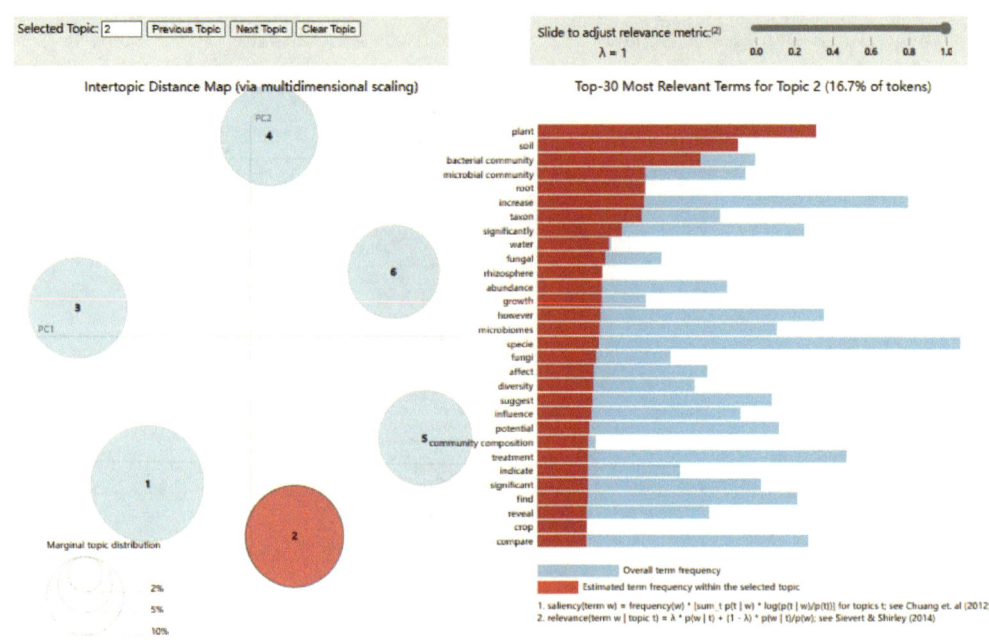

图2.29　全球农业微生物领域微生物组前沿主题二：植物根际微生物群落对植物生长的影响研究

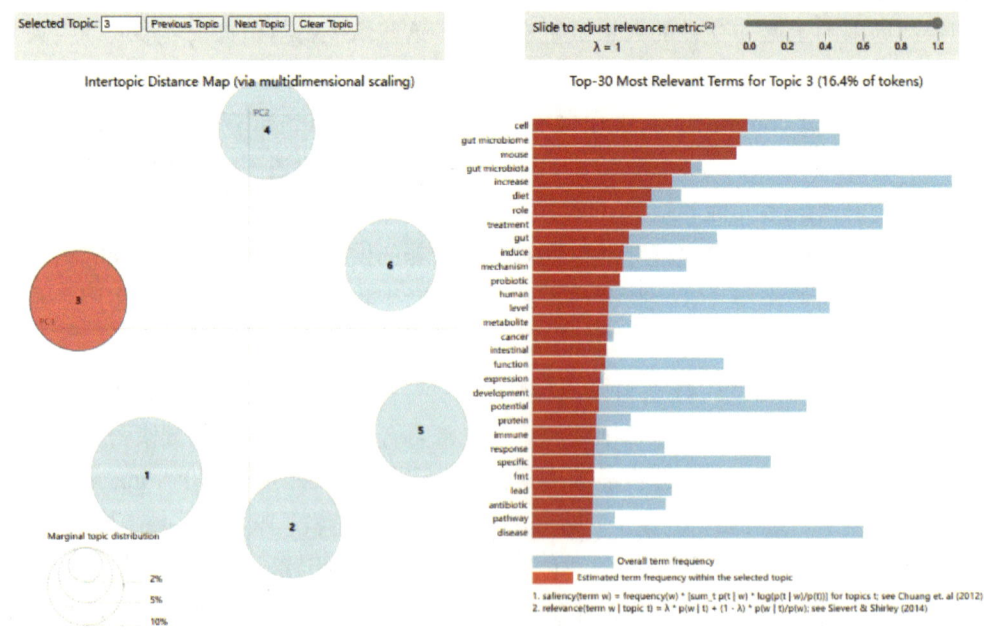

图2.30　全球农业微生物领域微生物组前沿主题三：肠道微生物组对肠胃健康的影响与治疗研究

前沿主题四：肝移植和丙型肝炎研究。肝移植是一种手术治疗方法，用于替换功能不全的肝脏。丙型肝炎是由丙型肝炎病毒（HCV）感染引起的肝炎。研究有助于深入理解肝移植和丙型肝炎的微生物学特征，为预防、诊断和治疗提供科学依据，并促进相关领域的发展。主题中显著度最高的关键词包括patient（病人）、recipient（接受者）、donor（捐赠者）、treatment（处理）、infection（传染）、HCV（丙型肝炎病毒）等（图2.31）。该主题的论文主要论述了：①丙型肝炎病毒（HCV）的传播途径和机制：研究HCV在人体内的传播途径和感染机制，包括血液传播、性传播和母婴传播等；②HCV与免疫应答之间的相互作用：研究HCV感染后宿主免疫系统的应答，包括病毒逃逸机制、免疫细胞的活化和调节等；③肝移植后的丙型肝炎复发：研究在接受肝移植的丙型肝炎患者中，HCV复发的机制和影响因素；④抗病毒治疗策略：研究改善丙型肝炎患者治疗效果的药物和治疗策略；⑤微生物组与丙型肝炎关系的研究：近年来，微生物组在健康和疾病中的重要性引起了广泛的关注。

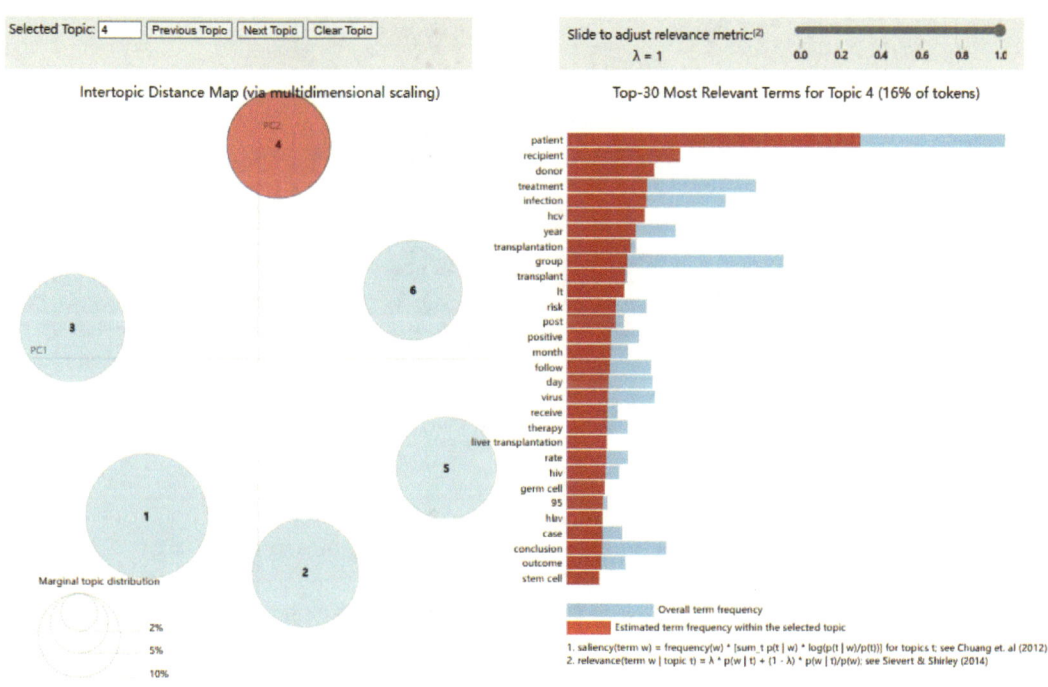

图2.31　全球农业微生物领域微生物组前沿主题四：肝移植和丙型肝炎研究

前沿主题五：微生物基因识别研究。微生物基因识别研究是指对微生物（包括细菌、真菌、病毒等）的基因组进行分析和识别的研究领域。主题中显著度最高的关键词包括sample（样品）、specie（物种）、sequence（序列）、analysis（分析）、identify（识别）、method（方法）等（图2.32）。该主题的论文主要论述了：①基因组测序：利用高通量测序技术对微生物的基因组进行测序，获取其DNA或RNA序列数据；②生物信息学分析：利用生物信息学工具和算法对测序得到的数据进行处理和分析，包括序列比对、基因预测、基因注释等；③基因组组装：将测序得到的序列片段通过组装算法拼接成连续的基因组序列，以获得更完整的基因组信息；④基因功能注释：对已获得的基因组序列进行功能注释，确定其中的基因、编码蛋白质以及可能的功能；⑤基因组比较和进化分析：将不同微生物基因组进行比较，揭示其之间的差异和共同点，推断其进化关系和演化过程；⑥基因表达分析：通过转录组测序等方法研究微生物基因的表达模式和调控机制；⑦宏基因组学：通过对环境样品中微生物基因组进行测序和分析，研究微生物群落结构、功能以及其与环境的相互关系；⑧微生物宏基因组功能预测：结合基因组注释和代谢通路预测等方法，推测微生物在生态系统中的功能特征。

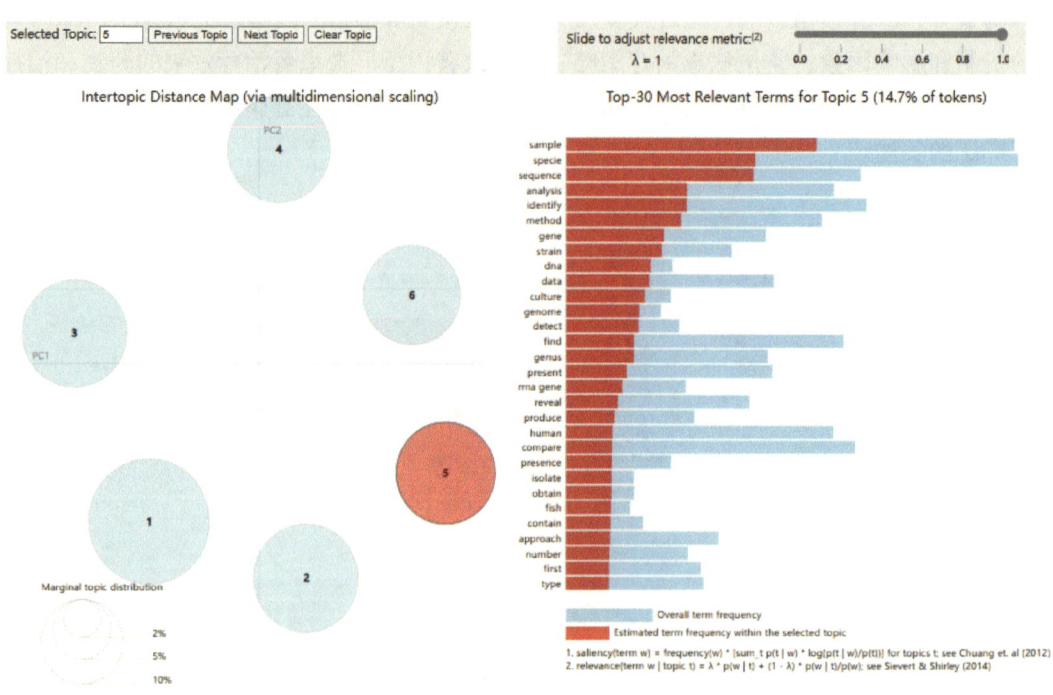

图2.32　全球农业微生物领域微生物组前沿主题五：微生物基因识别研究

前沿主题六为：微生物群落与人类健康研究。微生物群落与人类健康的研究旨在深入理解微生物与人体之间的相互作用关系，为预防、诊断和治疗疾病提供新的思路和方法。这对于推动个性化医学、促进人类健康具有重要意义。主题中显著度最高的关键词包括patient（病人）、group（组）、sample（样品）、healthy（健康）、control（调控）、compare（比较）等（图2.33）。该主题的论文主要论述了：①微生物群落组成：通过对人体不同部位（如肠道、口腔、皮肤等）的微生物群落进行测序和分析，揭示微生物的多样性和组成；②健康与疾病关联：比较健康人群和患有某种特定疾病的人群的微生物群落，探索微生物组成与疾病之间的关系；③免疫调节：研究微生物群落与人类免疫系统之间的相互作用关系；④营养代谢：微生物群落参与人类的食物消化和营养代谢过程；⑤母婴微生物传递：研究母婴间微生物群落的传递与发展过程，探索胎儿和婴儿期微生物组成的形成机制及其对健康的影响；⑥微生物移植与治疗：通过微生物移植技术改变人体微生物群落的组成,用于治疗某些疾病,如肠道菌群紊乱引起的肠炎、超敏性皮肤炎等;⑦个体差异与个性化医学:研究不同人群、种族、地域、年龄等因素对微生物群落组成的影响。

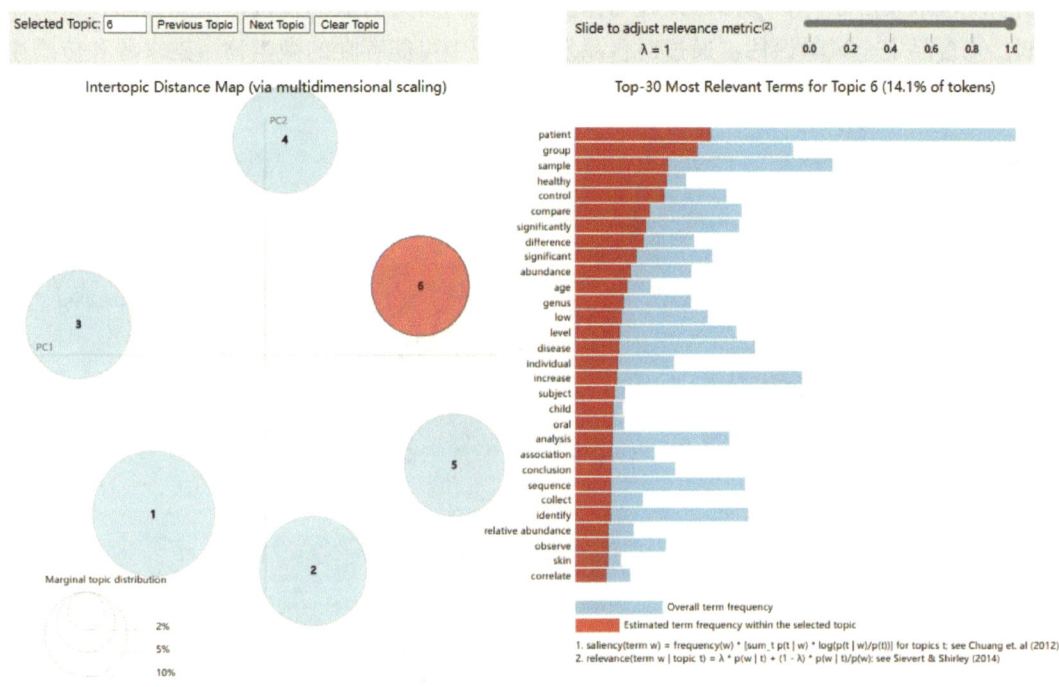

图2.33 全球农业微生物领域微生物组前沿主题六:微生物群落与人类健康研究

3. 发酵研究分支前沿主题分析

发酵研究分支在2014—2023年共产出5 313篇论文,根据困惑度最低、一致性最高原则,确定最优主题数量为5个。图2.34-2.38展示了全球农业微生物领域发酵研究分支的5个研究前沿。

前沿主题一:食品发酵和微生物质量控制研究。食品发酵是指利用微生物(如细菌、酵母菌和霉菌等)对食物中的有机物进行分解、转化和合成,以达到改善食品品质、延长保质期或制造特定食品的目的。而微生物质量控制则是针对食品发酵过程中的微生物活动进行监控和管理,以确保食品安全和稳定性。主题中显著度最高的关键词包括lactic acid(乳酸)、ferment(发酵)、strain(菌株)、lactic acid bacteria(乳酸菌)、lab(实验室)、content(含量)等(图2.34)。该主题的论文主要论述了食品发酵研究内容,包括:①微生物的筛选与培养:通过筛选和培养出适宜的微生物菌种;②发酵条件的优化:调整温度、pH值、氧气供应等因素,为微生物提供最适合其生长和代谢的环境;③发酵代谢机制的研究:深入了解微生物在发酵过程中所参与的代谢路径和酶系统,揭示发酵产物形成的原理和调控机制;④发酵产物的分析与评价:利用化学、生物学和物理学等方法对发酵产物进行成分分析、感官评价和功能性评估。微生物质量控制研究内容包括:①微生物检测技术的研发：开发灵敏、准确、快速的微生物检测方法，用于监测食品中的有害微生物（如致病菌）或指示菌群的存在与数量；②发酵过程监控与管理：建立系统的监控手段，实时监测发酵过程中的关键参数（如温度、pH值、氧气浓度等），并通过自动化控制系统调节发酵条件；③抑菌措施与保护剂研究：研究有效的抑菌措施和添加合适的保护剂；④食品安全风险评估：通过对食品发酵过程中可能存在的微生物污染来源和传播途径的研究，评估食品安全风险。

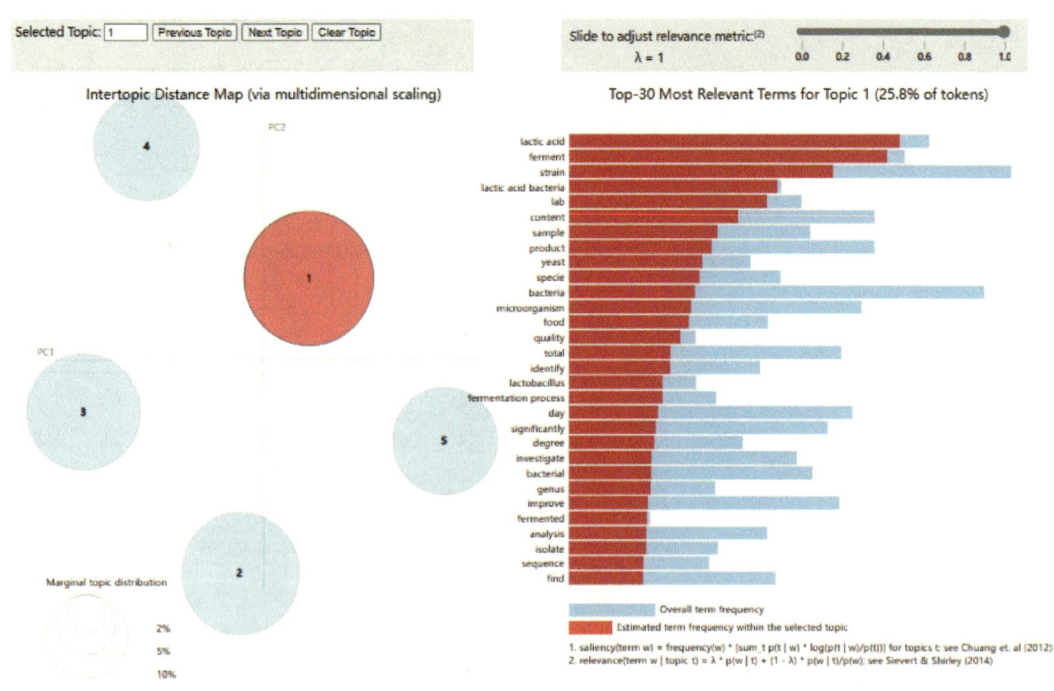

图2.34　全球农业微生物领域发酵前沿主题一：食品发酵和微生物质量控制研究

前沿主题二：生产乙醇等化学产品的方法和应用研究。生产乙醇等化学产品的方法和应用研究涉及菌株筛选与改良、发酵过程优化、酶活性与特异性改进、基底选择与预处理、生物模型与代谢工程以及应用领域开发等多个方面的内容。主题中显著度最高的关键词包括strain（菌株）、process（过程）、microorganism（微生物）、enzyme（酶）、product（产品）、method（方法）等（图2.35）。该主题的论文主要论述了：①菌株筛选与改良：研究人员通过筛选和改良具有高产乙醇能力的微生物菌株；②发酵过程优化：通过调控发酵条件，如温度、pH值、底物浓度和氧气供应等，优化发酵过程，提高乙醇产量；③酶的活性与特异性改进：优化乙醇合成相关酶的活性和特异性，提高转化底物为乙醇的效率；④基底选择与预处理：研究人员致力于寻找适合乙醇生产的基底材料，如纤维素、淀粉、甘薯等，并开发有效的预处理方法，如糖化、水解和去除抑制剂等，以增加乙醇产量；⑤生物模型与代谢工程：构建生物模型来理解微生物的代谢网络和调控机制；⑥应用领域开发：研究人员探索乙醇及其衍生产品的广泛应用领域。

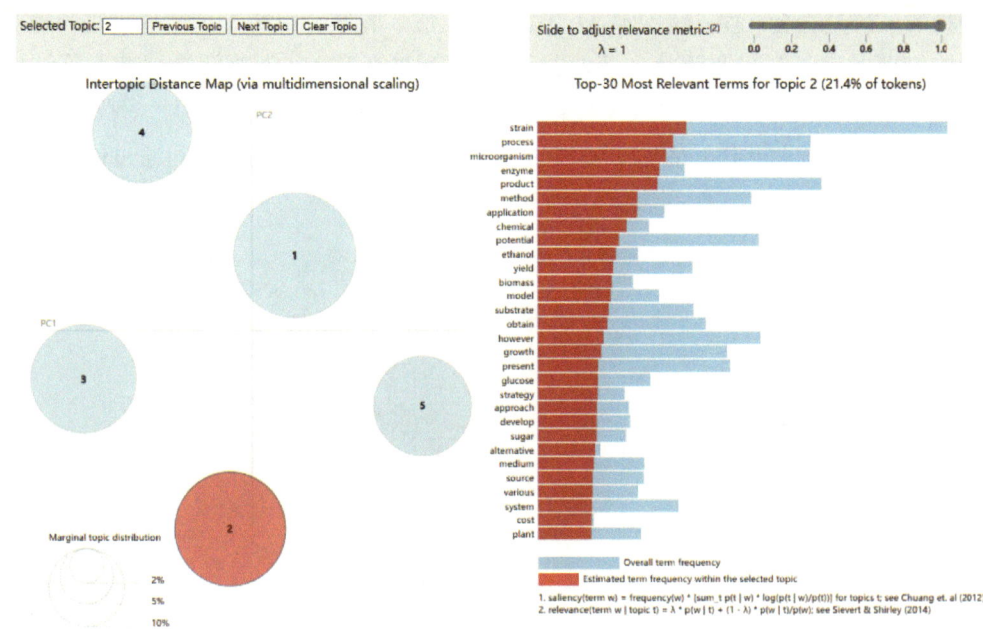

图2.35　全球农业微生物领域发酵前沿主题二：生产乙醇等化学产品的方法和应用研究

前沿主题三：关于利用细菌产生氢气的研究。利用细菌产生氢气的研究是一项有前景的可再生能源技术，被称为生物氢能。主题中显著度最高的关键词包括bacteria（细菌）、pH（pH值）、respectively（分别地）、concentration（浓度）、rate（速率）、condition（条件）、process（过程）等（图2.36）。该主题的论文主要论述了：①细菌种类：不同类型的细菌可以产生氢气，其中最常见的是属于厌氧发酵细菌，如大肠杆菌、蓝细菌、硫醇菌等；②生产机制：细菌通过代谢过程中的发酵作用，将有机物质（如葡萄糖、纤维素等）转化为氢气和其他副产物，这个过程称为生物催化反应；③能源优势：相比传统的石油、煤炭等化石燃料，生物氢能具有很多优势。首先，它是一种可再生能源，源源不断地产生氢气；其次，生产过程中没有二氧化碳的排放，对环境友好；此外，生物氢能潜在的能量密度较高，可以用于供电、燃料电池等领域；④研究进展：目前，研究人员正在探索提高细菌产氢效率的方法。这包括改良细菌菌株、调节培养条件（温度、pH值、营养物质等）以及基因工程等手段；⑤应用前景：生物氢能技术有广阔的应用前景。

前沿主题四：青贮饲料对细菌群落的影响研究。青贮是一种基于微生物活动的厌氧发酵过程，广泛用于新鲜饲料的保存，附生微生物（尤其是乳酸菌）在青贮过程中产生乳酸和乙酸等有机酸，降低pH值，抑制青贮过程中有害的厌氧菌，提高保存效率并加速和促进发酵。主题中显著度最高的关键词包括group（组）、diet（饮食）、treatment（处理）、decrease（减少）、concentration（浓度）、feed（喂养）、silage（青贮饲料）等（图2.37）。该主题的论文主要论述了：①细菌多样性：青贮饲料中存在着丰富的微生物群落，包括厌氧和需氧菌等多种类型的细菌；②细菌数量和丰度：青贮饲料中的发酵过程会产生大量的有利于细菌生长的营养物质，如可溶性糖类、纤维素等；③细菌代谢产物：

青贮饲料的发酵过程会产生一系列代谢产物,如乙酸、乳酸、甲酸等。这些代谢产物不仅直接影响细菌的生长和代谢活性,还通过调节环境pH值等途径间接塑造细菌群落结构;④抗生素产生:青贮饲料中的细菌在发酵过程中也会产生一些抗生素物质,例如乳酸菌产生的乳酸菌素;⑤细菌互作:青贮饲料中存在多种类型的细菌,它们之间通过代谢产物交换、竞争和协同作用等方式相互影响。

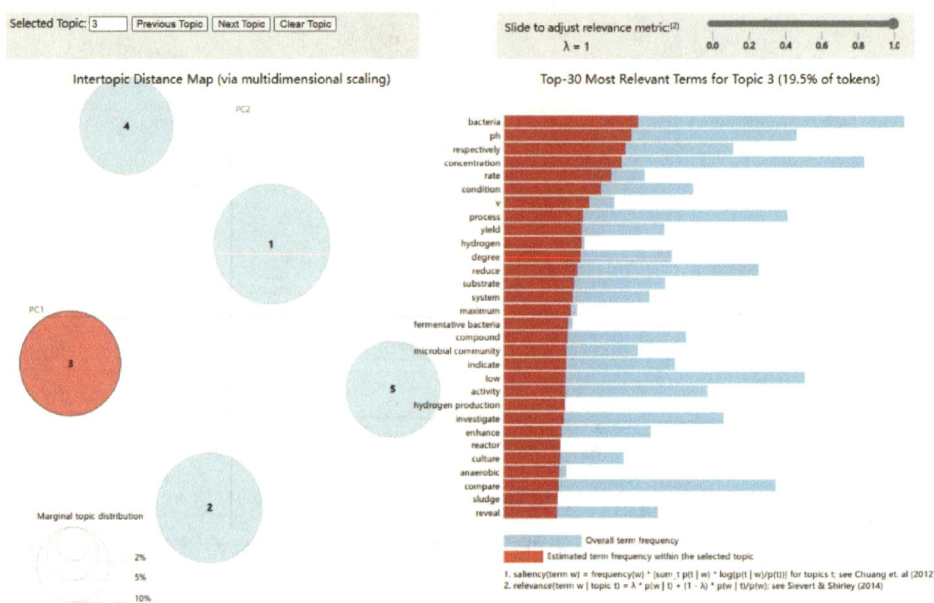

图2.36 全球农业微生物领域发酵前沿主题三:关于利用细菌产生氢气的研究

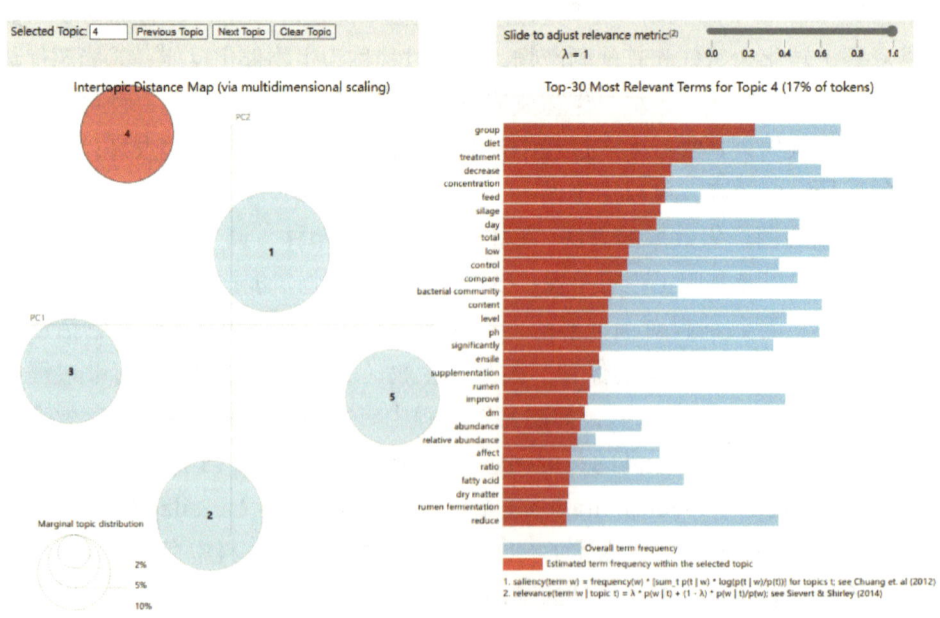

图2.37 全球农业微生物领域发酵前沿主题四:青贮饲料对细菌群落的影响研究

前沿主题五：肠道细菌发酵代谢物对人类健康的作用研究。肠道细菌发酵代谢物在人类健康中扮演着重要角色。主题中显著度最高的关键词包括cell（细胞）、gene（基因）、butyrate（丁酸盐）、fatty acid（脂肪酸）、metabolite（代谢物）、host（宿主）等（图2.38）。该主题的论文主要论述了：①营养吸收：肠道细菌通过发酵膳食纤维和其他未被小肠消化吸收的物质产生短链脂肪酸（SCFAs），如乙酸、丙酸和丁酸。这些SCFAs可以被结肠上皮细胞吸收，并为它们提供能量源。此外，SCFAs还有助于增强肠道上皮屏障功能，促进水分和电解质吸收；②免疫调节：肠道细菌代谢产物可影响免疫系统的发育和功能。例如，SCFAs能够通过刺激特定的表观遗传修饰过程，调节免疫细胞的活性。它们还可以促进调节性T细胞（Tregs）的生成和功能，从而维持肠道免疫耐受；③炎症调节：某些肠道细菌代谢产物具有抗炎作用；④肥胖与代谢调节：肠道细菌发酵代谢产物还被认为与肥胖和代谢性疾病的发生有关；⑤心血管健康：肠道细菌代谢产物也可能对心血管健康起到一定作用。

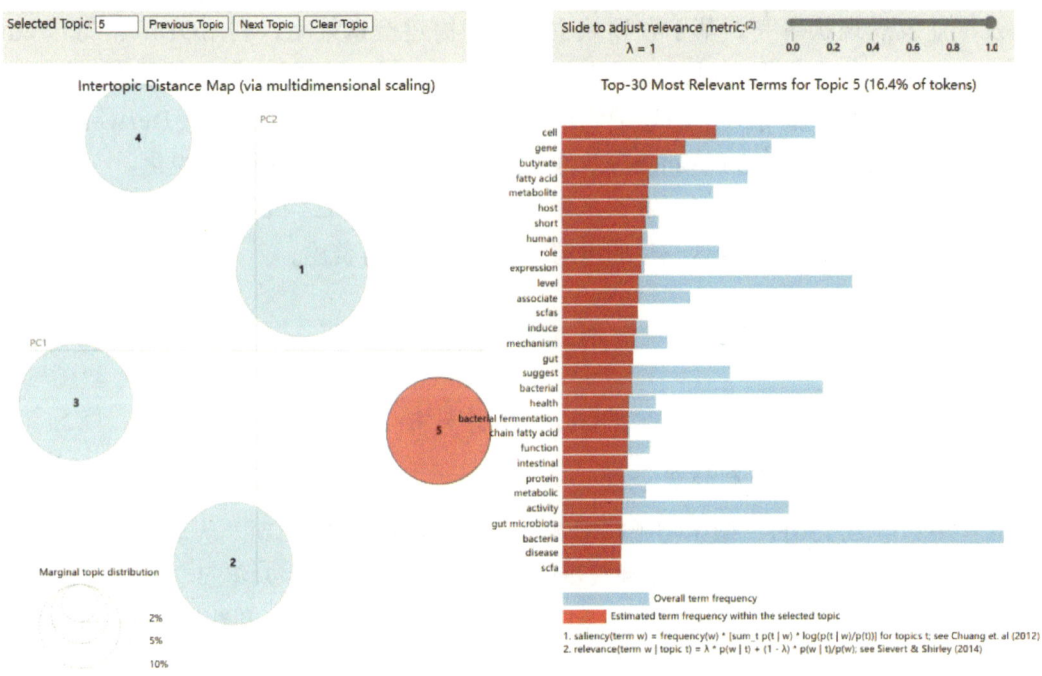

图2.38　全球农业微生物领域发酵前沿主题五：肠道细菌发酵代谢物对人类健康的作用研究

第三章

农业微生物产业化发展现状与趋势研究

本章聚焦微生物肥料、微生物农药、饲用酶制剂三类农业微生物产品技术研发态势以及产业发展现状研究。基于各领域主题分别构建检索策略，利用Orbit、Derwent Innovations Index专利数据库对各领域的专利数据和相关指标进行收集，利用政府官网、公开数据库、企业年报等对产品登记、产品列表等信息进行收集。使用Derwent Date Analyzer、Excel、Derwent Innovation等软件和分析平台进行数据分析与可视化。

考虑到专利从申请到公开的时滞，本章图中显示2021—2023年的专利数量会少于实际专利数量，因此不能完全代表这三年的申请趋势，下文不再赘述。

一、全球微生物肥料产业发展现状与趋势研究

（一）全球微生物肥料技术研发态势分析

1. 全球微生物肥料专利趋势分析

截至2023年10月30日，微生物肥料领域全球专利数量共12 185项。从全球申请趋势来看（图3.1），1910—1993年全球专利数量较少且增长缓慢，自1994年起全球专利数量出现明显增长，2010年之后则呈迅速增长趋势，尤其从2015年开始专利数量突破1 000项，

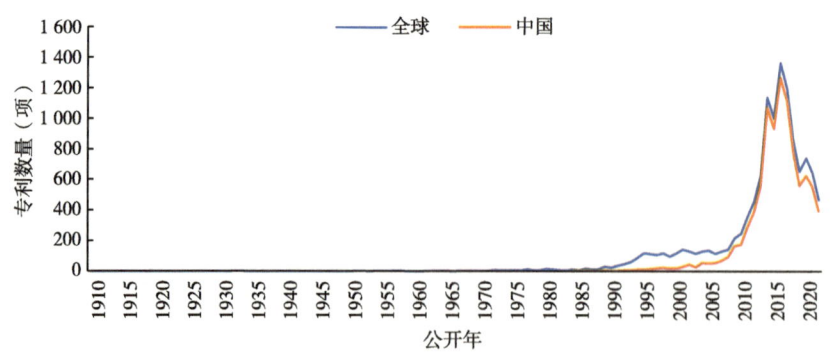

图3.1　全球微生物肥料整体发展现状

并在2017年达到近年的峰值1 605项。之后的专利数量虽有回落，但总体呈波动式上扬态势。相比而言，中国在微生物肥料领域的相关专利最早出现于1985年，随后的一段时间内专利数量较少，从2007年开始才出现持续增长，且发展态势与全球的情况相似。

2. 全球微生物肥料专利技术生命周期

根据产品技术生命周期理论，一种产品或技术的生命周期通常由萌芽（产生）、迅速成长（发展）、稳定成长、成熟、瓶颈（衰退）几个阶段构成。为了保证分析的客观性，以逻辑斯蒂模型算法为基础，以专利累计申请数量为纵轴，以申请年为横轴，通过模型计算，拟合出微生物肥料技术的生命周期曲线，见图3.2。

全球微生物肥料专利技术从1910年有专利申请，随后进入了较长的萌芽期（1910—2007年），此阶段的专利数量和产业主体均不多，相关技术处于探索和引入阶段。2008—2022年为迅速成长期：在前期菌剂研发技术的基础上，领域内产业主体从单一的菌肥转向复合菌肥、生物有机肥等。与此同时，微生物肥料市场也逐渐扩大，介入的产业主体增多，全球的专利申请量快速增长。根据模型预测，从2023年开始，微生物肥料专利技术将步入稳定期，即2023—2036年为稳定成长期，此阶段伴随着相关技术的逐渐成熟，专利申请量增速放缓。在2037—2051年，相关专利技术则会进入成熟期。

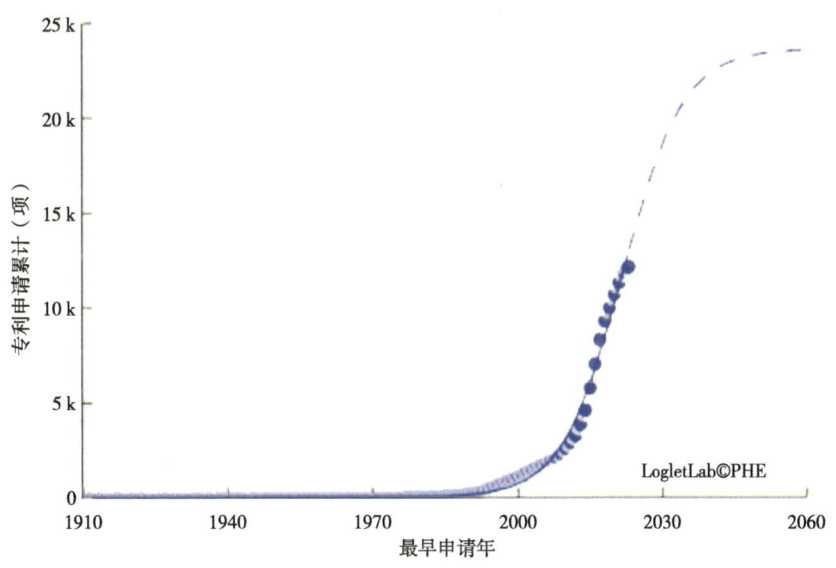

图3.2　全球微生物肥料专利技术生命周期

3. 主要技术来源与受理国家/地区分析

最早优先权国家/地区是在一定程度上反映相关技术的来源国家/地区。从全球微生物肥料领域的专利来源国家/地区分布（图3.3）来看，专利数量排名TOP5的国家/地区依次是：中国、日本、韩国、美国和俄罗斯。其中，中国为全球微生物肥料相关专利技术的主要来源国家/地区，专利数量为9 156项，占全部专利的59.8%。日本的专利数量为981项，占全部专利的7.4%，居第二位，其他国家/地区专利数量占比较少。

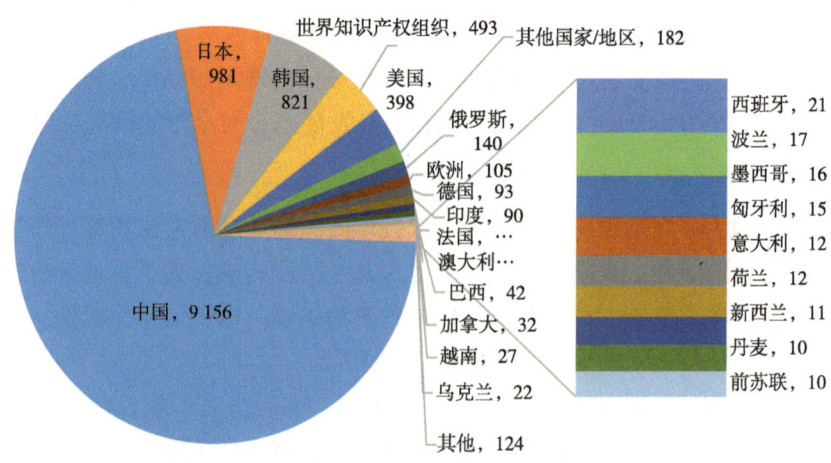

图3.3 全球微生物肥料专利主要来源国家/地区分布（单位：项）

从主要技术来源国家/地区的专利公开年份分布来看（图3.4），在专利数量TOP5的国家/地区中，美国在相关技术领域的专利公开时间最早，大概从20世纪50年代开始就在该领域开展专利技术研究。中国在相关领域的第一项专利发布于1985年，专利公开时间较晚，但在专利数量上显著优于其他国家/地区，且从2008年后增速显著。

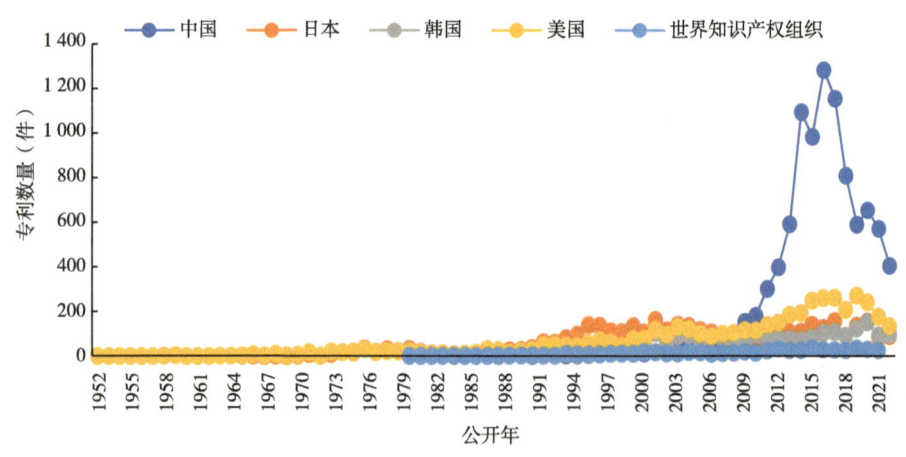

图3.4 全球微生物肥料领域TOP5国家地区专利年代趋势

从专利主要受理国家/地区专利数量来看（表3.1），中国以专利数量9 421项排名第一位，日本以1 164项排名第二位。从同族专利数量来看，中国仍以同族专利数量12 431件位居首位，美国以4 693件排名第二位，日本以4 014件排名第三位。从同族专利数与专利数比值来看，美国的专利数量虽然相对较少，但同族专利数量与专利数量比值达到8.35，显著高于其他国家/地区，一定程度上说明美国较为重视专利技术在全球范围内的传播和保护。

表3.1　全球微生物肥料专利主要受理国家/地区同族专利数量

公开国家/地区	中国	日本	韩国	世界知识产权组织	美国
专利数量（项）	9 421	1 164	926	606	592
同族专利数量（件）	12 431	4 014	2 519	4 654	4 693
同族专利数与专利数比值	1.31	3.45	2.72	7.68	8.35

4. 主要技术研究方向分析

全球微生物肥料专利技术研究主要包括微生物菌剂、复合微生物肥料和生物有机肥三个方向。其中，生物有机肥技术相关专利数量最多，共9 505件，是微生物肥料领域的重点研究方向之一。排名第二的为微生物菌剂技术，相关专利数量为8 880件。排名第三的为复合微生物肥料技术，相关专利数量为6 505件。

从专利数量年代趋势来看（图3.5），生物有机肥技术是微生物肥料领域起源相对较早的技术类别，这类肥料是有机固体废弃物（包括有机垃圾、秸秆、人、畜禽粪便、饼粕、农副产品和食品加工产生的固体废弃物）经微生物发酵、除臭和完全腐熟后制作而成的有机肥料。从1951年开始该领域就有相关专利公开，但之后的较长一段时间内专利公开数量不多，直到1992年开始专利数量显著增长，并于2017年达到高峰，当年专利公开数量超过900件，之后则呈下降趋势。复合微生物肥料也是起源较早的技术领域，20世纪90年代末期开始相关专利数量快速增长，于2017年达到高峰，后期发展态势与生物有机肥技术基本相同。微生物菌剂技术相关专利最早产出于1958年，1997—2017年期间为技术发展快速期，之后专利数量有所下降，但年度专利数量总体高于其他两个技术。

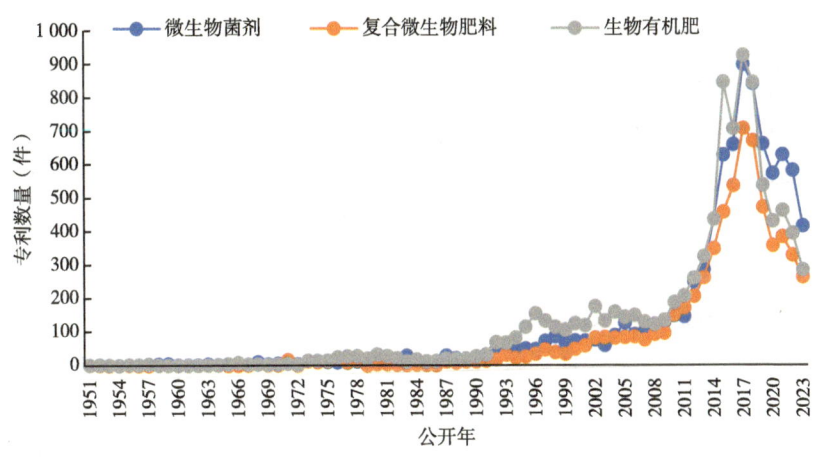

图3.5　微生物肥料专利技术发展趋势

表3.2显示了全球微生物肥料领域主要技术分支专利信息，可以看出生物有机肥技术应用起源虽然早于微生物菌剂和复合微生物肥料，但该领域近三年（2021—2023年）的专利数量占比为12.0%，说明在此期间的研发活跃度不高，主要专利来源国家/地区为

中国、美国和日本，主要产业主体为丹麦诺维信、德国康朴公司（简称康朴）、加拿大Lallemand公司（简称Lallemand）、南京农业大学、中国根力多生物科技股份有限公司（简称根力多）、深圳芭田股份（简称芭田股份）等。复合微生物肥料技术起源略迟于生物有机肥，近三年的专利数量占比也不高，为15.0%，主要专利权人有美国科迪华农业科技公司（简称科迪华）、诺维信、印度UPL Limited、康朴、根力多、先正达集团（简称先正达）。与上述两类技术相比，微生物菌剂技术近三年的专利数量占比相对较高，为18.3%，说明该领域的技术创新较为活跃，是微生物肥料领域较热门的技术，行业内主要产业主体较为丰富，有德国拜耳、科迪华、诺维信、印度UPL Limited、康朴、根力多、先正达。

表3.2 全球微生物肥料领域主要技术分支专利信息

技术分类	专利数量（件）	年代区间	近三年专利数量占比	主要来源国家/地区	全球主要专利权人	中国主要专利权人
微生物菌剂	8 880	1958—2023	18.3%	中国[5 079] 美国[1 375] 日本[453]	拜耳、科迪华、诺维信、印度UPL Limited、康朴	根力多、先正达、航天恒丰
复合微生物肥料	6 505	1952—2023	15.0%	中国[4 199] 美国[960] 日本[242]	科迪华、诺维信、印度UPL Limited、康朴	根力多、先正达
生物有机肥	9 505	1951—2023	12.0%	中国[5 545] 日本[1 083] 美国[780]	诺维信、康朴、Lallemand	南京农业大学、根力多、芭田股份

5. 中国微生物肥料产品登记情况分析

我国微生物肥料的管理与产品登记依据《肥料登记管理办法》进行统一管理，该办法对微生物肥料的登记申请、登记审批、登记管理等细则以及微生物肥料的定义做了详细解释[①]。农业农村部评审微生物肥料登记的时间为10个月左右。

根据中国农业农村部种植业管理司（农药管理司）统计数据[②]，截至2023年9月7日，登记证号以"微生物肥"开头的登记产品共计10 175个。

中国微生物肥料产品累计登记数从2013年的647个增长至2022年的10 673个；国内微生物肥料年度新增登记数从2007年的40个增长至2022年的1 259个（图3.6）。

按照不同的登记种类，登记的微生物肥料分为：生物有机肥、复合微生物肥料、有机物料腐熟剂、土壤修复菌剂、微生物浓缩菌剂、根瘤菌菌剂、光合细菌菌剂、内生菌根菌

---

① 网易. 农业农村部《肥料登记管理办法》重新修订后公布（2022-2-10）[2024-09-20]. https://www.163.com/dy/article/GVSGGBPT05258SNE.html.

② 种植业管理司（农药管理司）. 部级登记产品查询. https://flyw.agri.cn/publicvue/#/Ministerial_query.

剂、生物修复菌剂，共10大类（表3.3）。其中，微生物菌剂占比达到48%，生物有机肥占比约30%，其余种类的微生物肥料产品占比约为22%。

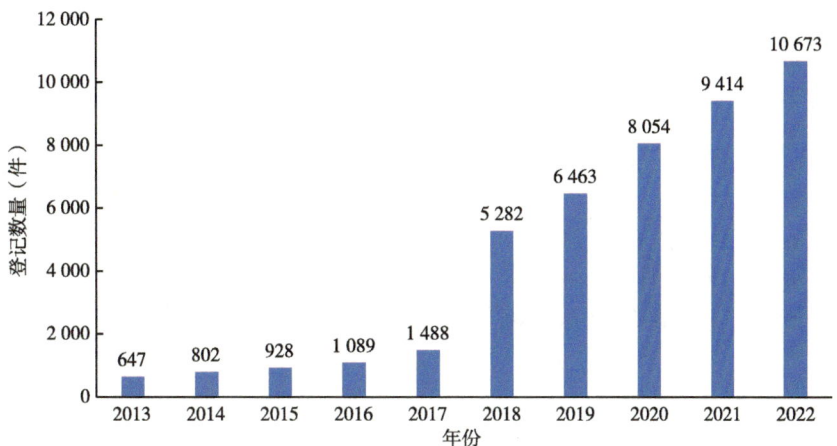

图3.6　中国微生物肥料产品累计登记数量

表3.3　2013—2022年微生物肥料产品累计登记数量

微生物肥料种类	2022年新增量	每年累计总量
微生物菌剂	643	4 886
生物有机肥	356	3 000
复合微生物肥料	179	1 719
有机物料腐熟剂	28	329
土壤修复菌剂	38	109
微生物浓缩制剂	10	53
根瘤菌菌剂	5	42
光合细菌菌剂	0	30
内生菌根菌剂	0	6
生物修复菌剂	0	1
总计	1 259	10 175

农业农村部数据显示（图3.7），用于微生物肥料的有效菌种共140多个，主要的菌种包括枯草芽孢杆菌、地衣芽孢杆菌、解淀粉芽孢杆菌等，其中含有枯草芽孢杆菌的微生物肥料数量约占33%。

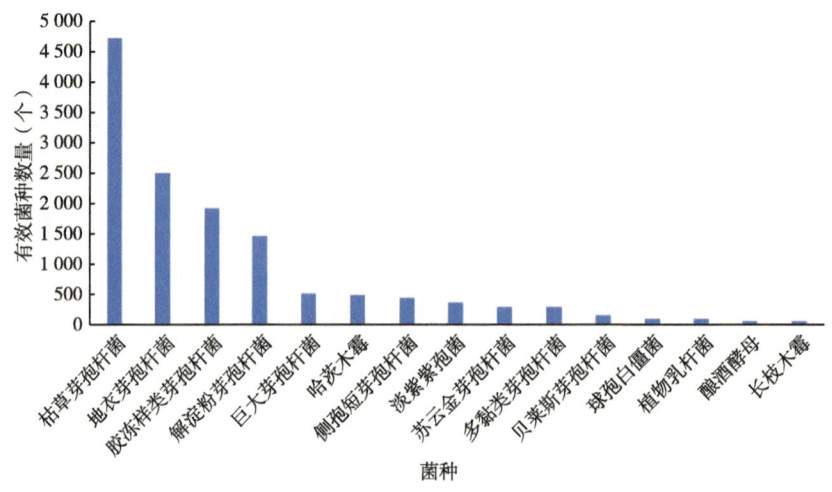

图3.7 各种类有效菌种数量情况

（二）全球微生物肥料重点产业主体技术研发分析

目前，全球生物肥料市场较为分散，为了能对全球微生物肥料的重点产业主体形成客观、清晰的认识，本节从规模、产品、盈利能力、专利产出等多个维度对全球重点产业主体进行筛选和分析。

1. 重点产业主体专利数量与技术布局

全球微生物肥料领域主要产业主体的专利数量如图3.8所示。德国拜耳公司的相关专利数量最多，为72项；其次是南京农业大学，为47项。排在第三位的是根力多生物科技股份有限公司。从地域分布来看，来自欧美地区的机构有4家，且均为大型国际公司；其他机构均来自亚洲，其中，中国的机构（覆盖高校、科研院所和企业）有5家，印度机构有1家。可以看出，中国在该领域技术研发中占有一定的地位。

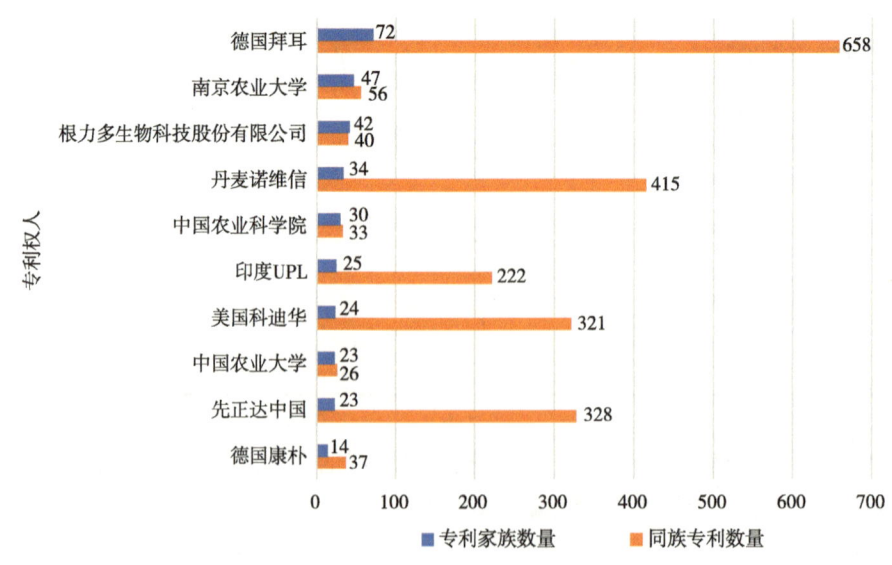

图3.8 全球微生物肥料领域主要产业主体专利数量

德国拜耳公司以658件同族专利数量居首位。丹麦诺维信公司以415件同族专利排名第二位。可以看出，国外大型产业主体的专利家族体系较为庞大，注重专利技术的全球化布局和保护。除先正达外，国内产业主体的同族专利数量相对较少，相关专利技术在全球市场份额不大。

图3.9为全球主要产业主体的专利布局情况，可以看出拜耳公司、诺维信、先正达、科迪华、印度UPL等大型跨国企业的专利布局较为广泛，主要布局国家/地区包括美国、世界知识产权组织、欧洲、中国、日本、加拿大等，说明这几家大型公司具备完善的专利布局战略。德国康朴公司的专利数量相较其他几家国外公司少，但专利布局也较为丰富，覆盖了美国、欧洲等六个国家/地区。南京农业大学和中国农业大学的大部分专利均在中国申请，只有在美国和世界知识产权组织有少量专利申请。

从专利布局国家/地区看，大型跨国机构在世界知识产权组织、美国、中国、欧洲、澳大利亚、日本、加拿大的专利布局较多，在一定程度上说明这些国家/地区在微生物肥料领域占有重要的市场地位。

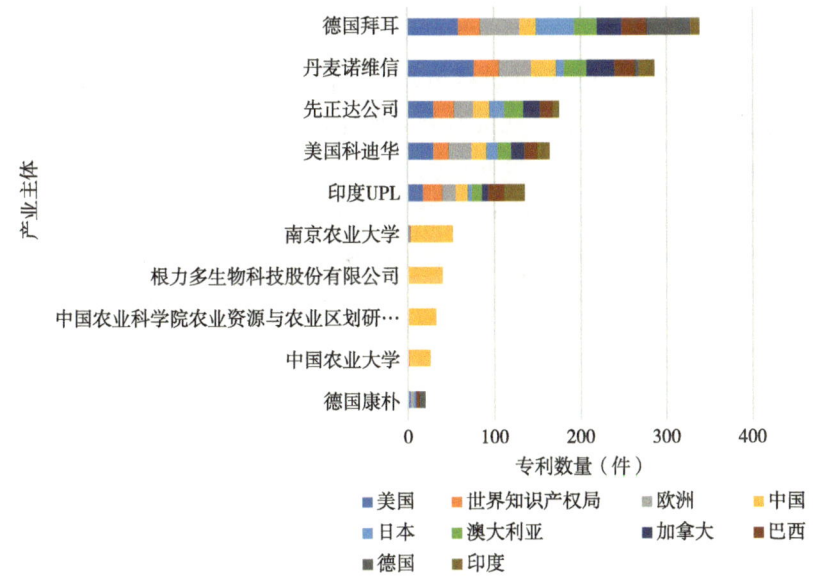

图3.9 全球微生物肥料领域主要产业主体的专利布局（单位：件）

2.重点产业主体专利价值分析

根据图3.10，拜耳公司共申请72项/658件专利，其中授权且有效专利93件，占比14.13%，在主要产业主体中有效专利占比最低。美国科迪华公司的授权且有效专利占比56.70%，在国外产业主体中最高。相比国外机构，中国的产业主体的有效专利占比均较高，根力多生公司的有效专利占比为65.00%，南京农业大学为55.36%，中国农业科学院农业资源与农业区划研究所为51.52%。整体而言，中国产业主体的同族专利数量与国外机构相比仍有较大差距，但中国的产业主体的有效专利占比高于国外机构。

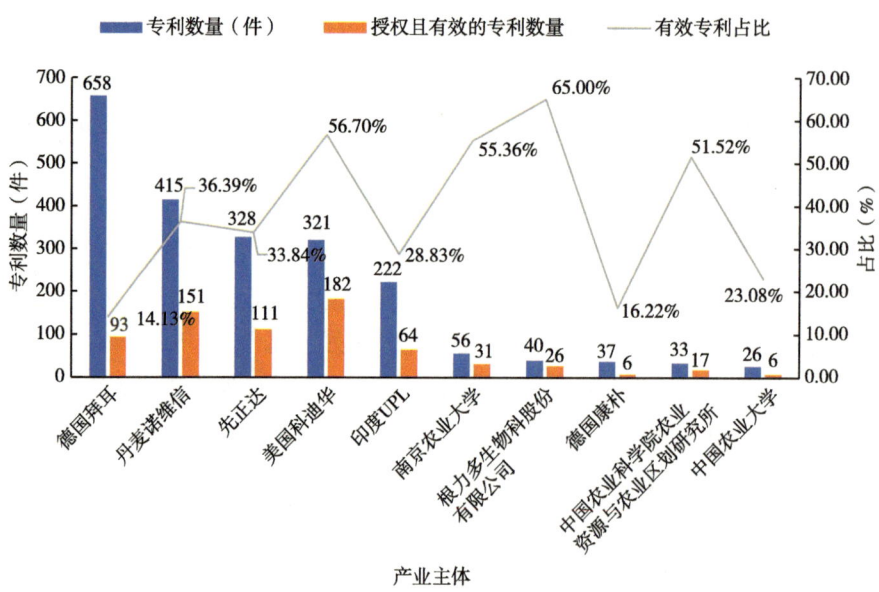

图3.10 全球微生物肥料领域主要产业主体专利数量与授权且有效专利数量对比

基于Orbit数据库中的专利价值（该数值基于专利强度计算，同时考量专利的剩余保护期，失效专利的分值为零）分值，选取专利分值在2.0以上的专利为高价值专利，10家产业主体的高价值专利共计90项，占这些机构专利总量的27.2%。根据图3.11可知，在10家主要产业主体中，高价值专利占比排名前五位的机构依次为美国科迪华公司（56.52%）、丹麦诺维信公司（41.43%）、南京农业大学40.43%、先正达公司（39.13%）和印度UPL公司（34.62%）。总体上，跨国公司高值专利占比较高，国内机构虽然专利数量排名靠前，但高值专利方面仍有进步空间。

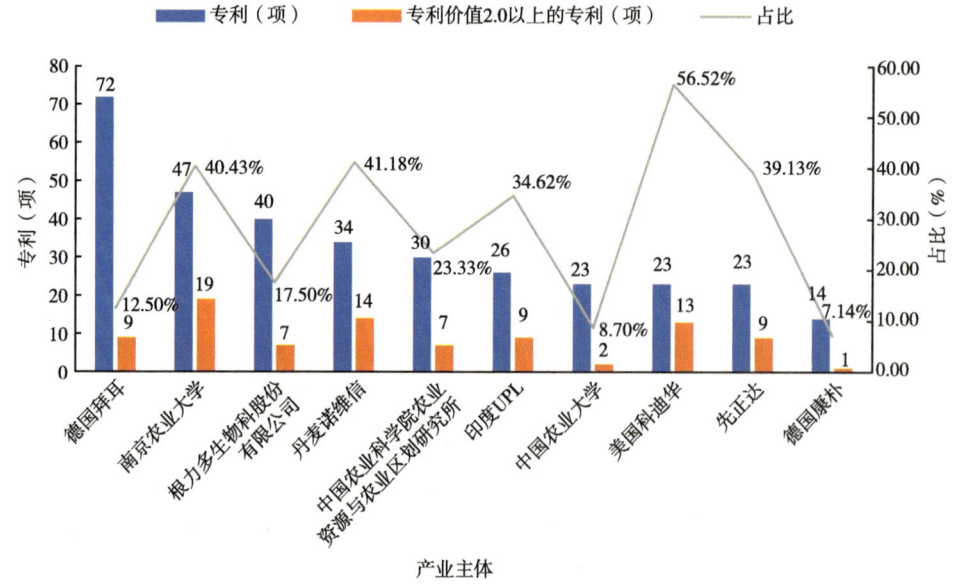

图3.11 全球微生物肥料领域主要产业主体高价值专利数量对比

（三）微生物肥料重点产业主体产业发展现状

1. 拜耳公司

拜耳公司（Bayer）在生物领域的重点研究方向是微生物及其衍生物，以及植物提取物。在作物保护方面，研发主要涉及生物/小分子LCM（Life cycle management）领域。

在市场布局方面，拜耳公司抢先布局农业微生物产品，收购了开发细菌类微生物农药产品的Agra Quest公司、研发真菌类微生物农药产品的Prophyta公司，建立了先进的生物产品技术平台以完善公司产品结构。2017年，拜耳与Ginkgo合资成立了Joyn Bio。2022年10月，拜耳宣布完成与Ginkgo的生物制品研发基地交易，将位于加州的生物制剂研发基地和平台转让给了Ginkgo，合资公司Joyn Bio的固氮及研发平台资产也全面整合至Ginkgo。在这笔交易中，拜耳还一并转让了2012年从生物农药公司Agra Quest获得的微生物资产。作为协议的一部分，拜耳保留了将Ginkgo主要候选产品（固氮微生物菌株）以及该管线其他潜在产品商业化的权利。拜耳是Ginkgo农业生物制品平台的最主要合作伙伴，重点关注作物保护、固氮和碳封存领域的重要项目。

拜耳公司与美国股份有限公司（Ginkgo Bioworks）、Joyn Bio创新固氮平台建立持续的战略合作伙伴关系，以加快生物产品的研发，自身则作为合作伙伴，通过监管和商业化来推广微生物产品。

2. 科迪华农业科技

2019年6月3日，美国科迪华农业科技（Corteva Agriscience）宣布完成从陶氏杜邦公司的拆分，独立上市成为专注于农业科技的公司，覆盖种子和作物保护两大市场领域。科迪华的生物类产品线包括了信息素、生物源农药和生物刺激素三大类。

生物刺激素是科迪华农业科技的核心产品，目前共有7种，产品的供应依据国家和地区法规要求的不同而有差异。科迪华农业科技的核心产品研发大多是通过与其他相关企业合作或者收购生物制剂公司进行共同开发。如2022年于中国正式上市的杰伴®，是与Acadian公司合作研发的产品。科迪华收购美国最大的独立生物制剂公司世多乐集团（Stoller Group），并与西班牙兴播（Symborg）公司一起开发生物刺激素益菌高（MycoUp®）[1]、微生物肥料VitaSoil[2]、Stoller Root Feed® Dry等知名产品。

3. 诺维信公司

丹麦诺维信是一家总部位于丹麦的生物技术公司，从事工业酶、微生物和生物制药成分的生产和销售，是生物解决方案领域的全球先导。2022年，农业、动物健康和营养的有机产品销售额增长了8%。诺维信公司的生物解决方案通过改善植物在土壤中获得营养的途径，提高农业产量，其结果是更好地将耕地用于粮食和饲料生产，减少了化学品的使用。在产品研发方面，诺维信公司拥有大量自主知识产权的专利来进行产品创新，许多核心产品为生物肥料与生物刺激素的混合产品，如RhizoMyco®、RhizoMyx®、RhizoMyx®GR

---

[1] 兴播公司网站.生物刺激剂产品介绍. https://symborg.com/cn/biostimulants/mycoup/.
[2] 兴播公司网站.微生物再生器产品介绍. https://symborg.com/cn/biofertilizers/vitasoil/.

等，可以用于水稻、水果、蔬菜等多种作物。

4. UPL公司

印度UPL公司在欧美、印度、越南、印尼等地设有多个先进的研发中心，拥有超过1 600个专利，虽然其中的多数并不是化合物专利，但是在剂型以及生物制剂上，其拥有着独到的技术。并且公司有意在中国布局数个专利化合物，加强其在多种作物上的解决方案优势。UPL公司非常重视通过在全球申请专利的方式，为创新产品、组合和工艺创造知识产权。公司的知识产权团队负责捕捉发明机会并将其转化为自身知识产权，同时监控专利情况，并在需要时采取适当的行动。

UPL公司相关产品大多为微生物肥料，生物刺激素产品相对较少。

5. 康朴公司

德国康朴公司（COMPO GmbH）1956年成立于德国明斯特，60多年来专注于植物养护、土壤健康及矿质营养高效利用的研究，产品涵盖特种肥料、生物刺激素和植物保护系列，是全球园艺及城市消费高端肥料市场的领导者。康朴（中国）有限公司成立于2016年9月，作为德国康朴公司（COMPO GmbH）在中国的战略合作股东，康朴（中国）传承了德国肥料制造的纯正基因和先进技术。

康朴公司在肥料研发方面拥有三大核心技术，支持其产品创新：一是叶面养分渗透加持技术，综合园艺级叶面肥养分渗透技术、分子包合技术研发而出的叶面养分渗透加持技术，能够保证养分精准渗透到叶片气孔，同时叶面肥中的活性物质能长期附着于叶片，持续供应养分；二是土壤植物双控技术：通过丰富土壤微生物多样性，提高有机质含量，激活土壤微生态，同时护磷、缓氮、提高土壤养分有效性，促进植物根系生长，提高抗逆能力，维持植物健康、土壤可持续发展；三是矿质营养激活技术：通过小分子生物刺激素与矿质营养元素有机融合形成协同高效的养分管理技术，赋予矿质营养生物活性，使其具有促生长、增抗逆、促光合、提品质等功能，同时为植物提供更高效、更持久的养分供应。

康朴公司微生物肥料类的产品结构多样，包括复合微生物肥料、复合生物刺激素、微生物菌剂，主要产品系列包括DeltaChem、SYNERGE、ekompany、COMPO等，每个系列都包含了微生物肥料、生物刺激素等多种类型。

6. 先正达集团中国

先正达集团中国依托国家级科研平台，以微生物菌剂为载体，打通"生物肥料—土壤健康—养分高效"之间的互作效应，形成了农用微生物菌剂、生物有机肥、生物复合肥、生物有机无机肥、微生物土壤改良产品等五大系列产品。近几年在15个省份、18种作物和300多处田间试验表明，公司研发推广的微生物肥料产品相较于等养分肥料产品作物可实现7%以上的增产，且抗病、提质、抗逆效果明显，土壤生物多样性大幅提升，减肥增效显著，碳排放减少，有效降低了传统肥料对环境造成的压力[①]。

---

① 先正达集团中国. 先正达集团中国微生物肥料销量突破50万吨（2023-1-12）[2024-09-20]. https://www.sinochem.com/s/16245-46258-284190.html.

2023年7月,先正达公司将其在2020年收购的生物刺激剂和特种营养素领域的先驱Valagro与其内部生物制品业务合并,为塑造全球生物制品市场的快速增长奠定了基础。先正达公司不断扩大的微生物肥料产品组合包括MEGAFOL®是一种帮助作物管理压力的生物刺激剂,以及VIXERAN®,一种叶面施用的生物肥料。除了加快其生物制品研究,先正达生物制品公司还积极开展合作,旨在迅速扩大其生物制品的供应,其应用范围广泛,包括叶面处理、种子处理、肥料组合以及非农业用途。

7. 中国根力多生物科技股份有限公司

根力多生物科技股份有限公司是一家专业从事生物蛋白系列肥料、微生物菌剂、植物营养特种肥、矿物土壤调理剂等产品研发、生产、销售、服务为一体的高新技术企业、新三板挂牌企业。在全国率先采用菌膜法生产生物肥料新工艺,自主研发的多功能生物蛋白控释肥制备方法获得国家发明专利,并先后通过欧盟有机认证Ecocert,美国NOP有机投入品认证,SGS国际实地检验认证等。根力多公司以"大三元"理念为核心,根据中国土壤、气候及作物需肥特点研制的新一代"无机营养元素+有机动植物活性蛋白+复合生物菌群全营养"组合生物蛋白复合肥料。当前已经形成9大品类、10大品牌、110个品种的产品矩阵。

二、全球微生物农药产业发展现状与趋势研究

(一)全球微生物农药技术研发态势分析

1. 全球微生物农药专利趋势分析

截至2023年11月30日,微生物农药领域全球专利数量共8 086项,24 718个申请,33 578件专利文本。从全球专利申请趋势来看(图3.12),1966—1984年全球专利数量较少且增长缓慢,年均专利申请量不超过20项。自1985年起全球专利数量出现明显增长,2000年之后则呈迅速增长趋势,尤其从2006年后中国专利申请数量迅速增长,到2017年,中国专利申请数量达到顶峰。除中国以外其他地区申请专利的数量也增长,但是相较中国

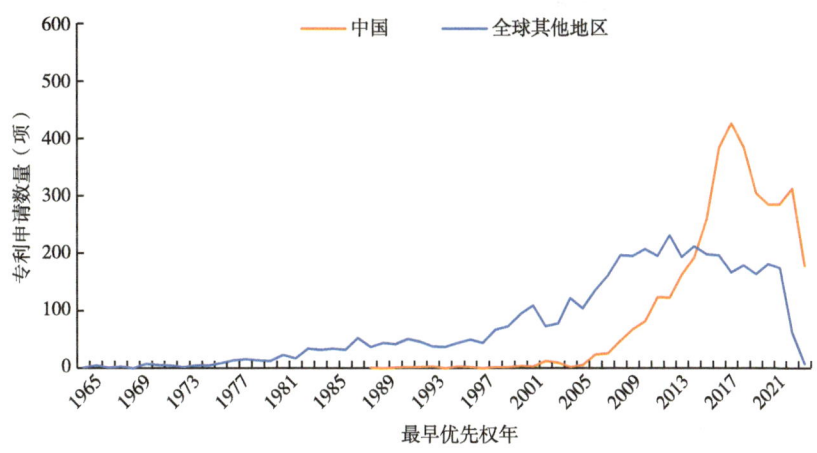

图3.12 全球微生物农药专利申请趋势

增长缓慢，2007—2017年间，除中国外其他地区专利申请数量趋于稳定，年均申请专利数量在200项左右。2018—2020年，全球专利申请数量整体略有下降，中国和全球趋势同步。

2. 全球微生物农药专利技术生命周期

全球微生物农药技术生命周期分以下几个阶段（图3.13）：

技术萌芽期（1965—1977年）。全球微生物农药专利技术从1958年有专利申请，该阶段专利数量较少，这些专利大多数是原理性的基础专利，由于技术市场还不明确，只有少数几个企业参与技术研究与市场开发，表现为重大的基本专利的出现。此时，专利数量和申请专利的企业数都较少（集中度较高）。

技术发展期（1978—2016年）。全球微生物农药专利技术相关专利申请数量从1985年开始进入快速上升阶段。随着技术的不断发展，市场扩大，介入的企业增多，技术分布的范围扩大，表现为大量的相关专利申请和专利申请人的激增。

技术成熟期（2017—2020年）。2018年后开始处于稳定发展阶段，年均产出专利400件以上。当技术处于成熟期时，由于市场有限，进入的企业开始趋缓，专利增长的速度变慢。由于技术的成熟，只有少数的企业继续从事相关领域的技术研究，且行业内很多企业存在并购，专利权人数量略有下降。

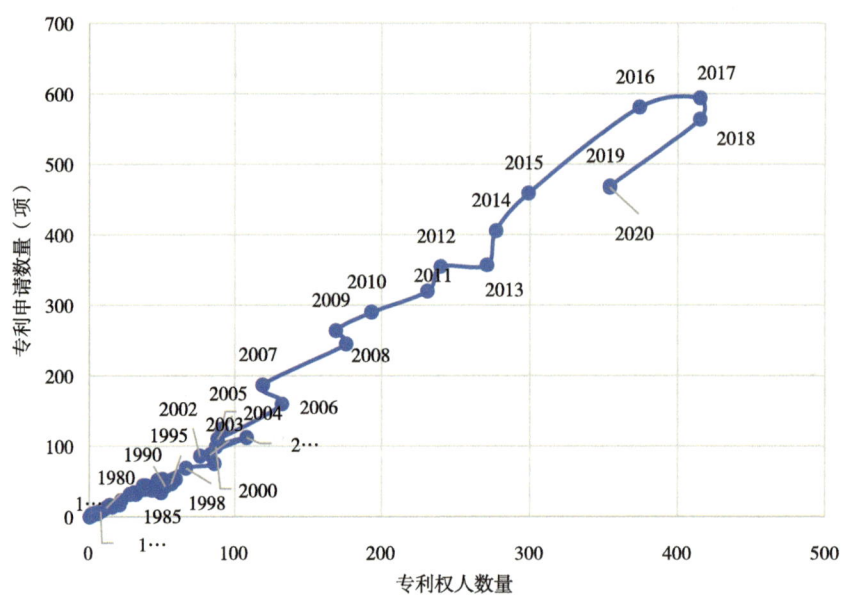

图3.13 全球微生物农药专利技术生命周期

3. 主要技术来源与受理国家/地区分析

从全球微生物农药领域的专利来源国家/地区分布（图3.14）来看，专利数量排名TOP5的技术来源国家/地区依次是：中国、美国、日本、欧洲、韩国。其中，中国作为排名第一的技术来源国，专利数量为3 821项，占全部专利的46%。美国的专利数量为1 485项，占全部专利的17.9%，居第二位。其他国家/地区专利数量占比均小于1 000项。

公开国家/地区，也就是受理国家/地区，主要反映相关技术的市场国家/地区。专利数量排名TOP5的市场国家/地区依次是：中国、美国、日本、欧洲、巴西。中国以专利数量4 756项排名第一位，其次是美国，有2 231项。

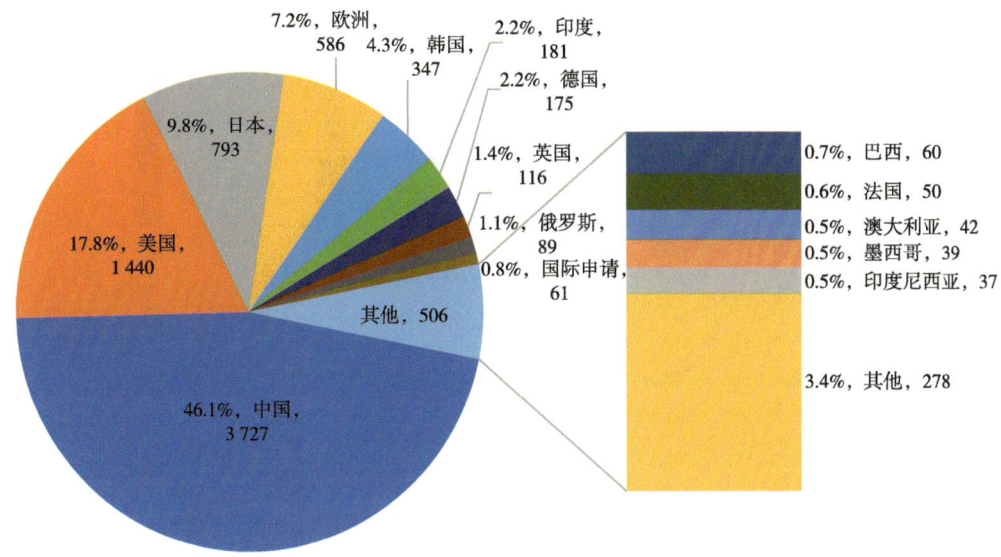

（a）TOP15技术来源国家/地区

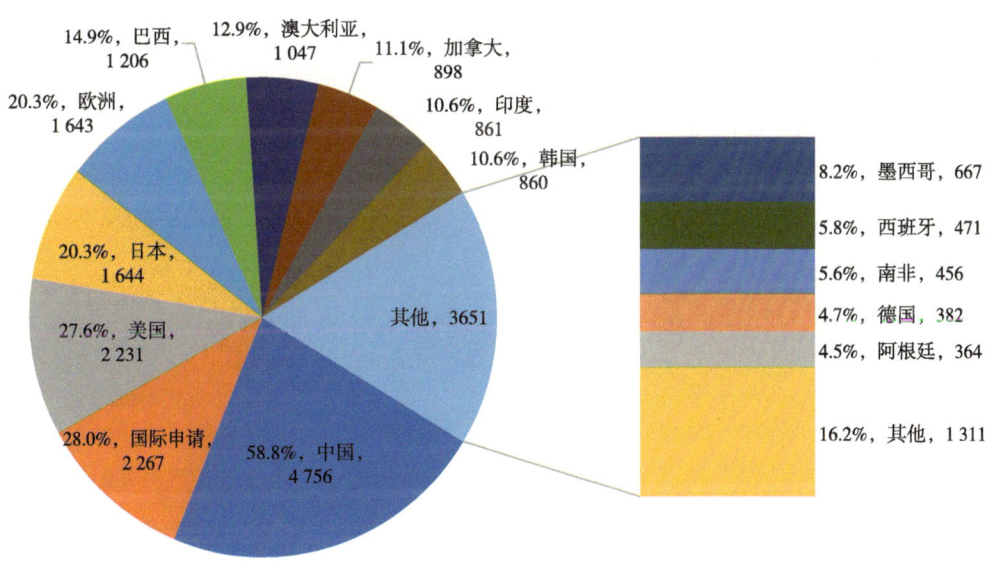

（b）TOP15市场国家/地区

图3.14　全球微生物农药专利重点技术来源国家/地区和市场国家/地区分布（单位：项）

图3.15显示了重点国家的专利申请集中度（专利申请集中度=专利申请个数/项数）情况，专利申请集中度越高，说明国家对某一项专利技术的保护程度越强。从图3.15看到，欧洲的专利申请集中度最高，为7.29。中国的专利技术集中度只有1.04，是重点国家中最低的，同时也远低于全球平均水平。

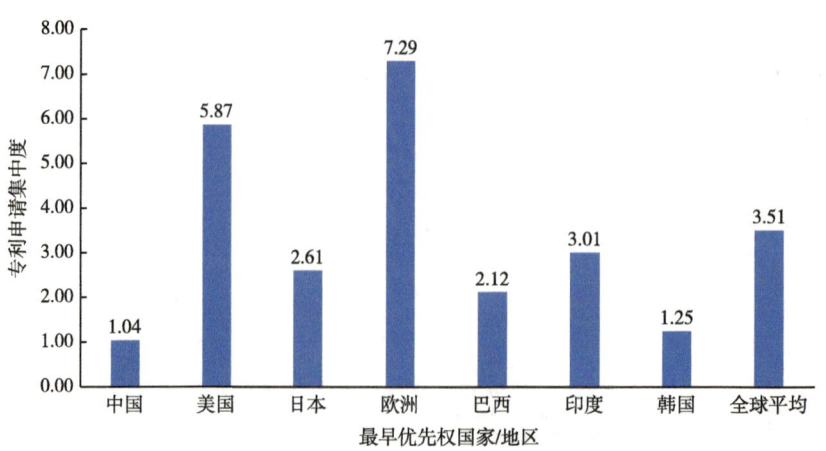

图3.15 重点国家专利申请集中度

图3.16为重点国家/地区间的专利技术流动情况。欧洲作为技术来源地，有87.53%的专利在欧洲专利局以外的其他国家/地区进行申请技术保护，占比最高。美国排名第二，有79.42%的专利在美国以外的全球进行申请。中国作为技术来源国，只在中国以外的地区申请了3.59%的专利，是所有国家中在全球申请专利占比最小的。日本既是重要的技术来源国，又是重要的市场国，其有65.10%的专利在全球进行专利申请，同时全球其他国家/地区在日本申请的专利在日本占比60.10%。巴西、印度、韩国作为技术来源国产出的专利数量较少，却是重要的市场国家。

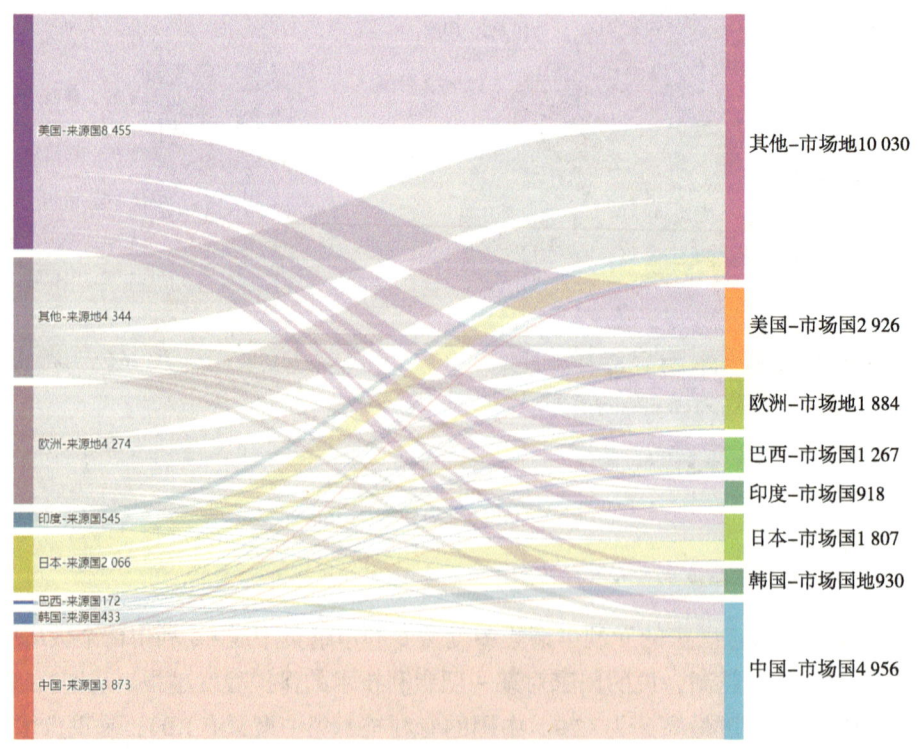

图3.16 全球微生物农药专利技术在重点国家/地区流向（单位：个）

从主要技术来源国家/地区申请专利在最早优先权年的分布情况来看（图3.17），在专利申请个数TOP5的最早优先权国家/地区中，日本在相关技术领域的专利申请时间最早，从1966年开始就在该领域开展专利技术研究。中国在相关领域的第一项专利发布于1988年。美国、欧洲、德国、日本在微生物农药方面发展比中国早。中国在2010年后专利申请数量增长迅速，在2017年达到最高点。

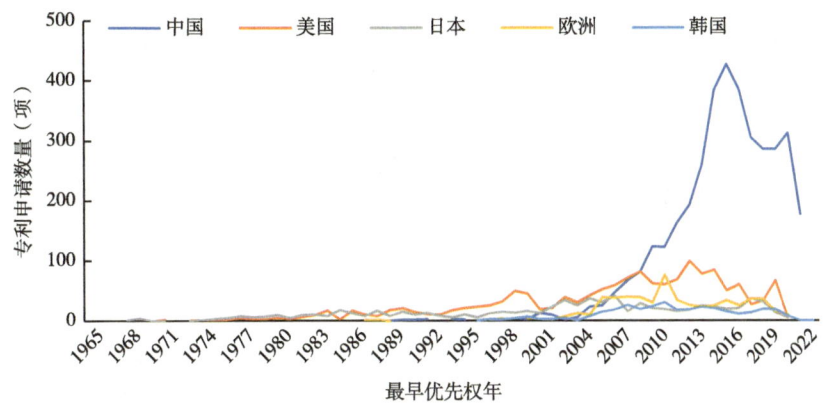

图3.17 全球微生物农药领域TOP5最早优先权国家/地区专利申请趋势

4. 主要技术研究方向分析

全球微生物农药专利技术研究主要包括微生物杀虫剂、微生物杀菌剂、微生物除草剂三个方向（图3.18）。其中，微生物杀虫剂相关专利数量最多，共4 659项，是微生物农药领域的重点研究方向之一；排名第二的为微生物杀菌剂技术，相关专利数量为3 705项；排名第三的为微生物除草剂技术，相关专利数量为258项。

从专利数量年代趋势来看，微生物杀虫剂技术是微生物农药领域起源相对较早的技术类别，从1965年开始有该领域相关专利公开。微生物杀菌剂从1966年开始有专利申请，微生物除草剂在1978年有专利申请。微生物杀虫剂和微生物杀菌剂相关的专利数量均在1980年后开始增长，直到2017年到达顶点。而微生物除草剂是专利申请数量在1981年后40年间每年都有申请，但一直比较少。

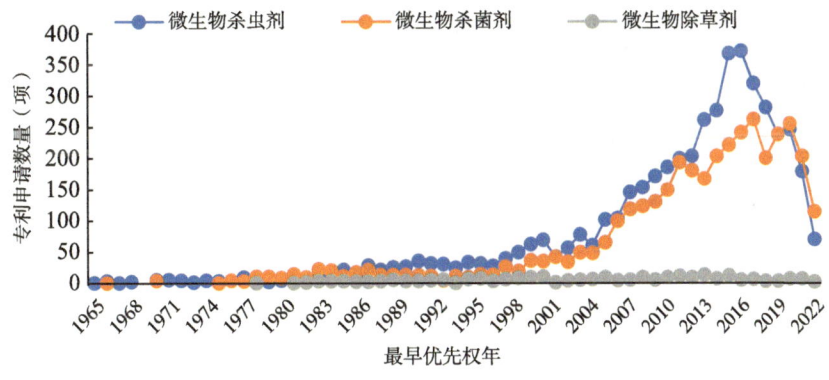

图3.18 微生物农药专利技术发展趋势

表3.4显示了全球微生物农药领域主要技术分支专利信息，微生物杀虫剂是专利申请最多的技术，微生物杀菌剂是近三年专利申请占比最高的。微生物杀虫剂、微生物杀菌剂和微生物除草剂这三项技术的主要来源国都是中国、美国和日本，其相关专利全球主要专利权人中均是德国的拜耳申请专利最多，中国企业中均是先正达中国申请专利最多。

表3.4 全球微生物农药领域主要技术分支专利信息

技术分类	专利数量（项）	年代区间	近三年专利数量占比	主要来源国家/地区	全球主要专利权人
微生物杀虫剂	4 659	1965—2023	11%	中国[2 043]；美国[1 106]；日本[341]	拜耳，德国[408]；科迪华农业科技，美国[179]；巴斯夫，德国[157]；先正达，中国[100]；中国农业科学院，中国[86]；住友，日本[83]
微生物杀菌剂	3 705	1966—2023	16%	中国[1 702]；日本[454]；美国[453]	拜耳，德国[335]；先正达，中国[153]；中国农业科学院，中国[94]；住友，日本[81]；巴斯夫，德国[77]；华南农业大学，中国[52]
微生物除草剂	258	1978—2023	7%	美国[87]；日本[60]；中国[42]	拜耳，德国[24]；日本烟草产业株式会社，日本[21]；巴斯夫，德国[14]；科迪华农业科技，美国[11]；三井化学株式会社，日本[9]；住友，日本[5]；靛蓝股份公司，美国[5]

5. 中国微生物农药产品登记情况分析

根据中国农药信息网的登记数据①，截至2023年12月7日，中国登记的微生物农药产品共有539种，其中微生物杀虫剂331种，微生物杀菌剂199种，微生物杀线虫剂9种。

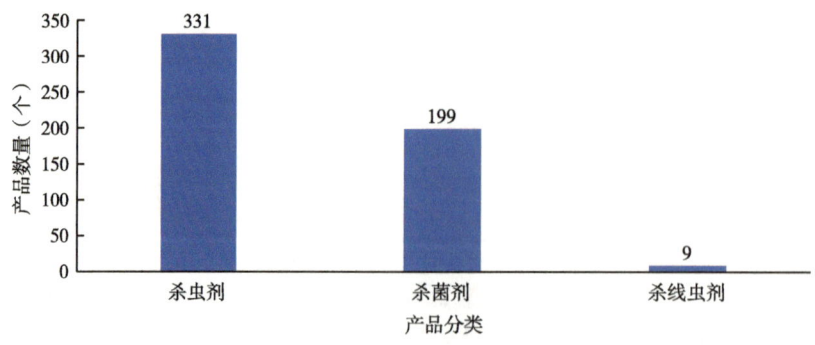

图3.19 中国微生物农药登记分类

① 农业农村部农药检定所，中国农药信息网. 农药登记数据. http://www.chinapesticide.org.cn/zwb/dataCenter.

其中，微生物农药杀虫剂登记中有效菌种主要为苏云金杆菌（数量约占总数的75%）、球孢白僵菌、核型多角体病毒、金龟子绿僵菌、淡紫拟青霉等（图3.20）。

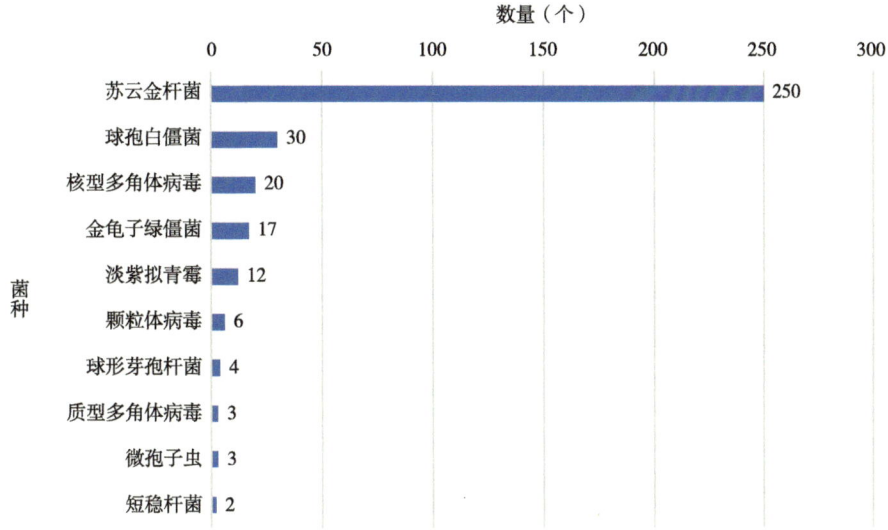

图3.20　中国微生物农药杀虫剂登记中的有效菌种数量

用于微生物农药杀菌剂的有效菌种主要为枯草芽孢杆菌（数量约占总数的48%）、蜡质芽孢杆菌、木霉菌、解淀粉芽孢杆菌等（图3.21）。

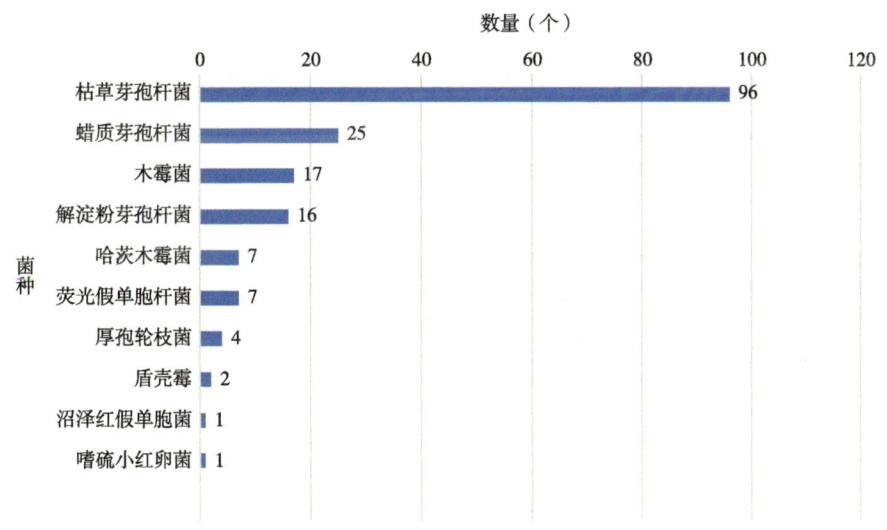

图3.21　中国微生物农药杀菌剂登记中的有效菌种数量

微生物农药登记中数量排名前十的机构分别为武汉科诺生物科技股份有限公司、武汉楚强生物科技有限公司、康欣生物科技有限公司、江苏省扬州绿源生物化工有限公司、江西天人生态股份有限公司、德强生物股份有限公司、福建绿安生物农药有限公司、山东鲁抗生物农药有限责任公司、浙江省桐庐汇丰生物科技有限公司、江西顺泉生物科技有限公司（图3.22）。

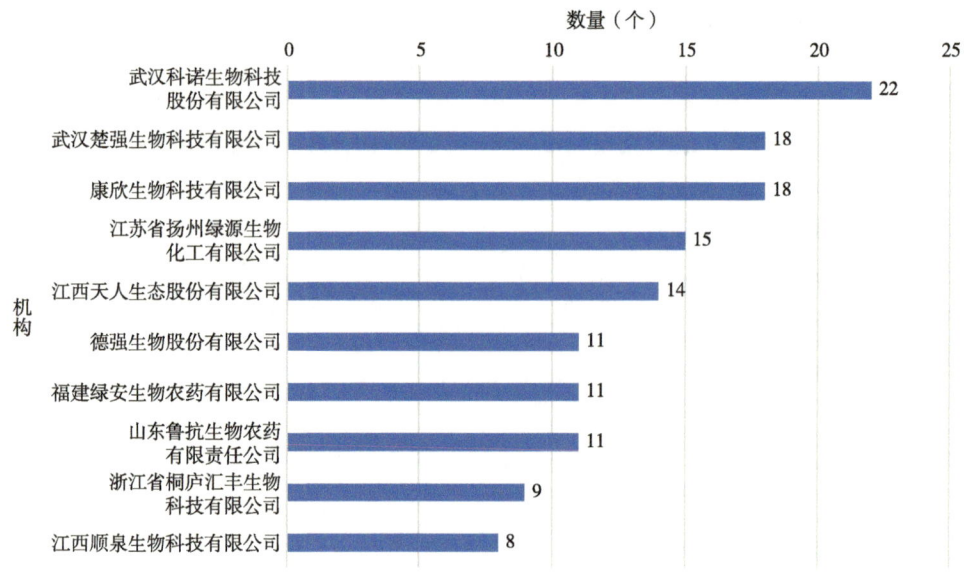

图3.22 中国微生物农药登记中TOP10机构

（二）全球微生物农药重点产业主体技术研发分析

1. 重点产业主体专利数量与技术布局

全球微生物农药领域主要产业主体的专利数量如图3.23所示。德国拜耳（Bayer）公司的相关专利数量最多，为624项；其次是中国的先正达，为233项。排在第三位的是美国的科迪华农业科技。拜耳公司和科迪华农业科技公司申请的专利中均是微生物杀虫剂专利较多，而先正达中国的微生物杀菌剂专利数量更多。

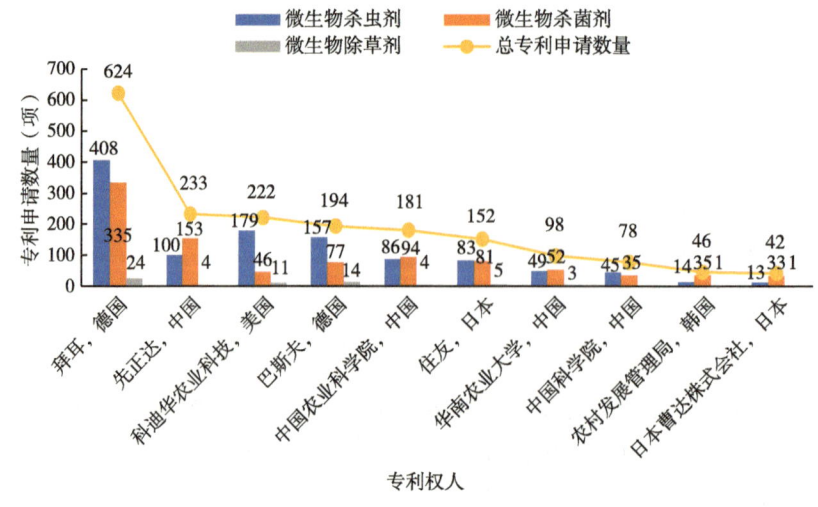

图3.23 全球微生物农药领域主要产业主体专利数量

从地域分布来看，来自欧美地区的机构有3家，且均为大型国际公司；其他机构均来自亚洲，其中，中国的机构有4家，日本机构有2家，韩国有1家。中国的机构中除国际公司先正达外，其余均为科研院所。

图3.24显示了主要专利权人的专利申请集中度（专利申请集中度=专利申请个数/项数）情况。从图3.24看到，拜耳、先正达中国、科迪华、巴斯夫这样的跨国企业，其专利申请集中度均在8左右。日本的住友和曹达的专利申请集中度也较高，均在4左右。而其余5个科研大学机构的专利技术集中度均较低，都在1左右，包括中国的中国农业科学院、华南农业大学、中国科学院和韩国的农村发展管理局。

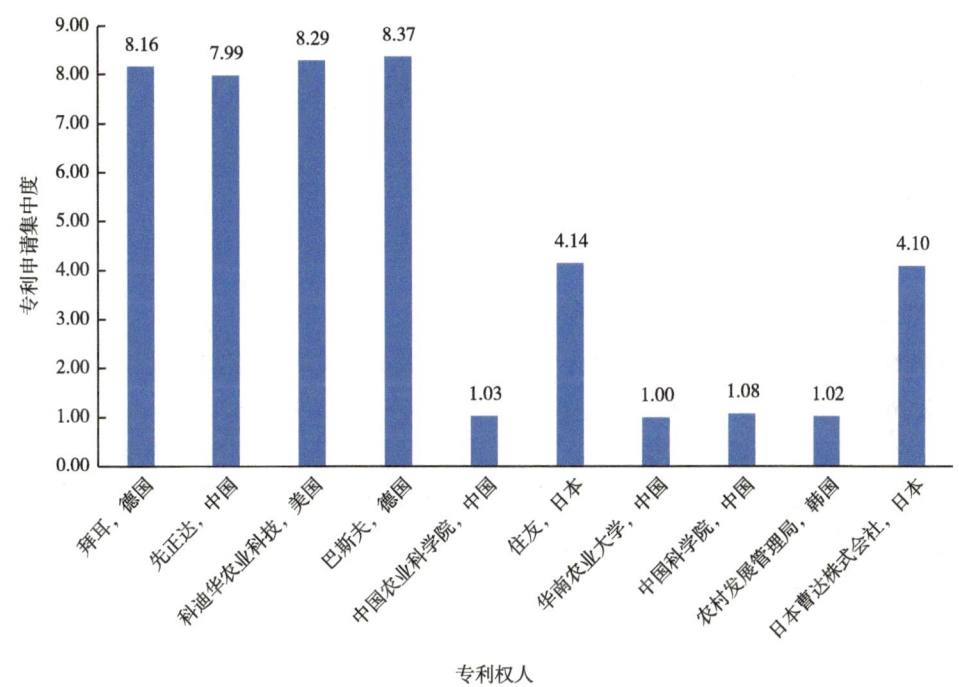

图3.24　TOP10专利权人专利申请集中度

根据全球主要产业主体的专利布局情况，可以看出拜耳、先正达中国、科迪华、巴斯夫、住友、曹达几个大型跨国企业在几个重要市场国家均有布局，其中均是在美国和欧洲申请专利最多，其次是巴西，再次是在中国、日本、印度和韩国（图3.25）。说明美国、欧洲和巴西是这些跨国企业最重视的3个市场。结合专利法律状态来看，这些机构在各国的有效专利占比接近，说明对这些重点市场的重视程度一样，都在持续维持其专利的有效性。

中国农业科学院、华南农业大学和中国科学院主要在中国申请专利。其中华南农业大学的专利没有在国外申请保护。中国农业科学院有少量专利在印度和美国申请了保护，中国科学院在美国、印度和欧洲有少量专利申请。这三个机构在中国申请的专利约70%为有效，其余多为无效专利。

上述情况说明中国的机构在相关领域的海外专利布局欠完善，有待进一步提升。

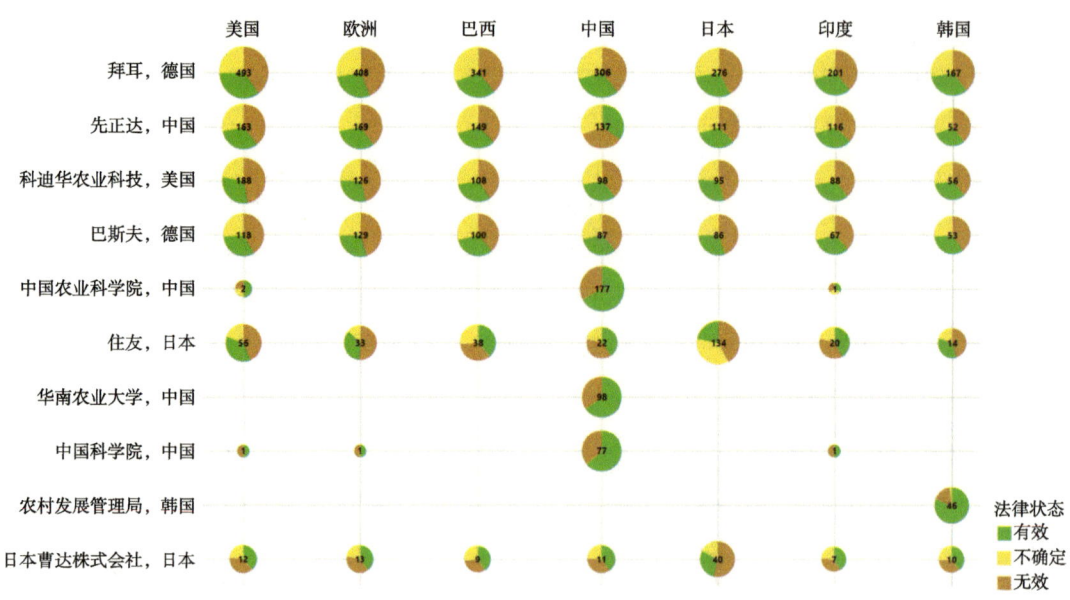

图3.25　全球微生物农药领域主要产业主体的在重点市场国家的专利布局（单位：项）

2. 重点产业主体专利价值分析

根据图3.26来看，排名前五的主要专利权人，其有效专利占比均占30%多，其中德国的拜耳公司共申请5 093个专利，其中授权且有效专利1 765件，占比34.66%。对比专利权人申请专利的年度法律状态分布发现，有效专利占比低的原因主要是早期专利均超过保护期限20年而失效。这部分已经失效的专利可以充分利用。由于排名靠后的5个专利权人申请专利时间较晚，所以其有效专利占比更高。TOP10专利权人中有效专利占比最高的是韩国的农村发展管理局，为80.85%。

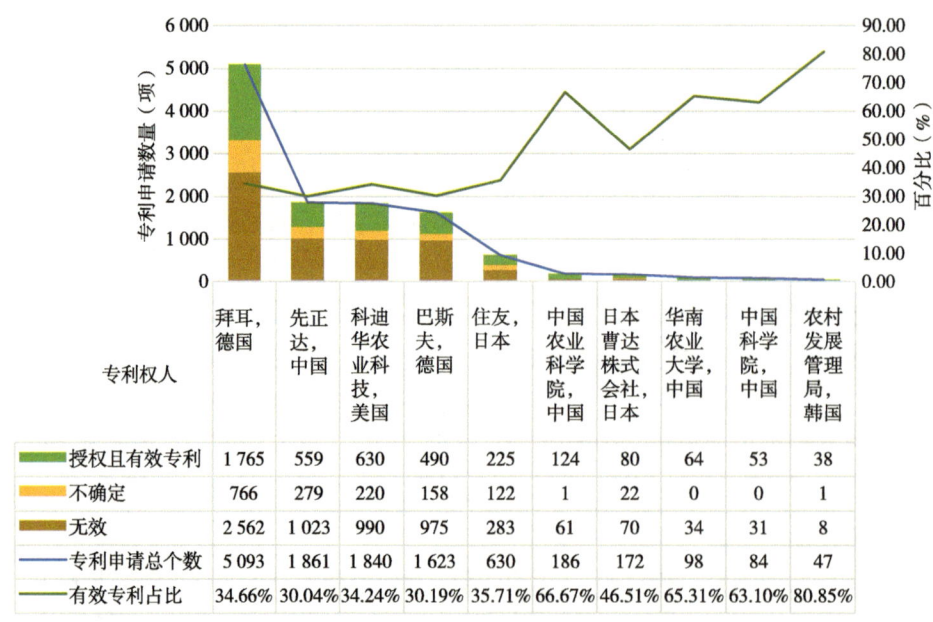

图3.26　全球微生物农药领域主要专利权人专利数量与授权且有效专利数量对比

从有效专利的个数来看，最多的仍然是德国的拜耳公司（1 765个），其次是美国科迪华农业科技公司（630个），排名第三的是中国的先正达公司（559个）。TOP5专利权人在2000年以后申请的专利，其无效专利占比随时间推移逐步下降。

从有效专利数量来看，跨国公司在该领域的专利布局更多，这也为后来进入该行业的机构设置了较多的专利壁垒。

基于DI数据库中的综合专利影响力价值（该数值基于诉讼、上游/下游事件、法律状态等参数，基础分是1分）分值，选取专利价值在3.0以上的专利为高价值专利（共5 531条，占比22.37%）。由于2000年以前的专利大部分保护时间超过20年而失效，且综合专利影响力指数中法律状态也占一定比例，故只选取最早优先权年2001年至今的专利数据（7 134项）来进行专利权人的竞争力的对比。

根据图3.27，在10家主要产业主体中，高价值专利占比排名前五位的机构依次为韩国农村发展管理局（88.89%）、中国科学院（64.47%）、日本曹达株式会社（57.50%）、中国农业科学院（55.80%）。高价值专利数量上，排名第一的是德国的拜耳公司，有451项高价值专利；排名第二的是中国的先正达，有165项；第三名是美国的科迪华公司，有145项。

总体来看，跨国公司高值专利数量较多。国内机构的高价值专利占比较高，应该重视这些专利，在国外多申请保护。

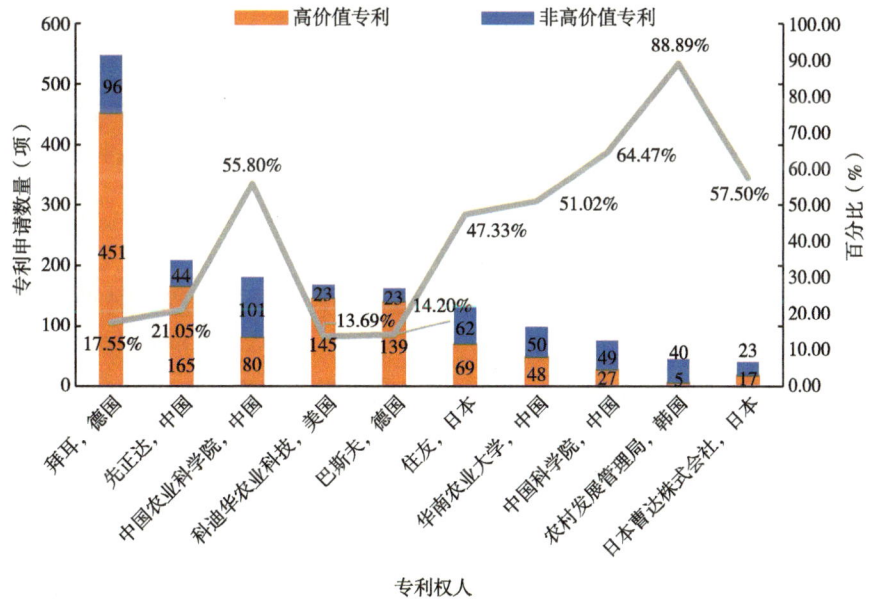

图3.27　全球微生物农药领域TOP10专利权人专利（2001年后）价值数量对比

（三）微生物农药重点产业主体产业发展现状

1. 拜耳公司

拜耳公司进入微生物农药领域的标志性时间是2009年收购以色列生物农药公司Agro

Green的坚强芽孢杆菌技术。2011年，推出了坚强芽孢杆菌和噻虫胺相结合的种子处理剂Poncho/VOTiVO，这是世界上第一个化学农药和生物农药相结合的种子处理产品。2018年拜耳公司收购孟山都公司，种子和除草剂方面的业务规模进一步扩大[①]。

除了直接收购外，拜耳还一直致力于尖端生物制品领域，加强与提供相关产品和技术的组织的合作。2015年，拜耳作物科学与Elemental Enzymes合作发起了一项提高作物产量的计划，其中涉及应用土壤微生物促进作物健康和提高产量。2018年收购孟山都后，拜耳继续与诺维信公司合作共同营销BioRise-2，这是一种结合了Acceleron B-300 SAT活性成分的玉米微生物种衣剂[②]。同时，拜耳公司还在农业领域探索了广泛的微生物解决方案，包括含有微生物或源自微生物的产品。这些微生物溶液可以以各种方式应用，例如应用于种子表面、直接应用于土壤或植物本身。这些产品旨在补充或提供化学农产品的替代品，有助于提高抗性管理，针对特定害虫，或减少水果和蔬菜中的残留物。

2. 科迪华农业科技

2022年下半年，科迪华农业科技公司先后收购了生物领域最大生物制剂公司世多乐（Stoller Group）集团以及拥有新兴生物防治产品线与系列产品的兴播公司（Symborg），其生物类产品研发和生产线由此进一步扩张。

除了Bexfond™生物杀菌剂、Hearken®生物杀虫剂等知名产品外。科迪华公司针对天然衍生的多杀菌素杀虫剂的开发进行了大规模投资。2019年，科迪华公司投资145.3亿美元，将生物杀虫剂Spinetoram（Jemvelva™，乙基多杀菌素）和Spinosad（Qalcova™，多杀菌素）的产量扩大100%，这两种杀虫剂具有天然有效成分，曾获得中国绿色食品协会颁发的绿色食品生产资料认证以及美国绿色化学挑战奖。目前已经被广泛应用于包括水果、蔬菜、大豆、玉米、大米等作物的耕作和保护当中[③]。

3. 先正达集团中国

先正达集团中国作物营养业务于2016年正式入局微生物领域，依托先正达集团中国雄厚的科技资源，与国内领先的科研院所、企业深入合作，打通从研发到产业化通道。

2023年，先正达集团从英国生物防治技术开发商Bionema Limited收购了两种下一代生物杀虫剂NemaTrident®和UniSpore®，与印尼基于信息素的作物保护解决方案的领先供应商Provivi共同推进针对水稻害虫的信息素Nelvium™的商业化，其主要的微生物农药产品还包括以贝莱斯芽孢杆菌为主要成分的杀菌剂、杀线虫剂ARVATICO®，以酿酒酵母菌为主

---

① Bayer. Agriculture Biologicals, Innovation Inspired by Nature. https://www.bayer.com/en/agriculture/agriculture-biologicals.

② AgNews. Biological products will play an increasingly vital role in Bayer CropScience's overall strategy: Exclusive interview with Benoit Hartmann（Head of Biologics R&D at Bayer）. https://news.agropages.com/News/NewsDetail---39681.htm.

③ 科迪华农科技. Qalcova™和Jemvelva™有效成分在科迪华不断拓展的持续创新产品序列中成为新亮点.（2021-03-23）[2024-09-20]. https://www.corteva.cn/media-center/corteva-agriscience-announces-new-global-brand-for-naturally-derived-spinosyn-insecticides.html.

要成分的杀菌剂ROMEO®，以球孢白僵菌为主的ARBIOGY®。

4. 巴斯夫公司

巴斯夫公司利用先进生物技术和发酵技术进行微生物产品研发，重视知识产权保护和技术创新。

根据巴斯夫公司2022年财报数据显示，2022年巴斯夫销售收入为873亿欧元，其中农业解决方案部门销售额占总销售额的12%。当年巴斯夫在全球范围内申请了约1 000项新专利，其中近40%涉及可持续发展的创新研发。

巴斯夫公司在产品研发创制的过程中使用了先进的生物技术与工具对微生物菌株进行筛选和鉴定，并增加微生物产量。其主要微生物农药产品包括：以白僵菌菌株为主要成分的生物杀虫剂Velifer®，以解淀粉芽孢杆菌为主要成分的生物杀菌剂Serifel®，以及杀线虫剂Nemasys®。

5. 住友化学株式会社

日本住友化学株式会社（简称：住友化学）成立于1913年，主营农业肥料和农药。1971年成立宝家综合研究所，强化在医药及农药领域的研发体制。2002年接收武田药品工业株式会社转让的农药事业，此后与多家海外公司在农药方面进行合作研发，生产针对危害农作物的多种害虫的有效杀虫剂、针对不同作物的除草剂、防止农作物病害的杀菌剂，以及可提高农作物生长和品质的植物生长调节剂等产品。

住友化学致力于新型微生物农化产品的开发，并不断拓宽其海外业务。2014年在美国建立微生物作物保护产品活性生产工厂，2015年在美国收购一项根际微生物业务，通过全资子公司Valent Biosciences开设美国根际微生物业务，2018年成立生物研发中心，2022年收购以生物刺激素和天然农业材料衍生产品为主营业务的FBSciences Holdings，从而进一步扩大其在微生物农化方向的业务。同时住友化学还在印度、南美、欧洲以及澳洲地区开设分公司并建设生物研发实验室，以便及时在当地申请并上市研发的微生物农药产品[1]。住友化学主要的微生物农药产品系列包括以芽孢杆菌为主要成分的杀虫剂DiPel®、杀菌剂LEAP®、杀线虫剂Aveo® EZ，以及以哈茨木霉、荧光假单胞菌为主要成分的杀菌剂TRICHO HR™与SUDOCEL™。

6. 曹达株式会社

日本曹达株式会社（简称：曹达）致力于研发低剂量具备活性且易分解、可降解的农业和园艺用产品。以精简农业生产为目标，培育和发展核心技术，支持利用信息通信技术实现农作物保护的省力化，实现高质量农产品生产。曹达具有完整的研发架构，能够在内部独立开展化学合成研究、生物学研究、安全性研究、制剂研究以及现场评价。同时，曹达致力于践行可持续目标，促进微生物农药、天然农药和生物刺激素的销售与开发是该集团的长期愿景之一。

---

[1] Chemical Processing. Sumitomo Chemical Acquires FBSciences. https://www.chemicalprocessing.com/industrynews/news/21548896/sumitomo-chemical-acquires-fbsciences.

在研发出系列产品的基础上，曹达致力于将自主研发的微生物农药产品推广至海外市场，2021年2月，由曹达研发的多效广谱杀菌剂MIGIWA（Ipflufenoquin）在日本上市，2022年3月，该产品通过美国环保署审核在美国登记上市，2023年1月在澳大利亚获批登记[1]。除以上产品外，由曹达研发的生物农药AGROCARE（枯草芽孢杆菌）和MASTERPIECE（罗得西亚假单胞菌）也在市场实现了稳定销售，继续努力加强利用微生物各种功能开发生物农药也是曹达的研发主要任务和目标之一[2]。

7. 湖北省生物农药工程研究中心

湖北省生物农药工程研究中心，隶属湖北省农业科学院。中心致力于打造微生物新药筛选与创制、多功能中试与产业化、全天候智能温室评价和立体种养高值化微生物循环农业试验示范等国际水准、国内一流的研发与转化平台体系，为产业发展和"三农"事业提供科技支撑。自1994年成立，经过20多年的发展，构建了微生物资源发现、微生物工程开发和微生物农业应用三大特色学科，并在微生物农药工程化、国际化方面形成了核心优势[3]。

湖北省生物农药工程研究中心自2012年起与先正达集团建立合作，设立先正达天然产物创新中心，共同致力于微生物源农药先导化合物发现，主要包括：微生物资源的挖掘、收集与整理；农药活性筛选模型的建立与微生物资源的评价；微生物来源的农药活性化合物的早期鉴别；微生物来源的农药活性化合物的分离、纯化、结构鉴定与深入评价；微生物源农药活性化合物的结构优化与衍生[4]。

8. 江西天人生态股份有限公司

江西天人生态股份有限公司是一家集研发、生产、销售及技术服务于一体的高科技生物农药企业，主要生产高效、低毒、无公害、无残留、无抗药性的绿色环保真菌杀虫剂，产品广泛用于多种林、农害虫的生物防治。承担了"作物重要土传病虫害生物防治菌剂研发""农药专用助剂创新开发"两项国家"十二五"重大科技专项和国家相关环保部门"微生物农药环境安全使用技术研究"[5]。

天人生态是拥有松材线虫生物防治技术的企业，公司构建了虫生真菌菌种保藏库（保存菌种4 600多株），并已形成研发、菌种培育、母药生产、制剂生产到技术服务的完整产业链。天人生态开发的球孢白僵菌和金龟子绿僵菌原药制剂等产品获得国家发明专利。

---

[1] 世界农化网. 日本曹达新型广谱杀菌剂ipflufenoquin在澳大利亚批准登记.（2023-0-08）[2024-09-20]. https://cn.agropages.com/News/NewsDetail---27575.htm.

[2] Nippon Soda Group. Nippon Soda Group Integrated Report 2022. https://moneyworld.jp/stock/4041/news/disclosure/20221219580289.

[3] 今日湖北. 湖北省生物农药工程研究中心 专注生物农药 服务绿色发展.（2020-01-16）[2023-09-23]. http://www.hubeitoday.com.cn/post/5/114678.

[4] 世界农化网. 先正达在湖北光谷建研发中心.（2012-10-19）[2023-09-23]. https://cn.agropages.com/News/NewsDetail---4173.htm#:~:text=%E4%B8%96%E7%95%8C%E5%86%9C%E5%8C%96%E7%BD%91%E4%B8%AD%E6%96%87%E7%BD%91%E6%8A%A5%E9%81%93.

[5] 江西省工业和信息化厅. 江西天人生态工业有限责任公司.（2020-12-16）[2024-09-20]. http://gxt.jiangxi.gov.cn/art/2020/12/16/art_51606_2996941.html.

三、全球饲用酶制剂产业发展现状与趋势研究

（一）全球饲用酶制剂技术研发态势分析

1. 全球饲用酶制剂专利趋势分析

截至2023年12月15日，饲用酶制剂领域全球专利数量共11 418项/21 771件专利申请。从全球专利年代趋势来看（图3.28），1965—1985年饲用酶制剂领域处于初始发展阶段，年度专利数量相对较少，大部分年份的专利数量在10项以下。1986—1999年全球专利数量开始逐年增多呈现缓慢升高的趋势，1999年专利数量达87项。2000—2018年，全球饲用酶制剂专利数量显著增加且发展迅速。2000年专利数量突破百项，2018年专利数量为1 143项，大约是2000年专利数量的10倍。2019—2021年专利数量略有下降。

中国饲用酶制剂的专利申请起步于20世纪90年代，较之全球专利申请的时间晚，中国专利在1992—2005年间经历了约十年的初始发展阶段，2006—2017年中国饲用酶制剂专利发展势头迅猛，特别是2010年后专利数量增长速度加快，2017年专利数量1 238项，是专利数量的高峰。2018—2020年专利数量稍下降。

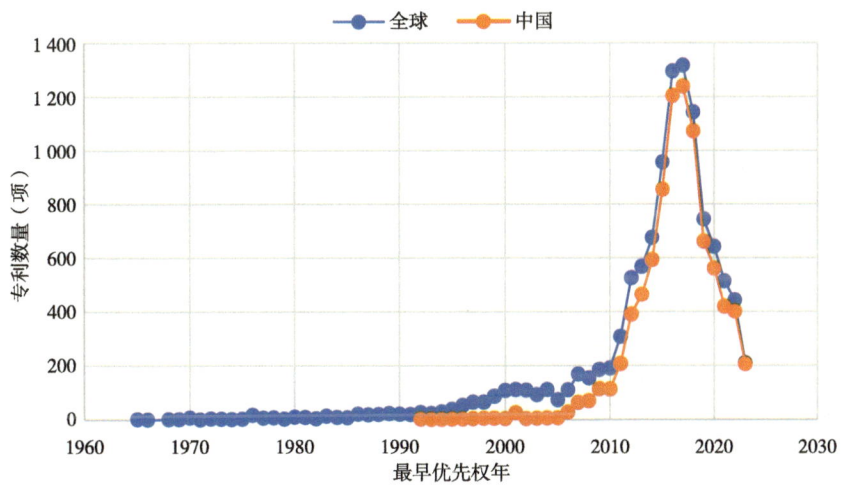

图3.28 全球饲用酶制剂专利申请趋势

2. 全球饲用酶制剂专利技术生命周期

如图3.29所示，全球微生物农药技术生命周期分以下几个阶段：

技术萌芽期（1965—1987年）。全球微生物农药专利技术从1965年开始有专利申请，该阶段专利数量较少，这些专利大多数是原理性的基础专利，技术内容包括对细菌、霉菌等微生物特别是突变株的理化性质进行鉴定，并对其是否适于作为饲料添加剂进行探索，以及尝试制备含有酶的畜禽饲料添加剂。由于技术市场还不明确，只有少数几个企业参与技术研究与市场开发，表现为重大的基本专利的出现。此时，专利数量和申请专利的企业数都较少（集中度较高）。

技术发展期（1988—2017年）。全球微生物酶制剂专利技术相关专利申请数量从1988年开始进入快速发展阶段。随着技术的不断发展，介入的专利权人增多，技术分布与市场范围也随之扩大。在此阶段，酶制剂在饲料中的应用增加，技术研发活动频繁，技术内容聚焦于以蛋白酶、淀粉酶、植酸酶、纤维素酶、β-葡聚糖酶等为基础，针对畜、禽、水产动物不同的生长特性设计复合酶制剂配方来提高动物健康状态、抗病性；改良酶制剂剂型加工工艺；利用生物工程技术改造微生物遗传基因，筛选优良菌种，提升酶制剂抗热、抗酸特性等。

技术成熟期（2018—2020年）。2018年后饲用酶制剂开始处于稳定发展阶段。当技术处于成熟期时，由于市场有限，进入该领域的专利权人数量开始趋缓，由于技术的成熟加之行业内很多企业存在并购现象，专利权人数量和专利数量均略有下降。

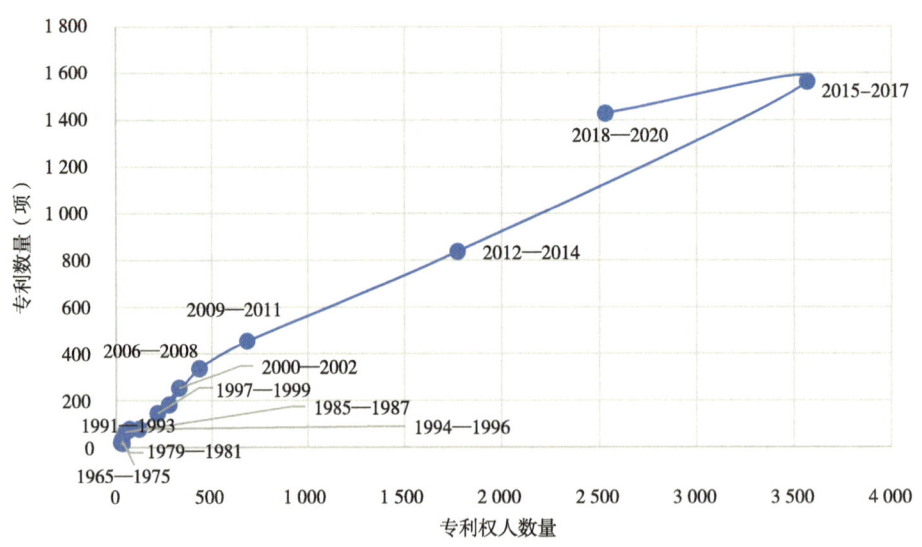

图3.29　全球饲用酶制剂专利技术生命周期

3. 主要技术来源/受理国家分析

最早优先权国家/地区在一定程度上反映相关技术的来源国家/地区。从全球饲用酶制剂领域的专利来源国家/地区分布（图3.30）来看，专利数量排名TOP5的技术来源国家/地区依次是：中国、美国、日本、欧洲、韩国。其中，中国作为排名第一的技术来源国，专利数量为8 728项，占全部专利的76.4%。美国的专利数量为1 485项，占全部专利的9.02%，居第二位。其他国家/地区专利数量均小于1 000项。

公开国家/地区也称专利受理国家/地区，主要反映相关技术的市场国家/地区。专利数量排名TOP5的市场国家/地区依次是：中国、美国、国际申请、欧洲、日本，可见各国会向世界知识产权组织提交一定比例的国际申请来进行技术的海外布局。在中国申请的专利有9 757个项排名第一位，其次是美国，有2 197个。

对比技术来源国/地区和市场国/地区发现，中国、美国、日本、欧洲这四个既是重要的技术来源国/地区,又是重要的市场国/地区。韩国和丹麦是该领域的重点技术来源国,但在这两个国家布局的专利数量并不多。

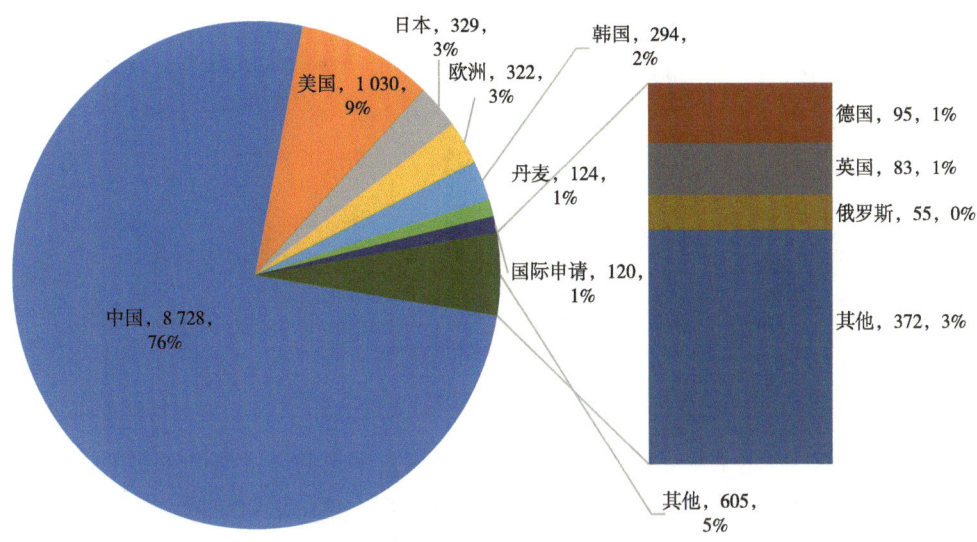

(a) TOP10技术来源国家/地区

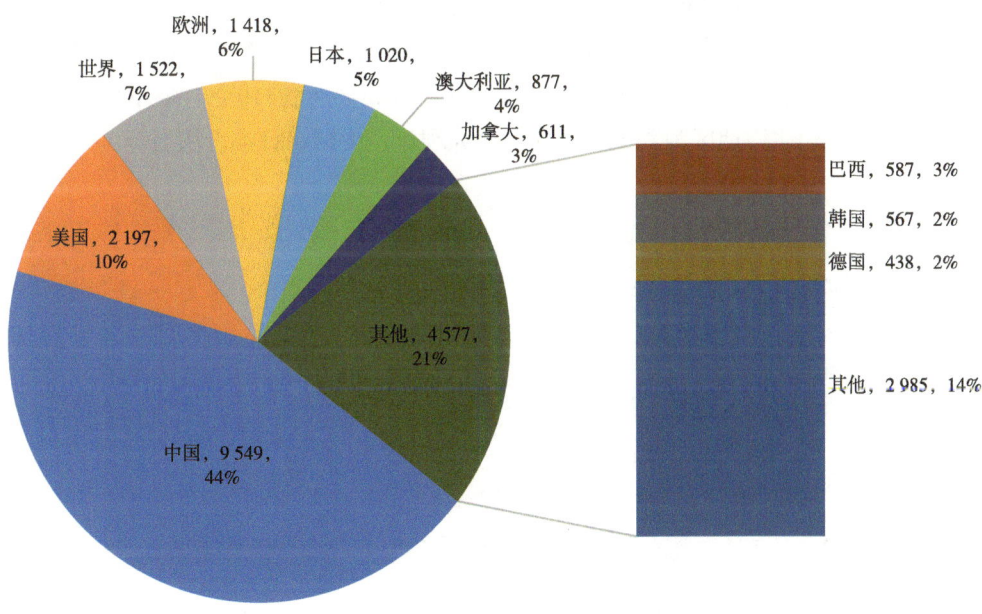

(b) TOP10市场国家/地区

图3.30 全球饲用酶制剂专利重点技术来源国家/地区和市场国家/地区分布(单位:项/个)

图3.31显示了重点国家的专利申请集中度(专利申请集中度=专利申请个数/专利家族数量)情况,专利申请集中度越高,说明国家对某一项专利技术的保护程度越强。从图3.31上可见,欧洲的专利申请集中度最高,为7.66。亚洲国家专利申请集中度相对低于欧美地区,中国的专利技术集中度只有1.03,是重点国家中最低的也低于全球平均水平。

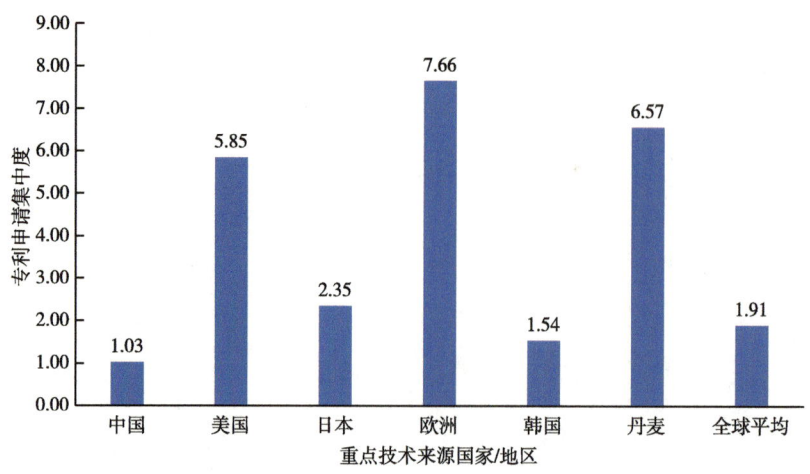

图3.31 重点国家/地区专利申请集中度

图3.32和图3.33展示了重点国家/地区之间的专利技术流向以及海外专利布局的数量，这两幅图未体现国际申请。中国和韩国的专利大部分都在本国进行申请，海外布局专利占比分别为2.20%和33.70%，日本近一半的专利在美国和其他国家/地区申请，海外专利占比为56.85%。美国和欧洲更注重专利技术国际化保护战略，除本国申请外，在海外国家和地区申请了大量专利，海外专利占比分别为72.45%和79.48%，在全球范围内形成了较完善的技术保护体系。丹麦专利申请数量为818个，在海外布局专利810个，海外专利占比高达99.39%，主要流向国家/地区为美国、欧洲、澳大利亚、中国、日本、德国等。

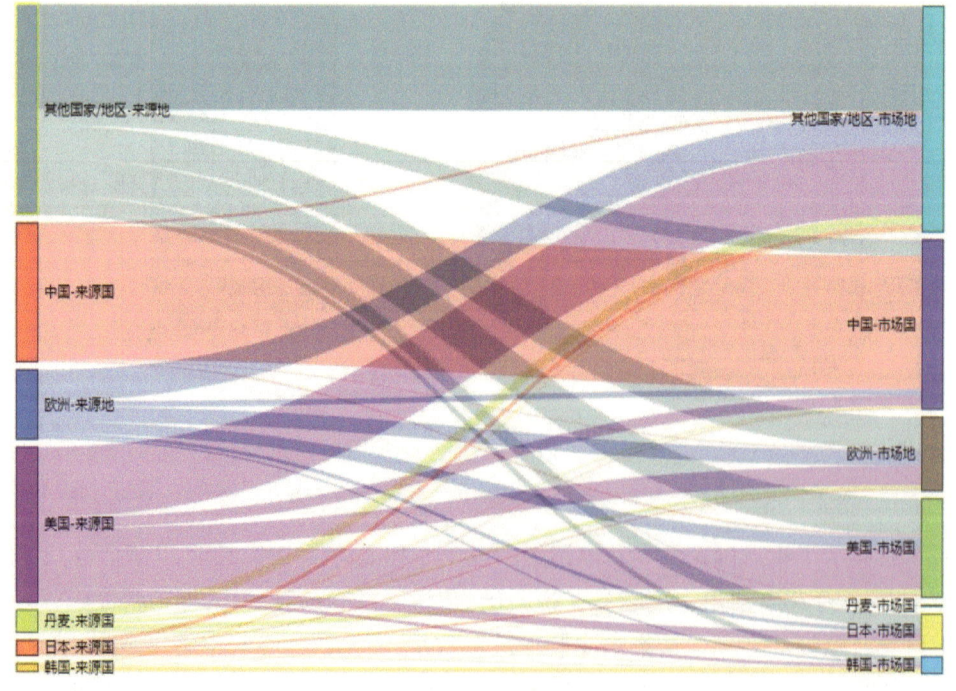

图3.32 全球饲用酶专利技术在重点国家/地区间流向（单位：个）

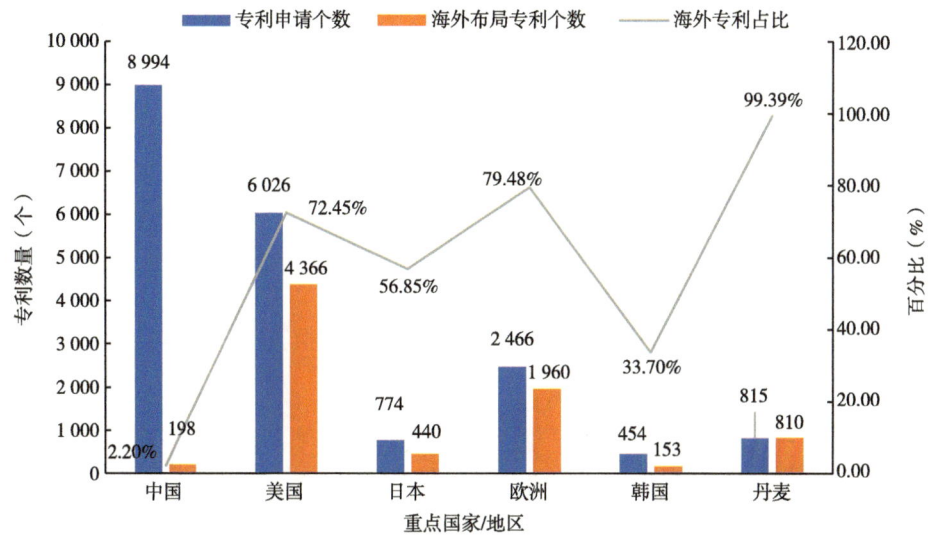

图3.33 重点国家/地区饲用酶海外专利布局分析

图3.34为主要技术来源国家/地区申请专利在最早优先权年的分布情况,在专利数量排名TOP5的国家/地区中,日本在相关技术领域的专利申请时间最早,从1968年开始在该领域开展专利技术研究。美国专利数量在1992—2006年间一直高于其他国家/地区,1995年后专利数量增长加快,2004年专利数量70项为高峰年,随后专利数量略下降。中国在相关领域的第一项专利发布于1992年,晚于其他国家,2009年后发展迅速,成为全球相关专利数量最多的国家。

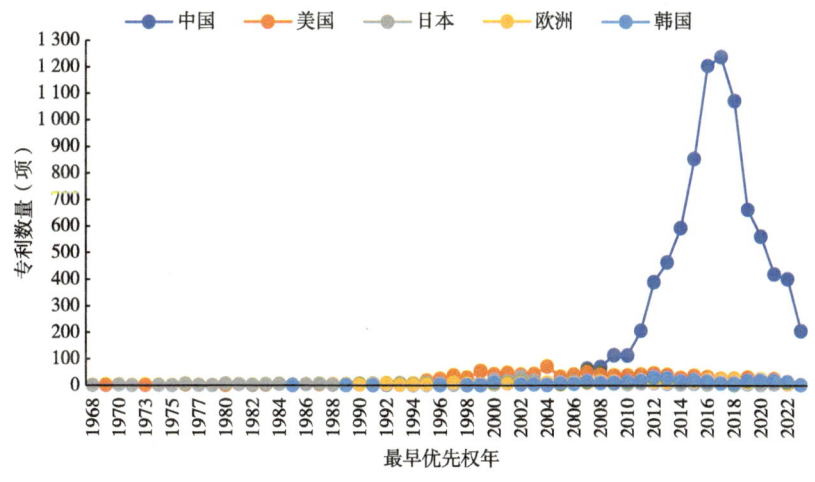

图3.34 全球饲用酶制剂领域Top5技术来源国家/地区专利申请趋势

4. 主要技术研究方向分析

目前饲料工业上应用的酶制剂主要包括图3.35中的15种。其中,蛋白酶(4 682项)、纤维素酶(3 819项)、植酸酶(3 536项)、淀粉酶(2 982项)、木聚糖酶(2 764项)、果胶酶(1 510项)、脂肪酶(1 364项)的专利数量相对较多,可以一定程度的反映出这些酶制剂在饲料工业上应用比较广泛。几丁质酶（79项）和毒素降解酶（14项）的专利数量相对较少。

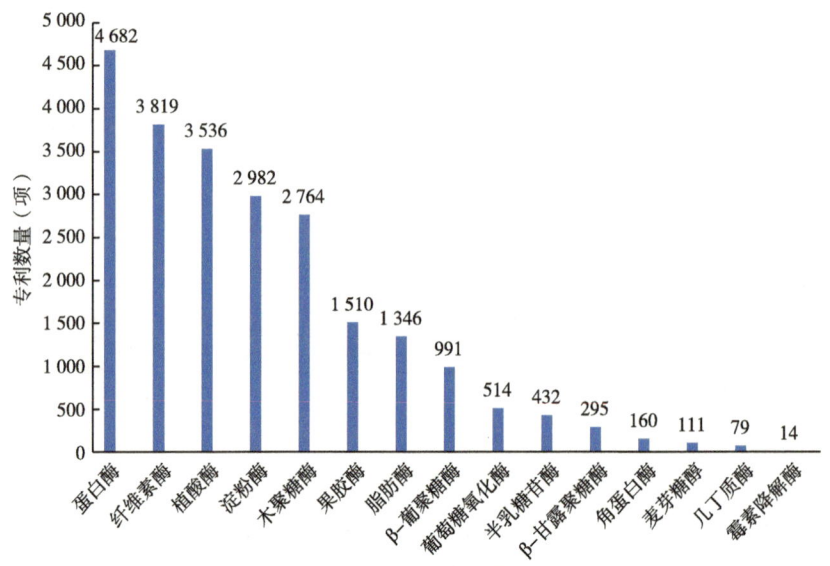

图3.35 各类饲用酶专利数量分布

图3.36为各类饲用酶制剂的专利技术发展趋势，蛋白酶、纤维素酶、淀粉酶、果胶酶和脂肪酶在19世纪60年代就有相关专利申请。饲用蛋白酶可以从黑曲霉、枯草芽孢杆菌等微生物中提取，添加外源蛋白酶可以进一步提高蛋白质消化率，更充分地实现饲料成分的营养价值并帮助维持肠道健康[1]。最早的两项专利于1965年产出（公开号：US3674644A、US1969865534A），随后至19世纪90年代初期专利数量一直不多，直到1999年后专利数量明显增多，2011年后专利数量产出速度加快，2018年专利数量最多为507项。该领域综合专利影响力最高的一项专利是由杰能科国际有限公司（后被杜邦公司收购）申请，对芽孢杆菌蛋白酶进行编码重组产生新型蛋白酶变体，用于动物饲料及其他领域（公开号：US6312936B1），该专利在DII数据库中被引用591次，综合专利影响力为100.0。纤维素酶作为饲料添加剂能够补充动物内源酶的不足，帮助提高对营养物质的消化吸收，清除饲料抗营养因子，相关专利最早出现在1968年，由美国罗门哈斯公司（后被陶氏化学收购）申请，使用果胶酶和纤维素酶处理大豆粉制备出耐受性更好的家畜饲料，能够代替25%的奶粉来喂养牛犊和仔猪（公开号：US3640723A）。该酶制剂在1994年前的专利数量不多，1994年后发展较快，2012年后发展速度进一步提升，专利数量高峰在2017年（506项）。淀粉酶、果胶酶、淀粉酶的专利数量高峰基本是在2012—2019年。木聚糖酶最早的一项专利为苏联POLT SWINE BREEDING公司的申请，通过培养串珠镰刀菌和康宁木霉获得高活性与生物价值的、用于饲料的木聚糖酶（公开号：SU536224A）。木聚糖酶的技术研发虽晚于上述酶制剂，但在2012年后专利数量大幅增长，成为饲料工业领域主要应用的酶制剂之一。

---

① 于书坤.饲料蛋白酶的最新研究与应用进展.饲料工业，2019，40（10）：22-26.

第三章 农业微生物产业化发展现状与趋势研究

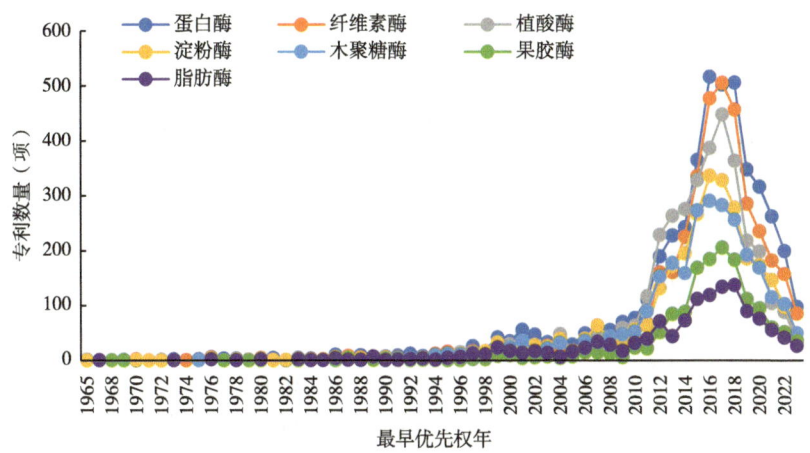

图3.36 各类饲用酶制剂专利技术发展趋势

β-葡聚糖酶能够将难以被动物消化吸收的β-葡聚糖催化分解成还原糖或低寡聚糖的酶，显著提高饲料利用率并有利于环境控制和疫病防控[①]。相关专利始于1970年，此后专利数量一直不高，2010年后技术研发活动逐渐频繁，专利产出总体呈上升趋势，是近年来关注度较高的酶制剂。葡萄糖氧化酶的技术研发起始于20世纪80年代，德国Nordzucker公司与其他机构合作申请的一项利用葡萄糖氧化酶促进葡萄糖酸形成的饲料或谷物青贮饲料生产技术（公开号：WO1984001694A1），随后至2013年专利数量逐渐上升（图3.37）。

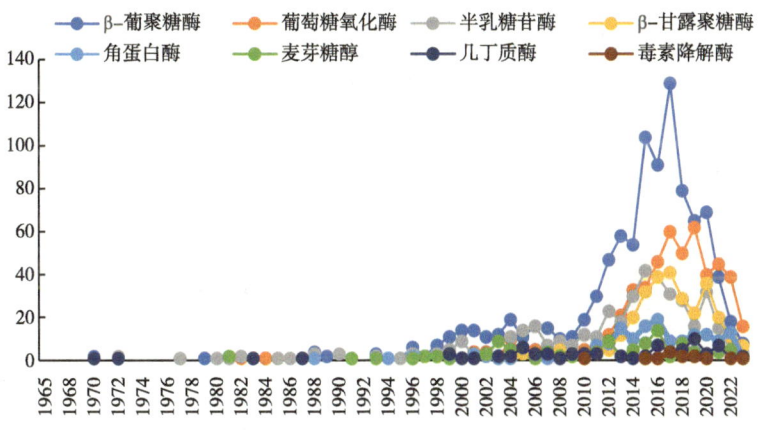

图3.37 饲用酶制剂专利技术发展趋势

表3.5显示了全球饲用酶制剂领域主要技术分支专利信息，葡萄糖氧化酶、角蛋白酶、毒素降解酶、几丁质酶、β-甘露聚糖酶是近三年专利数量占比较高的酶制剂，说明其技术研发活动频繁，是该领域的研究热点。各类酶制剂的主要专利权人集中在杜邦公司、诺维信公司、荷兰皇家帝斯曼集团等大型企业，我国新希望六和股份有限公司、和美华集团、双胞胎（集团）股份有限公司、广东溢多利生物科技股份有限公司等企业也是饲

---

① 杨培龙，姚斌，范云六. 饲料用非淀粉多糖水解酶转基因植物的研究进展. 中国生物工程杂志，2005（9）：29-34.

· 121 ·

用酶制剂的主要专利权人。

表3.5 全球饲用酶制剂领域主要技术分支专利信息

饲用酶制剂种类	专利数量（项）	时间区间	2021—2023专利数量占比	主要技术来源国家/地区	主要专利权人
蛋白酶	4 682	1965—2023	12%	中国[3 583]；美国[402]；欧洲[152]	杜邦公司[158]；诺维信公司[119]；和美华集团[49]
纤维素酶	3 819	1968—2023	11%	中国[3 050]；美国[315]；韩国[99]	杜邦公司[141]；诺维信公司[52]；荷兰皇家帝斯曼集团[36]
植酸酶	3 536	1987—2023	7%	中国[2 951]；美国[278]；欧洲[93]	杜邦公司[112]；诺维信公司[92]；新希望六和股份有限公司[74]
淀粉酶	2 982	1965—2023	10%	中国[2 171]；美国[381]；欧洲[98]	杜邦公司[147]；诺维信公司[94]；和美华集团[45]
木聚糖酶	2 764	1975—2023	10%	中国[2 107]；美国[275]；欧洲[127]	诺维信公司[121]；杜邦公司[120]；新希望六和股份有限公司[47]
果胶酶	1 510	1966—2023	10%	中国[1 223]；美国[107]；欧洲[45]	杜邦公司[63]；诺维信公司[38]；双胞胎（集团）股份有限公司[33]
脂肪酶	1 346	1966—2023	9%	中国[806]；美国[221]；日本[73]	杜邦公司[96]；诺维信公司[40]；巴斯夫公司[22]
β-葡聚糖酶	991	1970—2023	7%	中国[676]；美国[121]；欧洲[66]	诺维信公司[77]；杜邦公司[49]；新希望六和股份有限公司[26]
葡萄糖氧化酶	514	1982—2023	19%	中国[452]；美国[36]；丹麦[15]	广东溢多利生物科技股份有限公司[18]；诺维信公司[14]；成都巨星农牧科技有限公司[12]
半乳糖苷酶	432	1972—2023	7%	中国[197]；美国[76]；欧洲[53]	诺维信公司[45]；杜邦公司[24]；荷兰皇家帝斯曼集团[10]
β-甘露聚糖酶	295	1999—2023	13%	中国[243]；美国[21]；欧洲[11]	杜邦公司[24]；中国海洋大学[10]；无为县雨露生态农业有限公司[8]

（续表）

饲用酶制剂种类	专利数量（项）	时间区间	2021—2023专利数量占比	主要技术来源国家/地区	主要专利权人
角蛋白酶	160	1988—2023	15%	中国[89]; 美国[43]; 世界知识产权组织[16]	杜邦公司[43]; 江南大学[11]; 山东隆昌动物保健品有限公司[8]
麦芽糖醇	111	1981—2023	10%	中国[45]; 美国[28]; 日本[15]	雀巢普瑞纳公司[13]; 重庆文洪水产品养殖有限公司[7]; 罗盖特公司[4]
几丁质酶	79	1970—2023	13%	中国[30]; 美国[26]; 欧洲[7]	杜邦公司[5]; 诺维信公司[3]; 中粮集团有限公司[3]; 荷兰皇家帝斯曼集团[3]; 巴斯夫公司[3]
毒素降解酶	14	2010—2023	14%	中国[10]; 美国[2]; 欧洲[2]	河南农业大学[2]; 荷兰皇家帝斯曼集团[2]; 河南智龙生物科技有限公司[2]

（二）全球饲用酶制剂重点产业主体技术研发分析

1. 重点产业主体专利数量与技术布局

全球饲用酶制剂主要专利权人的专利数量如图3.38所示。杜邦公司（308项）、诺维信公司（205项）、荷兰皇家帝斯曼集团（123项）是全球该领域排名前三位的专利权人。我国新希望六和股份有限公司（123项）、中国农业科学院（96项）、双胞胎（集团）股份有限公司、武汉新华扬生物股份有限公司（57项）、傲农集团（55项）也跻身于全球

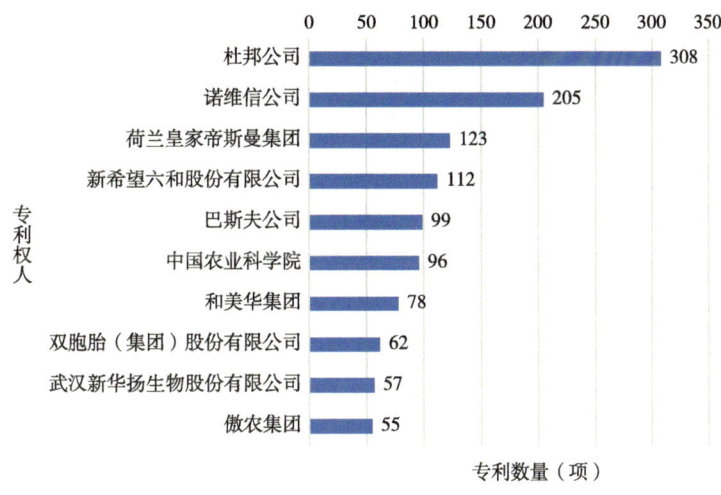

图3.38 全球饲用酶制剂领域主要产业主体专利数量

TOP10专利权人排名中。整体来看,全球饲用酶制剂的技术集中度较集中,TOP专利权人的专利数量占全球专利总数的24.24%。

从地域分布来看,来自欧美地区的机构有4家,均为生物领域的大型国际公司;我国在饲用酶制剂领域的技术研发成果在全球具有一定地位,TOP10的专利权人中6家机构来自中国。

图3.39显示了全球主要专利权人的专利申请集中度(专利申请集中度=专利申请个数/项数)情况。从图上看到,中国专利权人的专利申请集中度与欧美大型企业差距较大。杜邦公司(8.11)、诺维信公司(6.96)、皇家帝斯曼集团(7.87)、巴斯夫公司(8.70)的专利申请集中度较高,说明大型企业对技术的保护程度更高,技术布局更广泛。而我国专利权人的专利申请集中度均在1左右。

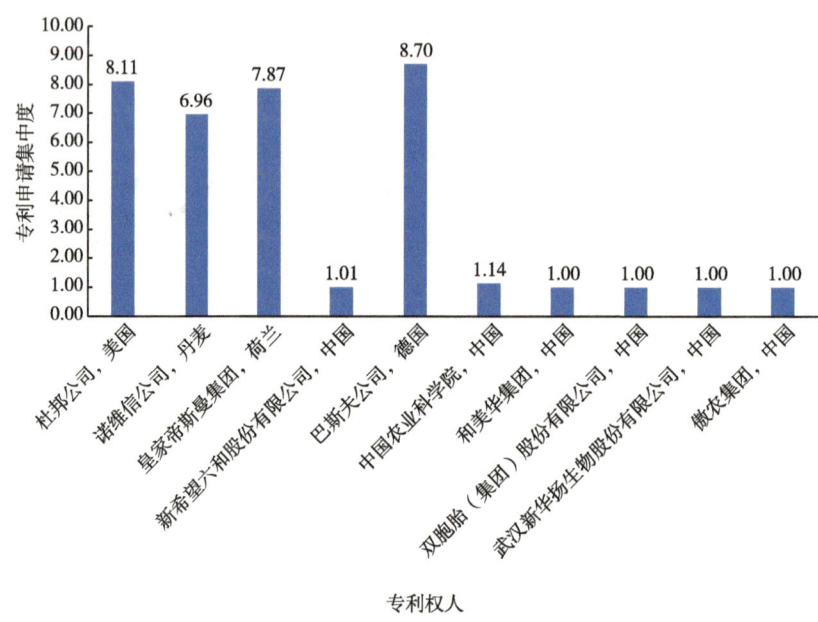

图3.39 全球饲用酶制剂TOP10专利权人专利申请集中度

根据全球主要产业主体的专利布局情况,可以看出杜邦公司、诺维信公司、皇家帝斯曼集团、巴斯夫公司几个大型企业在几个重要市场国家均有布局(图3.40),其中均是在美国和欧洲申请专利最多,并且通过世界知识产权组提交了较多的国际申请,通过PCT专利进行技术的海外布局。结合专利法律状态来看,这些机构在欧洲、美国、中国、日本、加拿大和巴西等国家/地区的有效专利占比接近,说明对这些重点市场的重视程度较高,持续维持该地区专利的有效性。

中国专利权人主要在中国申请专利。其中华南农业大学的专利没有在国外申请保护,海外布局的专利很少,尚未在全球范围内形成完善的技术保护网络。新希望六和股份有限公司在澳大利亚提交了1份专利申请,中国农业科学院在美国、世界知识产权组织、欧洲、日本、澳大利亚申请了少量专利。

第三章 农业微生物产业化发展现状与趋势研究

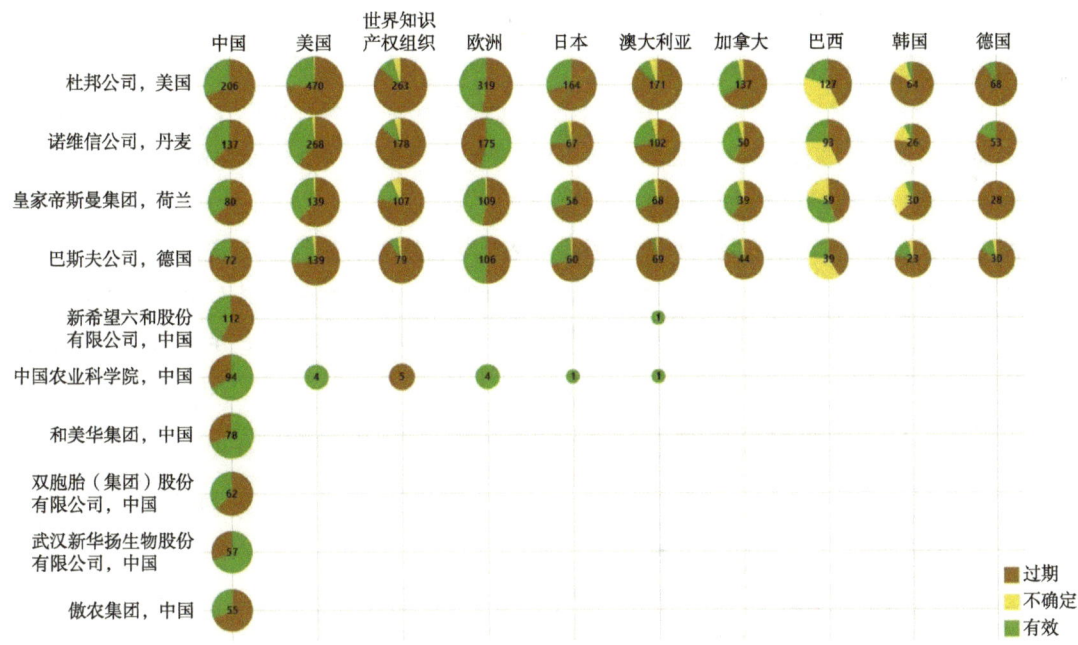

图3.40 全球饲用酶制剂领域主要产业主体的在重点国家的专利布局与法律状态（单位：个）

2. 重点产业主体专利价值分析

图3.41为TOP10专利权人专利法律状态分布。新希望六和股份有限公司、杜邦公司、皇家帝斯曼集团的有效专利占比低于30%，有效专利占比低的原因主要是早期专利超过保护期限20年而失效。这部分已经失效的专利可以作为技术研发基础充分利用。中国农业科学院、和美华集团、武汉新华扬生物股份有限公司的有效专利占比较高，在60%以上。

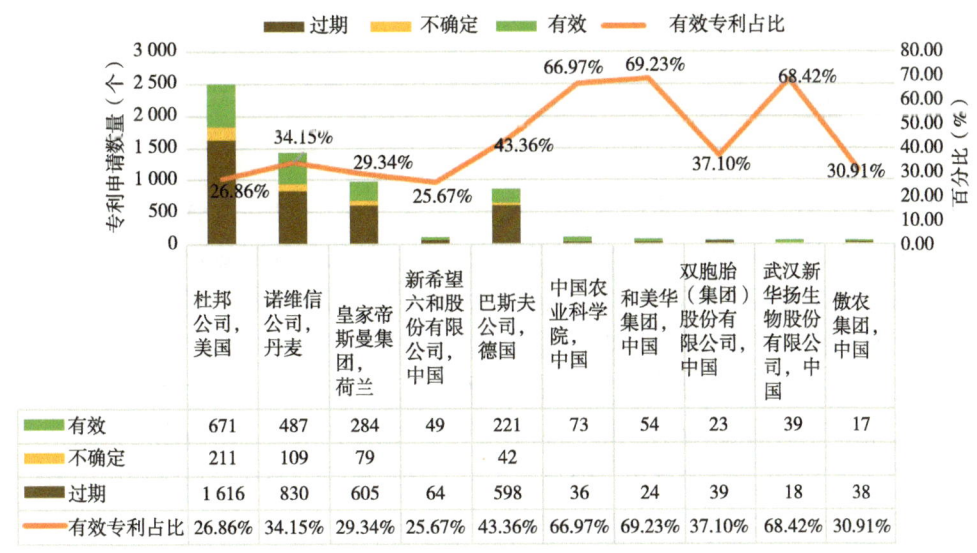

	杜邦公司，美国	诺维信公司，丹麦	皇家帝斯曼集团，荷兰	新希望六和股份有限公司，中国	巴斯夫公司，德国	中国农业科学院，中国	和美华集团，中国	双胞胎（集团）股份有限公司，中国	武汉新华扬生物股份有限公司，中国	傲农集团，中国
有效	671	487	284	49	221	73	54	23	39	17
不确定	211	109	79		42					
过期	1 616	830	605	64	598	36	24	39	18	38
有效专利占比	26.86%	34.15%	29.34%	25.67%	43.36%	66.97%	69.23%	37.10%	68.42%	30.91%

图3.41 全球饲用酶制剂领域主要专利权人专利数量与授权且有效专利数量对比

· 125 ·

从有效专利数量来看，大型跨国公司处于保护期内的专利更多，这也为后来进入该行业的机构设置了较多的技术壁垒。

基于DI数据库中的综合专利影响力价值（该数值基于诉讼、上游/下游事件、法律状态等参数对专利进行综合评分，基础分是1分）分值，选取专利价值在3.0以上的专利为高价值专利（共5 923条，占比27.21%）。

图3.42为重点专利权人高价值专利情况。我国专利权人的高价值专利占比更高，新希望六和股份有限公司（66.37%）、和美华集团（62.82%）、傲农集团（58.18%），中国农业科学院（39.45%），表明我国专利权人具有一定的核心竞争力，在全球具有一定的技术地位。

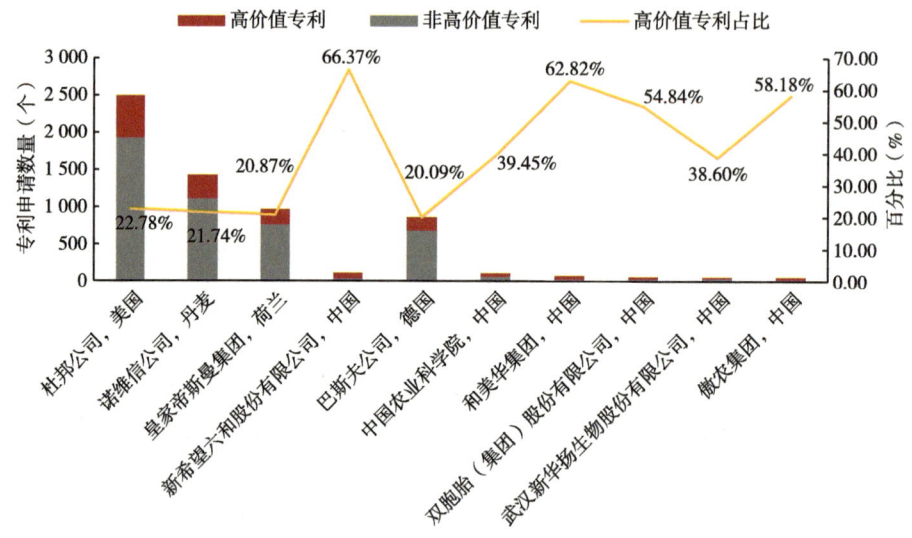

图3.42　全球饲用酶制剂领域TOP10专利权人高价值专利数量对比

（三）饲用酶制剂重点产业主体产业发展现状

1. 杜邦公司

杜邦公司（DuPont）的酶制剂业务最早可以追溯到芬兰饲料国际有限公司（FinnFeeds），该公司从20世纪80年代初就开始投入饲用酶制剂的研发。1984年，该公司推出能够应用在肉鸡大麦基础日粮中的β-葡聚糖酶，成为首个将商品化酶应用在饲料领域的企业[①]。随后在1986年和1988年分别又针对家禽和仔猪推出复合酶制剂Avizyme®和Porzyme®，是全球首个物种特异性复合酶制剂的产品；1995年推出首个适用于家禽的玉米豆粕/高粱豆粕日粮的酶制剂Avizyme® 1500；2006年推出首个真正耐高温的大肠杆菌植酸酶Phyzyme® XP。这些产品的推出不但奠定了芬兰饲料国际公司在饲用酶行业的地位，也极大带动了全球饲用酶制剂生产和发展的势头。1989年，美国杰能科公司和丹麦丹尼斯克公司成立，两家公司迅速成长为酶工业与生物技术领域的领导者。1999年丹尼斯克公

---

① 赵雅琳, 于红蕾. 饲料生物技术研究进展及发展趋势. 中国生物工程杂志, 2023, 23（5）: 74-90.

司收购芬兰饲料国际有限公司，2005年收购杰能科公司，2011年杜邦公司斥资63亿美元收购丹尼斯克公司，凭借"大鱼吃小鱼"的商业行为一跃成为全球酶制剂领域的主力军。2019年，杜邦公司剥离营养与生物科技业务与国际香精香料公司（International flavors and fragrancesinc，IFF）进行合并，杜邦公司的加入使企业在酶制剂与生物技术领域的全球影响力和各项业务能力有了极大提升。由于大部分酶制剂产品属于杜邦公司合并前的业务，因此本研究仍以杜邦公司作为专利权人来分析。

杜邦公司以消除或减少抗生素使用、减少饲料成本压力、保障消费者健康为目标，针对家禽、猪、反刍动物研究设计了多种微生态产品，主要包括酶制剂、益生菌、酶与益生菌组合产品、天然甜菜碱、精油五类。此外，杜邦公司还引入高通量测序技术，筛选各类酶制剂发酵菌种以及益生菌菌株，开展微生物组研究，并为用户提供基于数据驱动的配方和剂量推荐。其主要产品有以植酸酶为主要成分的Axtra® PHY GOLD，以蛋白酶为主要成分的Axtra® PRO，以木聚糖酶为主要成分的Danisco® Xylanase，复合酶产品Axtra® PRIME、Porzyme® tp100等，酶与益生菌组合产品Syncra® AVI、Syncra® SWI，产品主要面向家禽、猪。

2. 诺维信公司与皇家帝斯曼公司

鉴于对酶制剂在提高饲料消化率、节约饲料成本、提升动物福利、推动环境可持续发展中的重要性的共同认识，诺维信公司和皇家帝斯曼公司在20多年前达成了长期合作战略并联合成立了"全球饲料酶联盟"，利用微生物与酶共同应对全球蛋白质需求增长、土地稀缺、饲料原料价格波动、抗生素滥用、环境破坏等全球性挑战[1]。两家公司充分运用先进的科学技术推动菌株筛选、发酵、酶制剂生产等发展。诺维信公司利用生物技术对微生物DNA进行编辑或重组以提高其性能，并且使用高通量技术进行高效的菌株筛选。皇家帝斯曼公司基于液相色谱-串联质谱（LC-MS/MS）方法对多种霉菌毒素、真菌代谢物进行分析和鉴定。

两家公司联合推出多种饲用酶制剂的系列产品出口全球多个国家和地区。亮点产品包括能够有效降解植酸盐的植酸酶系列，全球首款用于改善家禽肠道功能去除家禽肠道中死亡细菌残留物的酶制剂产品，以及首款用于反刍动物的饲用酶制剂。这些产品不但用于提高动物饲料转化率和生产性能，构建良好的肠道环境，还对节省饲料成本以及环境保护提供了帮助。该联盟推出的主要产品有：首个用于奶牛的饲用α-淀粉酶Ronozyme®RumiStar，全球唯一针对细菌细胞碎片提升胃肠道功能的溶菌酶Balancius®，以蛋白酶为主要成分的RONOZYME® ProAct，复合酶产品RONOZYME® VP、RONOZYME® MultiGrain，除一款产品面向奶牛外，其余大部分产品面向家禽、猪和水产动物。

3. 巴斯夫公司

巴斯夫公司（BASF）的生物化工业务起源于20世纪80年代，发展大致分为三个阶

---

[1] DSM. Novozymes Feed Enzyme Alliance. https://www.dsm.com/anh/news/feed-talks/articles/the-feed-enzymes-alliance.html.

段[①]：1987—2006年，开始将生物技术进行产业化应用，维生素B2生物合成技术的突破是巴斯夫开启大规模生物化工业务的里程碑，动物营养品研发业务得到了飞速发展。1992年，巴斯夫成为首家在饲料市场中推出植酸酶制剂的企业[②]。2007—2014年，巴斯夫在继续扩大生物基产品供应的基础上进行下一代生物技术研发，并且将"白色生物技术"作为重点创新方向部署，陆续推出一系列"超越型"产品。2017年至今，巴斯夫公司获得博德研究所（Broad）关于CRISPR基因编辑技术的授权，先后收购Isobionics、Equinom等生物技术与基因组测序公司，并与合成生物学、数字平台领域的公司开展大量合作。2022年，巴斯夫公司创建"营养配料"业务部门，并扩大饲用酶业务。2023年初，巴斯夫公司加速推进利用基因编辑和其他生物技术工具来增强微生物产量，完善基因测序、菌株设计、微生物平台构建等方面的合作布局，并通过发酵和生物催化持续生产相关产品[③]。

巴斯夫公司的动物营养业务秉承"成功且可持续的饲料科学"的目标，生产面向农业环境可持续发展、促进动物蛋白生产、提高饲料养分利用率、节约饲料成本的饲用酶制剂产品。同时，巴斯夫公司十分注重生物技术和数字化技术在饲用酶制剂中的应用，近期巴斯夫公司生物科学研究平台利用生物技术以及智能筛选技术广泛分析了细菌中存在的各种植酸酶，培养和筛选具有较好耐热性的杂交植酸酶，同时开发出基于黑曲霉的酶发酵（生物技术生产）工艺[④]。巴斯夫公司饲用酶制剂的主要产品有，以植酸酶为主要成分的Natuphos®，以β-甘露聚糖酶为主要成分的Natupulse®TS，复合酶产品Natugrain®TS，产品主要面向家禽、猪和鱼。

4. 新希望六和股份有限公司

新希望六和设立了四个科技兴国计划，"节粮计划"位于首位。公司牵头"饲料节粮科技创新联合体"，以饲料节粮为攻关方向，重点围绕育种、饲料、养殖三个关键环节，邀请院士和行业知名专家形成国际智库，引入科技投资基金和国家级协会社团，联合行业上下游企业及科研院所，发挥生物科技和数字科技的驱动力，攻克饲料生产消费链条上一系列节粮核心技术问题。近年来，新希望六和提出饲料产业的数字化转型设想，并在技术研发过程中使用微生物发酵技术生产生物环保型饲料。近年来新希望六和在饲用酶制剂领域发起的研究项目，公司的研发重点围绕豆粕替代、蛋白饲料、无抗低排等领域，技术重点在生物工程、合成生物学、酶制剂体外评价等。

5. 武汉新华扬生物股份有限公司

武汉新华扬生物股份有限公司（简称：新华扬）成立于2000年，以研发、生产和销售

[①] 中国石油新闻中心. 巴斯夫生物化工业务发展观察.（2023-12-05）[2023-12-15]. http://news.cnpc.com.cn/system/2023/12/05/030119235.shtml.

[②] BASF. 巴斯夫新一代植酸酶为台湾饲料产业提供重要营养制剂.（2017-09-28）[2023-12-15]. https://www.basf.com/tw/zh/media/news-releases/tw/2017/09/phytase-natuphos-e.

[③] 世界农化网. 借助基因编辑和生物技术工具 探讨巴斯夫的合成生物学产品.（2023-02-13）[2023-12-20]. https://cn.agropages.com/News/NewsDetail---27681.htm.

[④] 中国农药信息网. 创造化学新作用，追求可持续发展的未来.（2022-12-08）[2023-12-20]. http://www.chinapesticide.org.cn/zgnyxxw/zwb/detail/13319.

生物酶制剂、微生态制剂产品为主业，秉承"核心产品规模化"的发展理念，以畜禽精准营养、肠道健康、促生长、无抗为重点，形成产品多元化发展态势。

在畜禽精准营养方面，新华扬积极推动产学研合作，建立了原料抗营养因子数据库、仿生消化数据库、原料消化地图，实现原料的精准评估和科学使用，利用原位筛分技术，结合菌学指纹库分析活体动物肠道微生物宏基因组，实现肠道微生态环境精准调控。在肠道健康方面，新华扬充分利用益生菌在调控动物肠道健康、减少抗生素使用的优势，以"益生菌+益生元"的合生营养策略研发相关产品。在促生长方面，根据动物营养需要以及育肥猪生长发育规律，结合微生物工程技术、生理调控技术研发相关产品。在无抗方面，使用酸化剂、微生态制剂和酶制剂作为替代抗生素的核心。该公司的核心产品以植酸酶、葡萄糖氧化酶为主。

第四章

研究结论与发展建议

一、主要研究结论

（一）政策布局

美国颁布针对微生物的专项战略行动，指导农业微生物产业发展并形成了完善的监管体系；其他国家和地区在相关政策中明确了农业微生物战略方向，并针对产业发展制定监管策略。

农业微生物产业普遍得到了各个国家政府的重视。美国推出"国家微生物组计划"并配合《国家生物经济蓝图》等国家战略文件，为农业微生物搭建详细的发展框架，并建立了以美国农业部、美国环境署、美国食品与药品监督管理局为主的三方产业监管标准体系。其他国家和地区将农业微生物纳入生物经济、环境保护、科技创新等领域的国家政策和规划中引领其发展，如中国《生物产业发展规划》将微生物肥料列为高新技术产业和战略性新兴产业，欧盟《共同农业政策》《2020地平线计划》确定微生物对土地保护、生物多样性的重要作用，日本《生物战略2019》明确，指出日本的微生物资源、发酵技术等具有前景性，以及巴西微生物项目工程等，基于不同国情，从不同角度对农业微生物的发展制定较明确的方向。同时，各国针对微生物农药、微生物肥料、微生物酶制剂、转基因微生物等产品也设置了相应的监管法规，保障该领域健康有序发展。

（二）重点领域

种质资源保存与利用、农田建设与土壤治理、生物多样性保护、微生物修复、跨学科研究等是全球农业微生物重点发展方向；合成生物学、发酵技术、微生物组、基因组测序、替代蛋白等是关键技术。

微生物种质资源是国家种业发展的重要组成部分，中国颁布的《关于加强农业种质资源保护与利用的意见》将农业微生物种质资源提升为国家战略，建立"农业微生物种质资源库"；美国主要微生物菌种保藏机构包括美国模式菌种收集中心、ARS菌种保藏中心、真菌遗传学保藏中心和美国林务局森林真菌学研究中心；英国建成全球首个公开资源的主要粮食作物微生物组低温库；德国建立了全球最大的微生物菌种保藏中心；澳大利亚发起"微生物管理计划"专门致力于微生物资源保护、管理和可持续利用。微生物农药、微生物肥料的发展对于土壤修复治理以及生物多样性保护至关重要，欧盟针对微生物农药及生物防治剂有着最完善的管理体系，鼓励农民使用微生物农药来替代传统的化学农药，减少对环境的污染和对人类健康的影响。日本、加拿大等针对微生物在土壤和水体污染物中的修复作用以及微生物在饲料中的应用开展重点研究。中国、美国在政策中多次提到了跨学科研究对农业微生物的推动作用。在各国的重点发展方向中，基因编辑、转基因等生物技术、微生物组、合成生物学、微生物基因组测序是出现频率较高的技术，表明是现阶段农业微生物研究中的关键技术。此外，日本关注微生物杀菌剂种衣技术，澳大利亚与巴西关注非乳制品益生菌菌种开发，以色列关注替代蛋白基础设施建设，或可为我国农业微生物发展方向提供参考。

（三）科研态势

全球和中国科技论文数量处于快速增长期，中国虽起步较晚但近几年发文数量全球第一，以中国科学院、浙江大学等为代表的国内研究机构表现良好；整体成果影响力仍待提高。

截至2023年11月13日，在SCI-E数据库中检索到全球农业微生物领域相关论文共39 487篇，中国农业微生物领域相关论文共10 448篇，2013年后发文数量进入新的增长期，可见农业微生物为重点研究领域。研究重点聚焦宏基因组、微生物组、发酵、信号分子发现，微生物培养、合成菌落、微生物育种及代谢组相关研究较少，或是潜在的研究创新点。中、美、德、英、法是主要发文国家，全球发文区域相对集中。美国华盛顿大学、加州大学戴维斯分校、丹麦哥本哈根大学等世界顶尖研究型大学较早地在该领域开展研究工作，欧美研究机构多布局于微生物组研究；中国科学院、浙江大学等为代表的国内研究机构发文数量排名全球前列，具有较好的科研实力和地位，国内机构更侧重宏基因组研究。华盛顿大学、哥本哈根大学在全球农业微生物领域产出的论文质量较好、影响力较大，被广泛认可和引用，我国科研机构的科研影响力与全球顶尖科研机构相比，还略有差距。

（四）研究热点与前沿

全球与中国研究热点大致相同；宏基因组功能、病原体识别与多种疾病管理、微生物与其他物种互作、抗生素耐药、根际微生物群落、微生物基因组、微生物发酵等是重点技术中共同涉及的研究前沿。

宏基因组研究分支的研究前沿包括：宏基因组功能、病原体识别、肠道菌群对疾病的调控、真菌与土壤微生物的相互作用、水体微生物的地理差异和环境影响、废水处理和混合肥料生产、细菌抗生素耐药性与食物安全、病毒基因组RNA和宿主蛋白。微生物组研究分支的研究前沿：微生物与物种相互作用、植物根际微生物群落、肠道微生物组对健康的影响、肝移植和丙型肝炎、微生物基因识别、微生物群落与人类健康。发酵研究分支的研究前沿包括：食品发酵和微生物质量控制、乙醇等化学产品生产、利用细菌产生氢气、青贮饲料对细菌群落的影响、肠道细菌发酵代谢物与人体健康。

（五）技术研发态势

三个产品的技术研发进入技术成熟期，我国专利数量排名第一，饲用酶制剂领域已形成以企业为创新主力的局面，但在专利技术全球布局以及技术影响力方面仍有差距。

我国在三个产品领域的研发活动均晚于全球发达国家，但在2000年后以及2010年左右迎来两次加速发展，是备受关注的产业。中国、日本、美国、欧洲是三个产品的主要技术来源国，但中国与日本专利申请集中度要低于欧美国家，并且中国专利权人很少在海外布局专利技术，国际竞争力仍待进一步提升。拜耳公司、科迪华农业科技、巴斯夫公司和先正达集团中国是微生物肥料和微生物农药领域占领主导地位的企业，中国专利权人多为科研院所，有效专利占比高，但高价值专利布局略有差距。杜邦公司、诺维信公司和荷兰皇家帝斯曼公司是饲用酶制剂领域掌握大量核心技术的跨国企业，我国新希望六和股份有限公司、中国农业科学院、和美华集团等企业占有较高地位，有效专利和高价值专利占比较高，但高价值专利没有在海外构建起技术壁垒。

（六）产业发展现状

不同农业微生物产品的发展现状各不相同，微生物肥料和微生物农药领域大型跨国公司占据主导地位，饲用酶制剂领域我国企业的产学研销体系相对完善。

在微生物肥料和微生物农药领域，拜耳公司、美国科迪华公司等通过合并农化或生物领域规模相对较小的公司来扩展业务范围、增强技术创新实力，研发的系列产品通过跨国公司强大的分销网络占领全球市场。微生物菌剂在肥料领域研发活跃度较高，生物刺激剂应用前景广泛，是大型企业近年来的技术创新方向；微生物杀虫剂在农药领域研发活跃度较高，日本住友化学株式会社和曹达株式会社的产品竞争力较强。在饲用酶制剂领域，杜邦公司通过持续收购等商业活动稳固竞争地位，并构建了全球的技术壁垒，诺维信公司和皇家帝斯曼集团建立联盟合作，共同研发系列酶制剂产品。我国企业与中国农业科学院等科研院所开展合作，初步形成产学研销体系。蛋白酶、植酸酶、纤维素酶等是较为成熟的酶制剂类型，角蛋白酶、毒素降解酶、几丁质酶、β-甘露聚糖酶是近年新兴技术重点，现有产品大多面向单胃动物。

二、发展对策与建议

1. 强化顶层设计并完善行业管理监督制度，为农业微生物产业发展提供宏观指引

第一，加快构建涵盖管理决策、行业监管、科技创新、财政支持、企业培育、国际合作等全方位的政策支持体系，细化微生物在农业各领域的重点研究与应用方向，促进农业微生物领域"卡脖子"技术与颠覆性技术的突破。第二，进一步制定和完善微生物农药的相关法规和标准，包括产品注册、质量控制、安全评估等方面，特别是在缩短微生物产品审批时间的同时，要确保监管到位和质量控制，微生物产品都经过严格的质量控制和安全评估的安全性和有效性才能流向市场，这对农业微生物产业的持续发展至关重要。第三，确保政策与国际标准接轨，促进国际市场的准入，增强产业活力与国际竞争实力。

2. 推进农业微生物种质资源发掘、保护、共享与利用，提升产业链源头的创新能力

根据世界菌种保藏联合会（WFCC）统计，2021年中国微生物资源总保有量约为4.23×10^5株（占世界总量的比例为15%），专利菌种保藏数量约为3.72×10^5株（占世界总量的比例为28.8%），绝对数量并不少；而我国的专利菌株发放率仅为3.3%，远低于10%~500%的世界先进水平。因此，重视微生物菌种资源的保藏与挖掘，加快筛选及推广应用新的功能菌种，进一步开展微生物肥料作用机制机理解析以及肥效制约因子等方面的研究，是推动农业微生物产业向前发展的根基。未来应在现有的分离筛选技术基础上，结合基于种水平宏基因组、宏转录组学、代谢组学、蛋白质组学等相关技术，建立新功能菌种快速定向新方法；进一步完善统筹微生物菌种资源数据平台及相关数据信息的管理，加强对微生物菌种资源的使用登记制度。

3. 加大对农业微生物科学研究与技术研发投入和支持，鼓励跨学科研究与合作

加快发展农业微生物资源精准鉴定与系统评价技术，实现微生物种质精准改良；充分利用微生物组学、基因编辑、合成生物学等创新技术揭示微生物群落结构、多样性与生态功能，挖掘具有科学价值和应用前景的资源，解决农业微生物种源"卡脖子"的核心环节，密切关注重点国家/地区的研究前沿和研究热点，抢占创新发展机遇，打破我国农业微生物科技论文、专利长期处于"量大质低"的局面。此外，农业智能装备、人工智能、生物合成与调控、生物信息学等装备与技术的综合运用将逐步实现农业微生物产品的智能制造和精准应用，并能够对微生物大数据进行储存、分析、关联与共享[1,2]。因此，数智驱动下的农业微生物智慧管控与应用是不容忽视的发展趋势。

4. 制定我国知识产权海外布局策略，提升技术与产品的国际竞争力

建立完整的专利组合和布局策略，根据不同产品的市场需求和技术发展趋势，制定专利申请的优先级和顺序。我国专利权人借助合理的海外专利布局政策，打开海外市场，规避侵权和诉讼风险，维护、巩固和提升农业微生物产品的市场地位和竞争优势。

5. 深化我国农业微生物企业产学研体系建设，提高企业自主创新和成果转化能力

借鉴发达国家产业发展模式，企业是农业微生物产业发展重要的自主创新和科技成果转化主体。一是加强企业与国内科研机构的合作，将科研优势与市场优势有机结合，建立产学研一体化的创新体系，加速农业微生物产品的转化与产业化进程；二是与国际相关企业、科研机构开展国际合作，引进先进的技术与管理经验。同时积极参与制定产品相关的国际标准，确保国内政策与国际实践保持一致，也可以借助合作关系网络进一步拓宽海外销售市场。

---

[1] 林敏，王磊，谷晓峰，等.农业基因回路设计合成技术发展动态与策略[J].中国农业科技导报，2022，24（12）：101-111.

[2] 百度.吴清平院士：我国农业微生物发展趋势. https://baijiahao.baidu.com/s?id=1769914008843399237&wfr=spider&for=pc.